旅游目的地创新

案例与原理

吕佳颖　黄　易　著

ZHEJIANG UNIVERSITY PRESS
浙江大学出版社
·杭州·

图书在版编目（CIP）数据

旅游目的地创新：案例与原理/吕佳颖，黄易著.——
杭州：浙江大学出版社，2022.8 （2025.1重印）
ISBN 978-7-308-22647-9

Ⅰ.①旅… Ⅱ.①吕… ②黄… Ⅲ.①旅游地－旅
游资源－资源管理 Ⅳ.①F590.3

中国版本图书馆CIP数据核字(2022)第085405号

旅游目的地创新：案例与原理

LÜYOU MUDIDI CHUANGXIN: ANLI YU YUANLI

吕佳颖　黄　易　著

策划编辑	曾　熙	
责任编辑	曾　熙	
责任校对	陈丽勋	
封面设计	周　灵	
出版发行	浙江大学出版社	
	（杭州市天目山路148号　　邮政编码　310007）	
	（网址：http://www.zjupress.com）	
排　　版	杭州林智广告有限公司	
印　　刷	浙江新华数码印务有限公司	
开　　本	787mm×1092mm　1/16	
印　　张	12.75	
字　　数	270千	
版 印 次	2022年8月第1版　2025年1月第2次印刷	
书　　号	ISBN 978-7-308-22647-9	
定　　价	45.00元	

前言

党的二十大报告指出："推进高水平对外开放"，"稳步扩大规则、规制、管理、标准等制度型开放"，"加快建设贸易强国"，"推动共建"一带一路"高质量发展"，"维护多元稳定的国际经济格局和经贸关系"。①

随着文旅融合发展时代的到来，旅游的体验化、个性化、全域化特征日益增强。这给旅游目的地带来结构性转型的难题，也倒逼着旅游目的地不断提升自身的创新能力，推动旅游运营、管理的变革与创新。创新是当前管理学界关注的重要课题，也是多学科交叉的前沿领域。尽管近年来我国旅游管理学科的发展取得了长足的进步，但对旅游目的地创新方面的教学和科研的重视程度还是不够，尤其是对高层次人才（如专业硕士和博士研究生）的创新教育还有待加强，迫切需要产学研合作，共同构建引领世界的旅游目的地管理的教学、研究和人才培养体系。近期国内出版了一批旅游管理方面的精品教材，包括笔者的《国际旅游业》，颇受广大读者的欢迎。但既有管理理论详解，又有深度案例分析的高质量旅游目的地管理方面的教材还是非常缺乏，基于中国本土的实战案例更为稀缺，而旅游管理学科对高质量案例的需求却日益迫切。因此，本书的出版旨在丰富旅游管理学科的教学内容，为广大教师开展生动的教学活动提供助力，引发广大旅游管理者在创新变革这个话题上的深度思考。

本书依托完善的工商管理理论体系和实践平台，围绕行业发展与业态创新需求进行整体框架设计，践行浙江大学管理学院"行动力学习"的教学理念，选取全国旅游行业现象级案例进行实地深入调查研究，形成了 13 个中国本土旅游目的地的一手创新案例，旨在传授体验经济时代旅游、住宿及休闲健康产业发展的新理念、新模式、新方法，培养学生引领未来产业发展的战略思维，提高其创新能力和运营能力。本书第一章为导论，第二章至第十四章

---

① 习近平. 高举中国特色社会主义伟大旗帜 为全面建设社会主义现代化国家而团结奋斗：在中国共产党第二十次全国代表大会上的报告 [N]. 人民日报，2022-10-26（01）.

围绕规划创新、品牌创新、运营创新、产业创新、模式创新等方面的教学目标和有关理论体系展开讨论，第十五章为案例使用说明示例，第十六章为案例分析主要理论依据。在内容组织上，秉承案例开发真实性、可读性和启发性的原则，采用深入浅出、生动清晰的表达方式来进行分析和阐述。此外，本书的案例编写严格遵循全国工商管理硕士（MBA）教育指导委员会案例的编写规范，部分案例入选浙江大学管理学院案例库。本书适合作为 MBA/MTA（旅游管理硕士）/EMBA（高层管理人员工商管理硕士）等管理类专业硕士和其他管理类硕士研究生的学习辅助教材，也可作为相关领域本科生、高级培训人员和短期进修学员的参考读物，对广大文旅产业管理人员、创业者也具有重要的学习参考价值。

本书的框架设计、理论依据的整理和统稿工作由浙江大学吕佳颖副教授与黄易博士合作完成。各案例的编写和完善由浙江大学黄欢、李瑶、王雪羽博士及宣夏娜硕士，山东大学布乃鹏副教授、王文文研究助理，华中师范大学龚箭副教授、余子纯硕士，贵州大学覃雪讲师与诸多业界管理者共同参与完成。本书的出版还得到了浙江大学出版社的鼎力支持。在此，对他们表示由衷的谢意！

当今旅游管理实践日新月异，本书的出版也难以完全跟上时代变化的脚步，肯定会存在一定的不完善之处，限于篇幅，许多优秀的案例也未能收录，有遗珠之憾。此外，旅游管理理论不断向着综合性和交叉性的方向迈进，作者的观点也存在一定的局限与不足，衷心希望各位专家和读者批评、指正。

吕佳颖　黄易

2025 年 1 月

目录

C O N T E N T S

CHAPTER 1 第一章

导论：我国文旅产业的发展、演变与创新

▲▲ 一、1979 年，邓小平"黄山谈话"拉开了中国现代旅游大发展的序幕

1979 年 7 月，中国改革开放的总设计师邓小平徒步登临黄山，并在黄山观瀑楼留下了被称为"中国旅游改革开放宣言"的"黄山谈话"。他高瞻远瞩地指出："黄山是发展旅游的好地方"，"要有一点雄心壮志，把黄山的牌子打出去"。[①] 由此拉开了黄山提质改造、产品研发、资本融合的旅游开发序幕，黄山因此成为中国涉外旅游观光的核心名片，也奠定了黄山在中国旅游业中的地位。

中华人民共和国旅游业的发展，可追溯到 1978 年，在此之前，旅游业隶属于外交部，更多地服务于外交事务。1978 年 3 月，中共中央批转《关于发展旅游事业的请示报告》，将主管旅游事业的中国旅行游览事业管理局从隶属于外交部改为直属国务院并更名为中国旅行游览事业管理总局。邓小平在 1978 年 10 月至 1979 年 7 月间就尽快发展旅游业专门发表了 5 次讲话，对旅游的经济功能予以肯定，提出旅游业由事业型转向走产业化道路，引资创汇，服务于国家经济建设的论述。邓小平指示："旅游这个行业，要变成综合性的行业"[②]，"旅游事业大有文章可做，要突出地搞，加快地搞"[③]。"搞旅游要把旅馆盖起来。下决心要快，第一批可以找侨资、外资，然后自己发展。"[④] 按照邓小平的讲话精神，国务院成立了以副总理耿飚为组长的旅游工作领导小组，各地政府也相继成立领导小组。也是在此期间，邓小平前往黄山考察，就黄山开展涉外旅游及发展旅游经济发表讲话。

▲▲ 二、旅游工作从"政治接待型"转变为"经济经营型"

1979—1991 年是中国旅游业的初创阶段。在这个阶段，中国旅游业主要以外事接

---

① 中共中央文献研究室，国家旅游局. 邓小平论旅游 [M]. 北京：中央文献出版社，2000.

② 中共中央文献研究室. 邓小平年谱（1975—1997）（上）[M]. 北京：中央文献出版社，2004.

③ 同①。

④ 同①。

待及少部分国内旅游服务为主。这个阶段的中国政府主要围绕落实"大力发展旅游事业"工作中具体"为什么干""怎么干"来制定政策。1979年9月的全国旅游工作会议明确提出：旅游工作要从"政治接待型"转变为"经济经营型"。1981年10月，国家出台了首个关于旅游业发展的战略性文件——《国务院关于加强旅游工作的决定》（1981年国务院80号文件），提出了中国旅游业发展的两个明确定位：第一，旅游事业在我国既是经济事业的一部分，又是外事工作的一部分，旅游业发展要政治、经济双丰收。这个定位明确了初级阶段的旅游重心是对外展示政治形象，同时拉动旅游消费，争取外汇创收。第二，旅游事业是一项综合性事业，是国民经济的一个组成部分，是关系到国计民生的一项不可缺少的事业。这也是我国第一次把旅游产业提到国民经济及国计民生的高度。

经过长期的实践和发展，1988年12月，经国务院批准，《国务院办公厅转发国家旅游局〈关于加强旅游工作的意见〉》（国办发〔1988〕80号），明确旅游行业管理的范围和权限，实行部门分级管理，形成行业管理的基本框架，为旅游业未来市场有序发展及行政服务管理进行了规范和规定。随着1990年10月中国公民赴新加坡、马来西亚和泰国自费旅游服务的开放，1991年年初，国务院批转的国家旅游局《关于加强旅游行业管理若干问题的请示》（国发〔1991〕8号）提出了对各地建立正常的、规范的旅游行业管理秩序的总要求，并要求继续治理整顿旅行社的相关工作，并进一步整顿旅游价格市场。同年1月，国家旅游局、财政部、国家外汇管理局联合发布《关于国营旅游涉外饭店若干政策问题的通知》。一系列涉及旅游接待、旅游服务的条例和通知，为规范我国旅游服务从"政治接待型"转变为"经济经营型"提供了政策保障，同时也为旅游市场化、产业化提供了服务标准和行为约束。

▲▲▲ 三、旅游行业的产业化、市场化推进

中国旅游业在发展的第一阶段从政策及机构上完成了"政治接待型"向"经济经营型"的转型，并解决了"为什么干""怎么干"的方向性问题。以第一阶段的发展成果为基础，1992—2002年，中国旅游业在国民经济的轨道上开启了产业化和市场化的进程，并与国家20世纪90年代开始施行的扩大内需和经济结构转型战略同轨、同频、同行，主动在国民经济发展中承担更大的责任。

中国旅游业以1981年国务院主持制定的旅游业第一个发展规划为基础，以1986年《中华人民共和国国民经济和社会发展第七个五年计划》（旅游业被列入该计划，确立了旅游业在我国国民经济中的产业地位）为纲领，以1998年12月中央经济工作会议把旅游业确定为"国民经济新的增长点"为方向，全面启动了产业化、市场化的道路。为推动旅游业的产业化、市场化改革，中共中央、国务院在1992年6月发布《关于加快发展第三产业的决定》，明确将旅游业确定为第三产业中的重点产业。同年，国家旅游局

集中开展旅游宣传和产品推广活动，比如举办了"中国友好观光年"主题活动，拉开了旅游品牌市场化的序幕。

为确保产业化、市场化相关政策的落实与推进，中国政府同步优化了部门设置，并成立了相关研究机构，同时创新性地制定相关政策推动对国有企业的股份制改革。1994年3月，《国务院办公厅关于印发〈国家旅游局职能配置、内设机构和人员编制方案的通知〉》（国办发〔1994〕35号），明确了旅游管理中中央和地方的权限、政府和企业的职责。同年，国有企业改革实践以建立现代企业制为主，部分旅游企业集团获得了国有资产管理局授予的国有资产管理权。1995年，国家旅游局成立了"全国旅游标准化技术委员会"（世界上第一个以旅游业为对象的标准化技术委员会），制定了我国旅游产品的等级标准化政策，并组建了国家旅游局、省旅游局、地方旅游局三级旅游质量监督管理机构，对我国旅游产品、旅游服务进行监督检查。

随着市场的发展及游客对旅游品质需求的变化，国务院办公厅在1993年批转了国家旅游局《关于积极发展国内旅游业的意见》，提出今后一个时期将"搞活市场，正确引导，加强管理，提高质量"作为国内旅游业发展的方针。以该意见为基础，政府部门及专业研究机构牵头出台了一批行业性指导文件及旅游产品、旅游服务质量核定政策。1993年7月，《国家旅游局关于下发〈饭店管理公司管理暂行办法〉的通知》（旅管理发〔1993〕第075号）颁布；1994年，国家旅游局发布《旅游安全管理暂行办法实施细则》并下发《国务院关于发布〈第三批国家重点风景名胜区名单〉的通知》；1996年，国务院颁布实施《旅行社管理条例》（国务院令第205号），国家旅游局发布《旅行社管理条例实施细则》（国家旅游局令第5号）；1997年，国家旅游局、国家物价局共同颁布《中华人民共和国国家标准GB/T14308—1997：旅游涉外饭店星级的划分及评定》。

1995年9月，中国共产党第十四届五中全会提出《中共中央关于制定经济和社会发展"九五"计划和2010年远景目标的建议》，旅游业被列为第三产业积极发展新兴产业序列中的第一位。1997年，国家旅游局和公安部发布《中国公民自费出国旅游管理暂行办法》，标志着中国出境旅游市场的形成。1999年，对外贸易经济合作部和国家旅游局联合发布《中外合资旅行社试点暂行办法》，进一步开放旅行社市场，中国旅游终于从"请进来"发展为"请进来"与"走出去"相结合的游客流向布局。

在"请进来""走出去"的政策引导下，政府及市场积极行动。1998年，国家旅游局与中国国际旅行社总社、国际饭店等直属企业正式政企分离，完成与经济实体的脱钩；同年，第一届中国国际旅游交易会（China International Travel Mart，CITM）举办，一系列的市场举措获得了良好的市场反响与经济回报。在1998年年底的中央经济工作会议中，旅游业被确定为国民经济3个新的增长点之一。1999年，中国政府成功举办了20世纪末规模最大、为期最长的国际展览会——中国'99昆明世界园艺博览会。同年，国务院总理朱镕基签署第270号国务院令，发布《全国年节及纪念日放假办法》，尝试

"黄金周"旅游消费模式。2000年6月，《国务院办公厅转发国家旅游局等部门〈关于进一步发展假日旅游的若干意见〉的通知》（国办发〔2000〕46号），正式确立"黄金周"假日制度。2001年1月，国家旅游局覆盖国家、省、市、企业四级旅游部门的"金旅工程"正式启动，我国旅游网络化、数字化进入尝试期。与此同时，《国务院关于进一步加快旅游业发展的通知》（国发〔2001〕9号）明确指出："树立大旅游观念，充分调动各方面的积极性，进一步发挥旅游业作为国民经济新的增长点的作用。"至此，中国旅游业初步完成了产业化、市场化布局。

▲▲ 四、深入市场进程、拉动内需消费，旅游产业成为国家战略性支柱产业

正式确立"黄金周"假日制度后，大众旅游风生水起，旅游市场繁荣兴旺，旅游产业蓬勃发展。2002—2012年，中国旅游产业迅猛发展，市场程度进一步深化，旅游产业成为国家战略性支柱产业。在经济体制改革继续深入推进和经济结构转型的大背景下，旅游业在"保增长、扩内需、调结构"等方面发挥了积极作用。例如，2006年发布的《中国旅游业发展"十一五"规划纲要》明确提出"要把旅游业培育成为国民经济的重要产业"；2009年《国务院关于加快发展旅游业的意见》（国发〔2009〕41号）更是要求"把旅游业培育成国民经济的战略性支柱产业和人民群众更加满意的现代服务业"，首次把旅游产业提到国民经济战略层面，并于2011年正式设立"中国旅游日"（5月19日）。

旅游业战略定位的提升，使得旅游资源企业、旅游服务机构的筹资方式也开始从以政府管理、国有资本注资为主逐步向政府、国有资本与市场资本融合过渡。2012年起，市场资本开始大量涌入旅游产业。2014年发布的《国务院关于促进旅游业改革发展的若干意见》（国发〔2014〕31号）更是明确提出：旅游业以主动与新型工业化、信息化、城镇化和农业现代化相结合的更大格局，以对经济社会文化生态多方协同的改革精神，全面融入国家战略体系，市场资本与旅游产业进入高速融合期，市场资本在推动"旅游+""大旅游""全域旅游"的过程中发挥着重要作用；要打破行业、地区壁垒，推动旅游市场向社会资本全面开放；支持符合条件的旅游企业上市。2015年8月，《国务院办公厅关于进一步促进旅游投资和消费的若干意见》（国办发〔2015〕62号）明确国家将"实施旅游基础设施提升计划，改善旅游消费环境"，"实施旅游投资促进计划，新辟旅游消费市场"，"实施旅游消费促进计划，培育新的消费热点"，"实施乡村旅游提升计划，开拓旅游消费空间"。

从旅游消费的崛起到全面融入国家战略，政府在旅游资源保护与开发、旅游项目布局与投资、旅游服务质量与监督、旅游宏观管理与引导等方面也制定了系列政策和规范，为旅游产业健康发展、产业布局，以及最终融入国家战略产业奠定了坚实的基础。为规范旅游服务和保障游客权益，2012年第十一届全国人大常委会第二十八次会议初次审议了《中华人民共和国旅游法（草案）》，2013年10月1日，《中华人民共和国旅游

法》正式颁布实施。2012年，《中国旅游大辞典》出版发行，成为我国首部大型旅游综合工具书。2014年，国家旅游局和国家工商行政管理总局联合发布了《团队境内旅游合同（示范文本）》《团队出境旅游合同（示范文本）》和《境内旅游组团社与地接社合同（示范文本）》，对旅游团队的服务、操作及游客权益保护等方面进行规范。

为促进旅游市场的持续活力、维护市场秩序，我国政府在旅游顶层设计及宏观引导上务实创新。2014年，在第十二届全国人大二次会议上，国务院总理李克强向大会作政府工作报告，提出扩大服务消费，落实带薪休假制度。同年，国家旅游局与中共中央党史研究室共同组织编撰《中国红色旅游指南》，将旅游与爱国主义教育进行融合，并规范红色旅游市场。为完善旅游管理、促进旅游科技发展、完善现代服务，2014年8月，《国务院关于促进旅游业改革发展的若干意见》明确了新时期旅游业改革发展的方向和任务，提出要"制定旅游信息化标准，加快智慧景区、智慧旅游企业建设，完善旅游信息服务体系"，同时要求"完善国内国际区域旅游合作机制，建立互联互通的旅游交通、信息和服务网络"，为智慧旅游建设及科技化旅游服务提供了明确的方向。为促进旅游的国际交流与合作，打造国际化的旅游大国，2015年3月，国家发展改革委、外交部、商务部经国务院授权，联合发布《推动共建丝绸之路经济带和21世纪海上丝绸之路的愿景与行动》。2015年5月，国家旅游局、国家扶贫办共同印发了《关于启动2015年贫困村旅游扶贫试点工作的通知》，乡村旅游成为精准扶贫和乡村振兴的重要途径。2016年5月，首届世界旅游发展大会在京举办，来自107个国家和15个国际组织的代表出席会议并发布《北京宣言》。这是首个由中国倡议、中国组织的世界旅游大会。为规范行业行为、丰富产业形态，2016年9月，国家旅游局等六部门联合发布《关于加快推进2016年自驾车房车营地建设的通知》。2017年6月，国家旅游局发布《全域旅游示范区创建工作导则》。同年，中共中央办公厅、国务院办公厅印发《建立国家公园体制总体方案》，国家旅游局发布《全国旅游厕所建设管理新三年行动计划（2018—2020）》。

五、文化和旅游融合，满足美好生活需要

2018年3月，第十三届全国人大一次会议表决通过了国务院机构改革方案，批准文化部、国家旅游局合并为文化和旅游部（以下简称文旅部），文化与旅游正式融合。

文化部与国家旅游局两个部门的合并，对于增强和彰显文化自信、统筹文化事业、促进文化产业发展和旅游资源开发，具有重要的里程碑意义。文旅部提出以"宜融则融，能融尽融，以文促旅，以旅彰文"的工作思路来推进文旅深度融合，增加产业竞争力，释放融合红利。在现实发展中，文化产业的事业属性更强而产业化程度略低，旅游产业的产业属性更强而事业属性较弱。对文化产业而言，要重点解决文化企业规模小、布局分散、实力弱、市场化程度较低、产业链条不完整、融资渠道不畅通等问题，更好

地激发文化市场的活力；对旅游产业而言，要转变单一经济导向和增长主义导向，强调旅游业在满足美好生活需要、创造社会就业、促进社会和谐、改善民生福祉、保护生态环境、助力国家外交、促进人的全面发展等方面的社会功能，强调政府在保障公民休假权利和旅游权益等方面的重要职责。

2018 年，国务院发布《国务院办公厅关于促进全域旅游发展的指导意见》（国办发〔2018〕15 号），将全域旅游作为文旅产业未来发展的重点。文旅部颁布《文化和旅游部关于实施旅游服务质量提升计划的指导意见》（文旅市场发〔2019〕12 号）、《文化和旅游部关于促进旅游演艺发展的指导意见》、《文化和旅游规划管理办法》等政策，分别从文化消费、文化金融、资源建设、产业监督管理等方面对文旅产业高质量发展给予支撑和保障。2019 年，《科技部等六部门印发〈关于促进文化和科技深度融合的指导意见〉》（国科发高〔2019〕280 号），提出到 2025 年基本形成覆盖重点领域和关键环节的文化和科技融合创新体系，实现文化和科技深度融合。

随着城乡居民生活水平持续快速提升，人民日益增长的美好生活需要越来越多地体现在文化和旅游消费方面，催生了旅游市场上许多新的消费模式和产品业态。国家统计局数据显示，2020 年，全国人均教育及文化娱乐消费支出达到 2032 元，占人均消费支出的比重为 9.6%。2019 年，我国旅游业总收入 6.63 万亿元，旅游业对 GDP 的综合贡献为 10.94 万亿元，占 GDP 总量的 11.05%，旅游业直接和间接就业人口 7987 万人，占全国就业总人口的 10.31%。文旅消费对释放内需潜力、推动经济转型、保障和改善民生，都具有十分重要的意义。文化产业和旅游产业都是人民群众喜闻乐见、参与度高的幸福产业，在文化和旅游领域激发消费潜力，是民之所盼，也是政之所向。为此，党中央、国务院进一步加强对文化和旅游消费工作的统筹推进。2019 年，《国务院办公厅〈关于进一步激发文化和旅游消费潜力的意见〉》（国办发〔2019〕41 号）出台，目的是顺应人民群众文化和旅游消费提质转型升级新趋势，深化文化和旅游领域供给侧结构性改革。同年，中共中央办公厅，国务院办公厅印发《长城、大运河、长征国家文化公园建设方案》，要求以长城、大运河、长征沿线一系列主题明确、内涵清晰、影响突出的文物和文化资源为主干，生动呈现中华文化的独特创造、价值理念和鲜明特色。

图 2014—2019 年中国旅游市场基本情况

2019 年年末暴发的新冠肺炎疫情给文旅行业带来了巨大的冲击，旅行社、旅游景区、旅游食宿、旅游交通、线下影院、文艺演出等行业遭受到的冲击尤为强烈。文旅产业是以服务人为主要目的的现代服务业，而人的活动是具有流动性的，人身安全是人类自由活动的前提条件，追求流动中的安全性，是人的基本要求。但一些文旅活动服务链条长、过程难以完全把控，突发因素多，导致文旅产业容易遭受外部环境的冲击。然而，我国的文旅产业也绝非危机冲击下一击即溃的"脆弱性"产业，在面对新冠肺炎疫情等重大突发公共卫生事件时，财政部、国家税务总局、中国人民银行、文旅部、银保监会等部门，中国旅游协会等行业协会组织，各级地方政府都相继出台政策文件，帮助文旅企业渡过难关。文旅企业作为行业主体，也不断创新求变，积极应对危机。未来，文旅行业仍将面临许多不确定因素，需要不断提升创新能力、引导消费行为、加大科技赋能、加强质量提升、强化风险管理，夯实产业发展根基，这样才能在复杂多变的形势下寻求行业的生机。

▲▲ 六、中国现代旅游的创新经验及对中国文旅产业发展的借鉴意义

以国家政策和战略布局为基础，以市场需求为引导，文旅行业在开发模式、整体规划、基础建设、产品策划、运营管理、跨界融合等方面不断探索和创新，这些经验对推动我国文旅产业的高质量发展，有着非常重要的作用。我们有必要把旅游目的地的创新实践进行一次梳理和总结，为未来旅游新发展模式提供参考和借鉴。

（一）从 0 到 N：歌斐颂的甜蜜产业链延伸之路

自从浙江省 2014 年首次提出"特色小镇"并且成功运行，全国掀起了一股特色小镇建设热潮。2016 年 7 月，住房和城乡建设部、发展改革委、财政部联合下发《关于开展特色小镇培育工作的通知》（建村〔2016〕147 号），特色小镇正式迈入了在国家层面全面推广的新阶段。作为培育新经济、新业态和新动能的新载体，特色小镇如何发挥好融通平台的作用，探索新的发展模式、新的产业形态、新的体制机制，如何通过产业结构的调整推动实体经济供给能力的提升，实现产业链的延伸与转型升级？浙江嘉善县大云镇成功把巧克力甜蜜小镇打造成浙江首批省级特色小镇，并对上述问题给出了值得借鉴的答案。

歌斐颂巧克力小镇规划总面积达 430 亩，总投资 9 亿元，是国内首家、亚洲最大的巧克力特色旅游风景区。以巧克力产业为核心，园区内实现了巧克力生产、销售的一体化，同时也具备观赏、研学、展示、休闲、康养、购物等功能。在产业链延伸上，小镇完成了工业旅游产业链从生产研发到营销推广的纵向延伸，也实现了向旅游端的横向融合。在后续发展中，歌斐颂继续进军儿童教育产业、婚庆产业等，不断推动产业链的内涵式延伸和外延式延伸。歌斐颂巧克力小镇开园后在短短 4 年间接待的游客就超 200 万人次，巧克力销售突破 1 亿元，并依靠其打造的全产业链，带动周边的农业、旅游业和婚庆业等产业的蓬勃发展。

依托特色小镇这个创新发展平台，歌斐颂巧克力小镇打通了各产业和行业间的壁垒，构建了全产业链的产业形态和商业模式。以巧克力产业和旅游业的完美融合，歌斐颂不仅塑造了工业旅游的标杆，还走出一条与众不同的特色小镇发展道路，为我国各地的文旅特色小镇建设提供了宝贵的经验。

（二）从"第一水乡"到"夜周庄"：文旅融合下的新时空拉动新消费

在"保增长、扩内需、调结构"大背景下，我国迎来了景区建设和旅游消费的蓬勃发展期，全国景区数量和质量都迅猛发展。与此同时，区域内景区同质化问题也日趋严重，其中尤以华东地区的水乡古镇最为突出。以上海为中心，在上海、浙江和江苏三省市的古镇发展到今天已有不下百家。众多的古镇，让游客怎么选择？在旅游消费和游客品位不断提升的市场中如何让旅游产品能吸引眼球？如何延长游客的游览时间？如何能做到有限空间的内容叠加？除了借助资本对产品进行迭代和升级外，采用"慢火熬汤"的匠心手段对景区逐步改造似乎更符合古镇的"风味"，周庄古镇就是这么一步步"慢火熬汤"，把一个传统古镇一步步"熬"成一个既保留了烟火风情，又实现文旅融合、时空叠加的双面古镇景区。

周庄古镇位于江苏省昆山市西南部，是国家首批 5A 级旅游景区，有"中国第一水乡"之美誉。周庄古镇于 2005 年开始发展夜游，并陆续打造了一系列具有体验性、休闲性的夜游产品业态，从观光游向休闲游转型。更重要的是，周庄古镇对夜游的主题概念进行创新，建立了全新的夜游品牌——"夜周庄"，将当地特有的昆曲、手工艺、水乡渔舟、民俗婚俗等元素，通过水雾、灯光、投影等现代科技手段融入夜游产品的设计中，并整合现有地标景点，打造了一套全新的夜游产品体系——"周庄八夜"，使古镇在夜间呈现出了与白天截然不同的形态和魅力。

"夜周庄"让周庄古镇的夜游不再只是白天的附属和延伸，而是具备独立吸引力和生命力的全新景区品牌。从"景区夜游"到"夜游景区"，周庄古镇在"老地方"创造出"新时空"，为我国旅游景区的文旅时空叠加及夜经济发展提供了很好的参考样本。

（三）站在山巅呼唤爱：莽山五指峰景区无障碍发展之路

在我国，旅游常被代称为"游山玩水"，登山是经久不衰的旅游项目之一。然而，山岳型景观一直是属于身强体健游客群体的"专利品"，弱势群体难以感受"会当凌绝顶、一览众山小"的山岳旅游体验，这不是景区开发机构、旅游服务企业和旅游消费人群所愿意看到的。如何让任何一个群体都能领略到山川大地之美？处在湘粤边界的莽山五指峰成为全国第一个"吃螃蟹"的景区。

莽山五指峰景区位于湖南省郴州市宜章县溶家洞，由中景信旅游投资开发集团（以下简称中景信集团）打造而成。在景区的规划、建设与运营中，中景信集团着力将"无障碍""人性化"理念融入贯彻到每一处细节之中。首先，在停车场、检票及售票处通过硬件建设与主动服务方式实现无障碍通行。其次，对整个游步道实施无台阶设计和施工，确保整个游步道全线可以无障碍贯通。莽山五指峰景区在海拔 1400 米以上架设了上、中、下 3 条游步栈道，并用扶梯和电梯将 3 条不同海拔的游步道连接起来，在无法避免上升情况的游步道区域建设垂直电梯和斜梯，由此形成一个无障碍游览闭环。最后，硬件设施"去障碍"之外，莽山五指峰景区积极探索构建无障碍山岳旅游服务标准，在景区各个无障碍设施节点，有景区员工提供设施使用操作引导、人力协助等服务。

近年来，政府各部门出台多项政策标准，统筹规范无障碍环境建设行为。作为全国乃至世界首个无障碍山岳型旅游景区，莽山五指峰景区体现了中景信集团响应顶层号召、担当企业社会责任、推动社会无障碍事业发展的积极行动力。

（四）数智让乡村"慧"经营：杭州余杭区鸬鸟镇的数字化转型之路

2015年，国家旅游局发布《关于开展"国家全域旅游示范区"创建工作的通知》（旅发〔2015〕82号），提出积极构建全域旅游发展格局的新举措。乡村地区是全域旅游的重点和着力点，乡村旅游全域化是助推实现旅游业高质量发展和乡村全面振兴的重要力量。然而，乡村地区具有空间范围广、资源分布杂的天然特征，乡村全域旅游与当地民生、土地、环境等诸多要素息息相关，这就决定了其运营管理难度必然远高于传统旅游景区。如何对乡村全域旅游进行高效、精细化的运营管理？浙江省杭州市余杭区鸬鸟镇将智慧大脑植入绿水青山，积极探索文旅数字乡村新模式。

鸬鸟镇是典型的全域旅游型乡镇，以乡村旅游产业为支柱产业。2019年起，鸬鸟镇走上了数字化转型的道路，打造了名为"数智鸬鸟"的乡村治理平台，包括数智乡村、数智治理和数智旅游三大模块，旨在以数字化赋能乡村旅游经营和乡村全域治理。数智旅游模块汇聚了鸬鸟镇境内包括旅游景点、民宿及农家乐、公共服务、农产品销售等在内的56000余条全域旅游数据，并在境内重要点位配备智能感知"触角"，实时更新全域数据。同时与公安、交通、市场监督管理等多部门形成信息共享和协作联动机制，以提高数据信息的全面性、营销服务的精准性、应急反应的及时性和管理决策的科学性。此外，鸬鸟镇开发"遇见鸬鸟"小程序，向游客提供覆盖旅游信息搜索、旅游计划决策、旅游产品支付、旅游反馈评价等各个阶段的一站式智能服务平台。

在文旅数字化转型和乡村数字化转型的双背景下，鸬鸟镇打造"数智鸬鸟"平台，游客"慧游玩"、政府"慧管理"、企业"慧经营"三管齐下，实现了乡村全域旅游的精细化运营，为数字化赋能乡村文旅、乡村治理、乡村振兴提供了鸬鸟范本。

（五）融合与共生：田园东方蜜桃村的首个田园综合体实践

2018年1月，中央一号文件《中共中央国务院关于实施乡村振兴战略的意见》出台，乡村旅游迎来发展的黄金期。在乡村振兴战略背景下，作为"绿水青山就是金山银山"的代表性产业——乡村旅游业，应着重思考以下问题：如何改善升级乡村"以农为主"的产业结构，推动一、二、三产业融合发展；如何作为连接城市与乡村的桥梁，推动城乡融合发展；如何在辐射带动乡村地区经济、社会、生态、文明的全面提升等方面进行积极探索。对于这些关键问题，田园东方蜜桃村为我们展示了一种可推广复制的田园综合体模式。

田园东方蜜桃村是田园综合体模式的首个落地项目，落址于享有"中国水蜜桃之乡"美誉的无锡市阳山镇。在田园东方蜜桃村的规划中，田园东方投资集团有限公司（以下简称田园东方集团）以阳山镇当地特有的蜜桃种植业为基础，发展以蜜桃衍生产品加工和销售为主的第二产业，以及以农业观光和农事体验为主的第三产业，积极延伸农业产业链。同时，不断丰富完善文化市集、亲子乐园、主题民宿等一系列文旅业态，推动旅游产业与文化、休闲、电商、物流、教育等产业的融合发展，建立"旅游+"的多元产业体系。在优化乡村产业经济结构的基础上，田园东方集团将当地居民集中迁至新建社区，并规划主题民宿、田园度假居住区供外来游客和新住民居住，构建多主体共享的新型田园社区。

田园东方蜜桃村开业不过短短几年便实现了年客流量20万人次、年营收5000万元的业绩，被评为国内新型城镇化、城乡一体化示范区和乡村旅游新标杆，同时也将田园综合体这种"农业＋文旅＋新社区"的乡村综合发展模式带到了大众眼前。2017年，田园综合体模式作为乡村新型产业发展的亮点措施被写进中央一号文件。作为田园综合体的首个实践项目，田园东方蜜桃村探索出了一种以农业、文旅产业融合全面撬动乡村振兴的乡村发展新模式。

（六）您的美丽，终为人识：西江千户苗寨的品牌破壁之路

为进一步推动少数民族特色村寨的保护与发展、扩大少数民族特色村寨品牌的影响力和辐射力，自2009年起，国家民族事务委员会与财政部开始实施少数民族特色村寨保护与发展项目。截至2019年，由国家民族事务委员会命名的少数民族特色村寨已达1652个。这么多的特色民族村寨，该如何发展才能突出自己的特色，又该如何实现民族文化与旅游发展的有效融合呢？西江千户苗寨给出了自己的答案。

西江千户苗寨坐落于贵州省黔东南苗族侗族自治州（以下简称黔东南州）雷山县的苗岭之间，从一个偏僻、贫困的苗族村寨，发展成为国内外享誉盛名的最美民族村寨和国内外旅游者心驰神往的旅游目的地。那么，西江千户苗寨是如何在百花齐放的民族村寨中脱颖而出的呢？这一切都得益于贵州省西江千户苗寨文化旅游发展有限公司（以下简称西江旅游公司）所实施的品牌发展战略。

2009年，西江旅游公司注册成立，作为西江千户苗寨的经营主体负责景区正常经营与运转工作。借力企业主导优势，西江旅游公司快速实现管理增效，将独有的"千户苗寨"及其独特璀璨的"苗族传统文化"确定为品牌核心，并因此处聚集了多个天下之最而将其品牌定位为"天下西江·千户苗寨"，以寓意西江的苗寨文化是世界共享的符号。与此同时，公司以文化为引领，积极挖掘探索品牌内涵，在苗族文化的传承与保护、传统文化挖掘，以及文化价值再生等方面做了诸多努力，丰富了西江千户苗寨的品

牌内涵，再借力多渠道营销推广进行大量宣传，最终高效地实现了西江千户苗寨的品牌破壁。

西江旅游公司潜心十余载，致力于旅游目的地品牌塑造与推广，在目的地品牌核心的明确、品牌定位的斟酌、品牌内涵的挖掘及品牌推广等多个方面持续努力。西江千户苗寨在品牌破壁方面的创新，使其从一个默默无闻的偏远民族村寨一跃成为蜚声国内外的热门旅游目的地，以其"天下之最"的千幢苗家吊脚楼及"传统苗族文化"吸引着国内外旅游者的目光，实现了从"默默无闻"到"走出国门"的华丽转身。

（七）以极限运动谱写体育旅游新传奇：天门山景区的赛事营销创新

在政府战略主导和社会资本推动下，旅游业作为我国国民经济新的增长点，插上了腾飞发展的翅膀，新景区、新产品、新业态如雨后春笋般接连冒出。在百花齐放、竞争激烈的旅游市场中，旅游景区如若不借助创新吸睛的营销手段来"主动出击"，即便有再绝美的景观风光、再完善的设施服务，也只能是"养在深闺人未识"。对此，各大景区纷纷在旅游营销方面进行了不同程度的探索和创新，其中，有一个不得不提的行业代表，那便是通过举办一系列极限运动而迅速在国内外打响名号的天门山景区。

围绕自身险峻奇绝的资源特性，天门山景区确定了以极限运动为核心的赛事营销战略。自 2005 年起，天门山共举行了近 30 项极限运动赛事，其中不乏"翼装飞行世界锦标赛""蜘蛛人徒手攀爬天门洞"等家喻户晓的活动。为达到理想的营销效果，在活动主题的选择方面，天门山景区十分注重赛事项目与自身景观资源和文化内涵的契合性，既要以极限运动为载体来呈现出天门山奇绝的自然风光，也要借助其背后的精神内核来不断丰富天门山的景区文化。同时，天门山景区还通过设置输赢成败悬念、与跑酷等小众项目进行"跨界融合"、举办"翼装飞行世界锦标赛"等固定赛事来打造 IP 等一系列策略，不断提高赛事营销活动的吸睛度和持续影响力。

极限运动铸就传奇品牌，凭借在旅游赛事营销方面的出色运作，天门山景区让世人看到了自身的险峻传奇的自然风光，从张家界的诸多景区中脱颖而出，跃身成为国内外知名的山岳景区，将"传奇天门山"的景区品牌深深印在大众心中。在旅游市场竞争更加白热化的今天，天门山景区在营销创新方面的经验十分值得我们思考和借鉴。

（八）从三流资源到一流景区：呀诺达雨林文化旅游区的服务创新探索之路

在长期的发展过程中，我国旅游市场逐渐出现了诸多不容忽视的痛点、堵点，其中旅游服务方面的问题尤为突出。服务质量与游客体验直接相关，是制约旅游发展的重要因素。传统旅游景区重新树立品牌意识、服务意识、创新意识，围绕"以人为本"的理念来补足服务短板、提升服务质量，是实现旅游业高质量发展至关重要的一环。在这方面，呀诺达雨林文化旅游区（以下简称呀诺达旅游区）展开了探索。

呀诺达旅游区位于海南省保亭黎族苗族自治县，以优质服务作为景区品牌核心竞争力，建立了以游客为中心的优质服务管理体系。首先，呀诺达旅游区开发了观光娱乐、文化风情、休闲体验、健康养生4条不同的产品线和"吃住行游购娱"面面俱到的服务业态，以多元化的产品和全方位的服务满足不同类型游客的所有需求。在商业业态管理方面，呀诺达旅游区坚持以"服务大于经营"的理念来经营景区内的二次消费。同时，呀诺达景区以双体系管理标准来为景区打造优质服务品牌保驾护航，并以"人人五员"的员工培养模式来保障客流高峰期的服务质量。通过构建景区服务文化、联盟国际服务品牌、推出"先游后付"等方面的创新举措，呀诺达旅游区不断深化自身的优质服务品牌形象。呀诺达旅游区稳定输出优质服务的"秘诀"在于建立了准军事化闭环培训管理体系和全员绩效考核机制，以此成功打造了一支令行禁止的高效能服务团队。

呀诺达旅游区积极探索顾客体验为核心的服务创新模式，塑造游客"乘兴而来，尽兴而归"的优质服务品牌，成功利用三流的旅游资源打造出一流的景区。随着国民对美好生活需求的提升，大众对优质旅游产品和服务也提出了更高的要求，游客在欣赏优美风景的同时，更期待优质的服务。呀诺达旅游区正是凭借这张优质服务牌，在竞争激烈的海南旅游市场稳稳占据了一席之地。

（九）一城看遍天下秀：横店影视城的文旅融合之路

随着文化部和国家旅游局的合并，文化产业和旅游产业在产业培育和发展方面"宜融则融、能融尽融、以文促旅、以旅彰文"的融合趋势正逐一得以体现。旅游演艺作为休闲旅游业的一个重要分支，是推动文旅产业深入融合发展的催化剂。2019年3月，文旅部印发了《文化和旅游部关于促进旅游演艺发展的指导意见》，推动旅游演艺成为文旅融合的"排头兵"。近年来，旅游演艺进入快速发展期，但也存在内容同质化、缺少创新性和原创性、"叫座不叫好"等问题。如何能够在国内大量影视城和演艺秀败北的情况下脱颖而出，一枝独秀？浙江横店影视城有限公司（以下简称横店影视城）交出了一份满意的答卷。

横店影视城位于浙江省金华市东阳市横店镇，1996年为配合著名导演谢晋拍摄历史巨片《鸦片战争》而逐步建成。随着景区对社会的开放，怎样将看似泾渭分明的影视产业和旅游产业相结合，寻求人造景点的破局，是横店在打造旅游目的地时首要思考的问题。以张艺谋《英雄》电影的拍摄和上映为契机，横店策划推出了第一个演艺节目，继而引入影视表现手法和现代科技手段丰富表演形式；集策划、编创、运营和管理为一体，把控演艺质量，建立演艺服务规范，推进演艺标准化管理。

通过这一系列创新举措，横店影视城跳出传统影视基地的固有发展模式，寻求和匹配文化产业和旅游产业价值链的契合点和融合点，创新演艺秀的形式和内容，建立起多元化旅游演艺体系，逐渐实现从观光型景区到观光休闲体验复合型景区的创新转变，将旅游基础条件薄弱的影视基地打造成海内外驰名的旅游目的地，走出了一条"影视为表、文化为魂、模式为王"的文旅融合发展新路。

（十）城郊融合型乡村振兴：浔龙河生态艺术小镇

改革开放后，墨守了几千年"日出而作日入而息"生活状态的中国农村，生产生活结构发生了巨大的变化。但乡村经济发展与农民从"根"里对土地无法割舍的情感之间，却存在着久久未能磨合的矛盾。例如城市扩建的乡村征迁、家庭与集体企业的工业生产、大型工业的引进落地，大多是以牺牲土地为代价来换取经济发展。如何在保留土地的同时，让百姓变成农民＋居民、让土地变成农地＋商地、让务农变成劳作＋工作、让空间变成田园＋公园，真正实现以土地和农耕为基础的美丽乡村和乡村振兴？在这方面，浔龙河村探索了城郊融合型乡村振兴的新模式。

浔龙河村坐落于湖南省长沙县果园镇西北部，曾常年与"贫困""闭塞"等词联系在一起，是湖南省省级贫困村。2019年开始，浔龙河村以"城镇化的乡村、乡村式的城镇"为定位，全力打造城市近郊型生态艺术小镇。在具体做法上，浔龙河村以土地改革为突破口，盘活农村资源；以村企联合为路径，带动资本下乡；以产业发展为动力，建立长效机制。在不到10年的时间里，浔龙河村发生了翻天覆地的变化，不仅在产业经济结构方面实现了从单一"粮猪型"农村经济模式到"生态产业为基础、文化产业为灵魂、教育产业为核心、康养产业为配套、旅游产业为抓手"多元产业融合模式的跨越，在治理体制、乡村人才培养、文化建设等方面也都取得了蝶变跃升。

浔龙河村培育出一系列以乡村为空间的产业，以此带动本地就业创业，让老百姓不离开故土、不离开耕作、不离开乡情，实现了产业、人才、文化、生态、组织5个维度的全面振兴，为我国乡村集体致富和乡村振兴探索出新的模式，具备高度的模式借鉴和推广实践意义。

（十一）让文化"活"起来：台儿庄古城文旅融合的特色之路

党的十八大以来，国家高度重视中华文化遗产的发展传承，加强文物保护利用和文化遗产保护传承成为坚定文化自信的重要内容。习近平总书记曾说："要让收藏在禁宫里的文物、陈列在广阔大地上的遗产、书写在古籍里的文字都活起来……展示中华文化魅力。"[①]文化是旅游的灵魂，旅游是文化的载体，如何以文旅深度融合来实现文化遗产的保护、活化和传承？在这方面，台儿庄古城探索出一条"让文化活起来"的文旅融合特色之路。

台儿庄古城位于山东省枣庄市南部，拥有历尽沧桑的古运河历史、以抗日战争为背景的台儿庄大捷著名历史事件、鲁南民俗文化等丰富的历史文化遗产，享有"天下第一

---

① 习近平.建设社会主义文化强国　着力提高国家文化软实力[N].人民日报，2014-01-01（01）.

庄"美誉。2008年，枣庄市开始重修台儿庄古城，坚持以留古、复古、扬古、用古的原则来还原古城的历史风貌，突出大战文化、运河文化、鲁南民俗3个文化主题，全面复活古城文化。同时，搭建博物馆、展馆、遗址公园、体验馆等一系列平台，让游客更好地理解、感受三大文化主题，充分激活古城文化。此外，开发了一系列蕴含鲁南传统民俗的旅游项目，并借助柳琴戏、运河大鼓、皮影戏等特色形式，深化自身文化符号，立体做活古城文化。此外，台儿庄古城还设计了大战文化之旅、古岸寻踪之旅、运河文化之旅、江北水乡之旅、宗教文化之旅五大主题旅游线路，为游客提供系统化、完整化的文化主题深度游，高效盘活古城文化。

文旅融合的新时代背景下，台儿庄古城以文化为魂、以旅游为体，从复活文化、激活文化、做活文化、盘活文化4个方面不断挖掘，保护和传承自身特色文化，在文化遗产的旅游活化方面塑造了一个值得借鉴的典范。

（十二）长江港口城市的涅槃重生：宜昌主题乐园打造水陆联动的度假坊

经过30余年的发展，我国形成了数量众多、种类丰富的各类主题乐园。主题乐园对于满足人民美好生活需要、完善现代城市功能发挥了积极作用，但在快速发展过程中所涌现的盲目建设、模仿抄袭等痛点不容忽视，且前期投入大、回报周期长、经营杠杆率高的特征，也决定了这是一个高风险的行业。数据显示，国内投资额超5000万元的主题乐园约有300家，但其中运营状况良好的仅为10%。一边是本土主题乐园的普遍亏损，一边是迪士尼、环球影城等外来巨头的猛烈冲击，在此背景下，我国主题乐园建设该如何走出"复制粘贴"盲区，实现特色化、差异化发展，又该如何发挥出对区域的辐射带动效用呢？对此，宜昌市积极探索主题乐园发展的新模式，计划打造"陆上公园＋水上移动乐园"双重体验模式的宜昌主题乐园。

宜昌主题乐园以水陆联动为总体开发思路，包括移动游轮水上乐园和主题文化陆地公园两大主题产品。其中，移动游轮水上乐园作为核心吸引物，以"科技＋游乐＋观光"为主要功能，致力于打造国内首个行走在长江上的内河游轮主题乐园。同时，宜昌市将集中创意，改造长江沿岸工业旧区，形成集游览、休闲、研学、居住、餐饮等多功能于一体的国际大型旅游贸易区和内河港口，并在园区内实现购物、娱乐都免税。通过主题乐园、游船、码头、旅游贸易港的融合衔接，宜昌市将建成全国现阶段唯一一个陆水相依、游轮与主题乐园、港口码头互动的水陆两栖文化欢乐园和休闲购物胜地。

作为长江黄金旅游带的重要节点城市，宜昌市以主题乐园大型文旅项目建设带动城市更新，创新性地打造水陆联动的大型文化旅游聚集区和我国内陆口岸国际文化旅游贸易消费的新高地，将成为我国主题乐园创新发展和港产城融合发展的新典范。

（十三）杭州七彩未来社区：共享理念激活的运营模式创新

2019 年，浙江省首次提出和推进未来社区建设，并在浙江全省启动建设试点工作。未来社区是围绕社区全生活链服务需求，以未来邻里、教育、健康、创业、建筑、交通、能源、物业和治理等九大场景为引领，以人本化、生态化、数字化为价值导向的新型城市功能单元。那么，未来社区和普通的社区究竟有何不同？社区运营和商业运营该如何充分融合？企业作为建设主体，如何实现社区服务公益性和企业营利性的共赢？目前，各地仍在积极探索未来社区建设模式，上述问题还未得到官方给出的"标准答案"，但七彩未来社区作为未来社区的起源和样板，已经为我们描绘出了一幅参考画卷。

七彩未来社区位于杭州市萧山区瓜沥镇，由七彩文化科技集团有限公司（以下简称七彩集团）开创运营。参考新加坡 TOD（transit-oriented development，以公共交通为导向的开发）邻里中心模式，七彩集团率先打造了由社交娱乐中心、运动中心、交通出行中心、文化中心、全民学习中心、宴请生活中心、公共服务中心等七大中心构成的 15 分钟生活圈城镇生活样本。自 2019 年正式成为未来社区首批试点之一以来，七彩集团以共享理念为核心，从参与组织、社区复合业态、社区空间系统 3 个方面提出了"七彩三三三"理论，并在此基础上实现了从商业体到社区共建项目、从企业经营到政企共建、从消费引导到社区自治 3 个方面的跨越，纵向拉升了从设计到开发运营的全产业链盘，盘活了存量资产，横向实现从商业运营到社区运营的跨越，整合了政府、商业、居民各方力量。

七彩集团创新共享理念，融合商业运营和社区运营的综合优势，与政府共治、与商业共商、与居民共建，实现了从"造房子"到"造社区""造生活"的转型，在"让人民生活更美好、城市现代化"的未来社区建设模式方面迈出了领先且重要的一步。

第二章

CHAPTER 2

从 0 到 N：歌斐颂的甜蜜产业链延伸之路 ①

摘要： 在当今时代背景下，工业旅游目的地通过延伸产业链来满足多样化的游客需求是发展的关键。本案例讲述了歌斐颂巧克力小镇在工业旅游产业链上下游纵向延伸及其在儿童教育产业进行横向内涵探索的故事。歌斐颂以创国家 4A 级旅游景区为契机，从"成人友好型"小镇转型为"儿童友好型"小镇，形成了巧克力生产、旅游、婚庆、儿童教育等产业相融合的产业综合体。本案例主要探讨旅游目的地如何打造"巧克力 +"的产业生态体系，为其他传统旅游目的地转型升级提供借鉴思路。

关键词： 歌斐颂；工业旅游；甜蜜产业；产业链延伸

一、引言

"从巴克特一家的窗子望出去，可以看到全世界最大的巧克力工厂——旺卡巧克力工厂，这座神秘工厂生产的旺卡牌巧克力销往世界各地，深受孩子们的喜爱。小男孩查理经常在自己的梦乡中进入那座工厂……"电影《查理和巧克力工厂》中的这一画面深深地烙印在许多观众的脑海。多年后，浙江嘉善县大云镇的大男孩莫雪峰把这一梦想变成了现实。他借鉴国外成熟的经验，以成年人为目标客群，打造了中国版传递热爱生活理念的巧克力小镇。然而，小镇没有迎来热爱生活的大朋友，却吸引来一大批热爱巧克力的小朋友。莫雪峰想要积极寻求转变，把甜蜜产业和教育产业相结合，但该想法要如何实现呢？

二、打造小镇工业旅游项目的初心

莫雪峰的父亲莫国平是浙江恒丰包装有限公司（以下简称恒丰包装）的董事长，不惑之年开始创业的他，用十几年时间把恒丰包装打造成了行业龙头企业。他的心愿是儿子能接班管理好自己的企业。本科毕业后莫雪峰选择前往美国波士顿大学继续深造，作

① 本案例［浙江省科技厅软科学一般项目（2019C35030）成果之一］由浙江大学管理学院的吕佳颖、李瑶共同撰写，版权归浙江大学管理学院所有。浙江大学管理学院案例中心享有复制权、修改权、发表权、发行权、信息网络传播权、改编权、汇编权和翻译权。未经允许，本案例的所有部分都不得以任何方式与手段复制或传播。由于企业保密的要求，对本案例中的有关名称、数据等做了必要的掩饰性处理。本案例只供课堂讨论之用，并无意暗示或说明某种管理行为是否有效。

为"真富二代"的他并不想子承父业，而想在自己喜欢的事上有所作为。

爱吃巧克力的莫雪峰在留学期间热衷于去学校附近的巧克力工厂探访，并被国外前店后坊的模式所吸引。他喜欢一边参观、体验巧克力制作过程，一边享用巧克力，加深对巧克力文化的了解。他逐渐意识到，巧克力不仅仅是货架上的商品，更是当地人生活的一部分。为了更深入了解巧克力的历史及工艺，他几乎跑遍了美国的各家巧克力工厂，巧克力文化在他心里深深扎了根。

在毕业前的创业课上，来自巧克力之都比利时的教授专门给班上同学赠送了巧克力，并邀请同学们上台分享创业想法。这门课激发了莫雪峰对"巧克力创业"的热情。在接下来查阅相关资料的过程中，他意外地发现中国巧克力市场呈现每年 10% 以上的稳定增幅，创业前景广阔。热爱巧克力的他认为同时代的年轻人也会乐于接受巧克力文化，并坚信巧克力可以像咖啡一样从舶来品变为生活必需品，巧克力产业也将进入发展的腾飞阶段。于是，和巧克力有关的创业想法在他心里生根发芽——建造国内第一家集巧克力文化体验推广为一体的巧克力工厂。

莫雪峰从波士顿大学毕业后想留在美国工作，而他的父亲却希望他可以回到自己身边。于是他向父亲提出他回国的条件是，父亲必须同意让他做自己热爱的事业而不是继承家业。一心想留住儿子的莫国平只能选择妥协，并决定亲自挂帅帮助莫雪峰实现梦想。

在进入巧克力产业之前，莫雪峰做了大量的市场调查，发现我国巧克力人均消费量为 99.8 克，而全球人均消费量为 961 克，邻国日本的人均消费量更是高达 1440 克，国内巧克力市场存在巨大的增长空间。从供给角度看，巧克力作为舶来品，国外品牌由于认可度较高，几乎完全占据了国内高端市场。从需求角度看，随着国内消费水平的逐步提升，高品质巧克力的需求日益凸显，为本土品牌带来巨大的成长空间。通过反复调研和实验，莫雪峰发现，国内消费者和国外消费者在口味和口感偏好上存在较大差异：一方面，国外消费者喜甜，而国内消费者因饮食习惯差异，并不喜欢太甜的巧克力；另一方面，国外消费者更加喜欢有颗粒感的巧克力，而国人却偏向于口感细腻的巧克力。这些发现促使他下定决心，打造符合国人口感的巧克力品牌。为了解最新的巧克力生产技术和运作模式，他和团队走遍了瑞士、德国、比利时、荷兰等国的十几家巧克力工厂，考察了多家巧克力生产设备公司，最终决定以工业旅游的形式做巧克力，并推广巧克力文化——建设集生产、研发、展示、体验、游乐和休闲度假为一体的现代化巧克力生产基地和工业旅游基地。

▲▲ 三、从 0 到 1——"要么不做，要么就做国内最好！"

"歌斐颂"源于拉丁语，意为"挚爱"，表达了创始人莫雪峰对巧克力的热爱，也传递了他热爱生活的理念。为了做国内最好的巧克力，他从瑞士重金引进了国际一流的全自动生产流水线。该流水线的混合、研磨、精炼、浇注成型、内包装等步骤均采用数控技术，年产量可达两万吨。然而，要做国内最好的巧克力，也面临许多现实问题。国内不仅缺乏巧克力工业生产端的技术，也欠缺可可树种植的专业人才和物料。于是，他只能从国外聘请专业技术人才，自主构建生产物料的供应链。

"凌晨4点多的飞机到墨西哥，租了辆吉普车到当地农场。因为飞机上没有信号，而路上信号又不好，一直到第二天晚上8点多才跟家里联系上。"莫雪峰轻描淡写的背后是父亲无比的心疼："回来以后你知道他托运了些什么回来吗？南美洲的锄头等工具、可可树的种子……"①

莫雪峰说："人才和物料问题都是可以解决的，最困难的是如何将我脑中不确定的想法梳理落地。"所有巧克力小镇建设的想法都来源于莫雪峰，但当被问及想要做成什么样的小镇时，他却答不上来。因此设计师们在规划设计时也无能为力，他们能做的，只是把他的描述转变为设计图纸，其他的全都是由莫雪峰及其团队亲力亲为，大到小镇的概念规划、小到流程图上的标语。

历时两年的探索，这个总投资9亿元、规划用地430亩的歌斐颂巧克力小镇于2014年10月在莫雪峰的家乡嘉善县大云镇开业。

（一）"工业 + 旅游"的甜蜜融合

除生产巧克力的工厂和销售大厅外，歌斐颂巧克力小镇的外景以欧式风格为主，绿茵地上的小火车、繁花似锦的花海、气势磅礴的罗马石雕等成为小镇极具特色的标志。

室内巧克力文化展示区主要分为3个部分。

第一部分是长156米的观光通道。通道的一侧是巧克力生产流水线，透过透明玻璃，游客可以观看巧克力从原料混合、研磨、精炼到包装的工艺流程。观光通道的另一侧展示着相对应的巧克力生产过程的图片，游客可以结合流水线及图片、文字来了解巧克力的整个生产流程。同时，通道沿线还摆放着不同的巧克力原料及风味各异的成品巧克力，游客可以一边参观一边品尝。

第二部分是巧克力文化展示馆。巧克力观光通道后连接的便是巧克力文化展示馆，两侧分别展示着一个个金黄色的可可果和一排排可可树，类似非洲的可可植物园。游客可以从观察可可豆的生长开始，进一步了解可可豆经过发酵、干燥、烘烤、碱化、精炼等步骤成为美味的巧克力的全过程。

第三部分是巧克力文化的体验区。参观完巧克力文化展示馆，就会来到"巧克力世界"，这里有国际巧克力大师表演如何制作巧克力，有电子屏幕放映巧克力的宣传片，还有巧克力厨房可以动手制作自己专属的巧克力，以满足游客各种体验需求。

歌斐颂巧克力小镇开业后，在短短4年间接待游客超200万人次，巧克力销售突破

---

① 参见《嘉善巧克力甜蜜小镇，甜蜜的地方成长记》，嘉善新闻网，http://jsxww.zjol.com.cn/jsnews/system/2016/02/02/020160116.shtml。

1 亿元，成为国内首家、亚洲最大的巧克力特色旅游风景区。这种"工业 + 旅游"的融合模式也受到媒体的广泛关注，2018 年央视财经频道《深度财经》及《经济半小时》栏目都对歌斐颂的工业旅游项目进行了深度报道。其中，《深度财经》栏目更是以 20 多分钟的大篇幅讲述了歌斐颂的成长故事，莫雪峰作为掌门人在节目中分享了创业过程中的酸甜苦辣，得到了广大观众的热情点赞。

（二）工业端纵向延伸，甜蜜更浓

1. 上至：生产研发双管齐下

为了打造国内一流品牌，莫雪峰在巧克力用料和纯度上严格把关，保证了巧克力的高品质。莫雪峰还带领团队从世界各地引进最好的原料：西非和南美的可可豆、美国加州的扁桃仁、土耳其的榛子、新西兰和美国的奶源……最终，他在瑞士的实验室探索出了适合国人口味的巧克力配方。近两年，为了在保证产品质量的基础上支持国内的农业发展，歌斐颂开始在国内积极寻求优质原材料，如新疆的巴旦木和葡萄干。

从 2015 年起，善于利用自身优势做巧克力的歌斐颂每年都推出新款巧克力吸引消费者。2016 年，歌斐颂开始和周边的农户合作，结合当地的优质草莓和蓝莓，推出了国内首款水果巧克力，一上市就受到消费者的追捧。可观的巧克力销量也让周边居民体验到了"甜蜜"，周边很多农户都被带动起来种植水果。此外，考虑到年轻群体的健康需求，歌斐颂研发出了健康的醇黑巧克力和无糖黑巧克力，消费者可以根据口味选择不同的浓度，减肥健身人士也可以安心选购，目前醇黑系列已成为其淘宝旗舰店最畅销的巧克力品种。

2. 下达：营销推广齐头并进

作为巧克力生产公司，歌斐颂除了小镇内的销售点和其他线下商超外，还布局了各大线上电商平台。在 2015 年"双十一"时，莫雪峰的营销团队只有两个人，他和同事周晋整天都守在电脑前，充当客服和顾客聊天。当时歌斐颂处于创建初期，由于知名度及营销经验的缺乏，只卖出了几万元，这个销售数字深深刺痛了莫雪峰和周晋的心。周晋是莫雪峰从成熟品牌企业高薪聘请来的营销经理，他之前工作的品牌企业创造了百亿元销售额的好成绩，但歌斐颂只有几万元。虽然他并没有期望歌斐颂的第一战可以一炮打响，但也没预料到会输得这么彻底。盯着销售数据，回忆着半个月以来辛苦的筹备，周晋流下了热泪，莫雪峰也沉默了。但是莫雪峰没有放弃，2016 年"双十一"时，他的营销团队已经有五位得力干将，他还召集其他部门成员一起筹备。这一次他提前了一个月准备，并有意识地在其他渠道提前推广，因此创造了"双十一"当天销售额 600 万元的好成绩。虽然不如一些国际知名品牌，但在初创品牌中，歌斐颂已创造了傲人的业绩——歌斐颂 2019 年"双十一"销售额已位列国产品牌第一，全年巧克力收入达到 2 亿元。

莫雪峰的营销团队通过分析电商平台的消费数据发现，歌斐颂巧克力的复购周期为两周。于是歌斐颂针对小镇内的潜在客群——游客推出巧克力次卡、月卡和年卡兑换券活动，顾客可在限期内自主选择寄送巧克力的时间，销售系统还会主动提醒消费者"及时补货"。在其天猫旗舰店的评论中经常可以看到类似评论："去过这个小镇，觉得巧克力很好吃，特意找到这家店买。"

（三）旅游端横向融合，甜蜜持久

作为食品公司，莫雪峰的团队经常会去各种婚博会推广自己的喜糖业务，但屡屡碰壁。有一天，他突然接到一个婚庆公司的电话，对方声称被小镇内大片随季节变化的花海和富有童话基调的欧式建筑所吸引，想要借用小镇外景作为婚纱拍摄基地，莫雪峰毫不犹豫地答应了对方的要求。于他而言，巧克力代表舌尖的甜蜜，更代表了和亲朋、爱人一起享受巧克力时的甜蜜时光。没有什么是比即将步入婚姻殿堂的新人更加甜蜜的，因此，莫雪峰想，如若能够让一对对新人来到小镇拍摄婚纱照，这将成为小镇内独特的风景，游客看到后必然也会感受到格外的甜蜜。第一次和婚庆公司的合作非常顺利，所拍摄的婚纱照也无形中为小镇起到了宣传作用，周边多家婚纱摄影公司纷纷前来寻求合作，越来越多的新人在歌斐颂度过了甜蜜的时光。此后，婚庆业务的拓展还催生了小镇内的酒席业务。

在此之前，嘉善县为打造特色小镇，在歌斐颂项目落地之前就已引入云澜湾温泉和碧云花海婚纱摄影项目。起初碧云花园以其优美的景致吸引了周边的摄影公司，巧克力小镇建成后其特有的欧式建筑风格和童话般的情调又吸引了众多摄影公司和情侣。嘉善县大云镇的婚庆产业迅速发展，涵盖了婚庆鲜花、婚庆喜糖、婚庆策划、婚宴接待等一系列服务。现在每天有 300 多对新人前来大云镇拍摄，歌斐颂的喜糖和婚庆摄影业务也乘此东风开展得如火如荼。在歌斐颂小镇周边，原本沉寂的村庄被注入了新的活力，农户被带领着纷纷开启了农业观光项目，农家乐也异常火爆，游客可以在附近的农庄体验水果采摘、鲜花种植等农事活动。巧克力这条甜蜜的红线串起了周边花海、农庄、温泉等独立资源，逐步形成农业、工业和服务业的多产业协同发展新模式。

▲▲ 四、坚守初心还是顺势而变？

莫雪峰注意到国外巧克力工厂的主要客群是退休老人和年轻人，因此在创业初期他将目标市场定位于成年人。巧克力小镇开业后在社会上引起不小的反响，但实际经营状况和他当初的客群定位有很大出入。歌斐颂的周年总结报告显示，小镇客群中 12 岁以下的儿童占比最高，超过 60%。除此之外，许多家长在旅游平台上提出增加便于儿童理解的内容的建议。莫雪峰开始反思，公司所设定的针对"大朋友"的营销模式是否对小朋友也具有同等吸引力呢？

　　不久后，来自上海的六位老师带着 100 多位一年级学生来歌斐颂进行研学活动。这是歌斐颂首次接待人数过百的旅行团，为表示重视，莫雪峰亲自上阵为老师和同学们讲解。在解说过程中，老师们听得津津有味并不断向他提问，但小朋友们的脸上没有出现他所期待的好奇目光。老师们返沪后向他反映学生觉得展厅的内容比较无聊，不如其他的博物馆好玩。莫雪峰有些失落，作为金牌讲解员的他竟然没能打动这些小朋友。于是，他逐渐意识到实际客群与设想有差异，是不是需要改变呢？

　　2016 年嘉善县政府为了创建省级旅游类特色小镇，将歌斐颂巧克力小镇作为重点打造对象，在政策的支持下，歌斐颂小镇决定全面升级，并申请创建国家 4A 级旅游景区。为此，管理层多次召开会议，探讨小镇的升级改造方案。然而，莫雪峰和父亲在改造方向上出现了分歧：莫雪峰认为小镇应该根据主要客群特征进行转型，除必要的基础设施升级外，还需要对小镇整体风格进行全面改造。莫国平则认为他的提议忽视了成人顾客的感受，且需要耗费大量的人力、物力资源，可能会对小镇的日常运营和资金链产生不利的影响。

　　难以得到父亲支持的莫雪峰仍想尝试新的改变，但苦于无法说服父亲。其实，莫雪峰也是一名父亲，忙于事业的他并未给孩子足够的陪伴时间。偶然间，妻子发给莫雪峰一幅儿子的画，画中孩子和妈妈在打闹，而父亲却是坐在电脑前工作，旁边还写着："爸爸早点回家吧。"这几个字像针一样扎在莫雪峰的心里，也唤醒了他儿时的记忆。他小的时候也像儿子这样每天盼望着父亲早点下班，盼望着父亲能忙里偷闲带自己出游一次，可惜愿望一次又一次地落空。莫雪峰把儿时的愿望告诉了父亲，寄希望于小镇给父母和孩子提供一个家庭环境之外的亲子空间，让孩子在甜蜜快乐的氛围中既学到巧克力的知识，又能享受快乐的亲子时光。心怀愧疚的莫国平有所触动……

　　为了增强说服力，莫雪峰围绕儿童教育这一主题进行了细致的调研：根据《全球教育报告》（2017 年），中国家长花在孩子中小学和高等教育上的费用平均高达 44221 美元，且这一数据依然呈现高速增长的态势。此外，小镇通过开展儿童教育，可以在儿童心里种下歌斐颂品牌的种子，有助于提升企业的品牌效应，带动巧克力消费。在一轮一轮的攻势下，莫国平被莫雪峰的责任感和敏锐的商业洞察力打动，决定全力支持儿子的梦想。

🔺 五、从 1 到 N——"工业旅游 + 教育"的内涵式延伸

（一）硬软件助力教育产业延伸——"儿童友好"空间的打造

　　既然要转型，那么基本设施和风格就要有所变化。于是，小镇内部分成人厕所被改建成儿童厕所，并根据需要新建了母婴室，还增加了无障碍设施以满足所有游客的需

求。为了改变园区内生硬的设计风格，歌斐颂邀请了台湾的知名团队从儿童视角出发为小镇设计动漫人物和简笔画以打造IP体系。不久后，参观通道上出现了以动画形式展现的《巧克力神奇之旅》的宣传片，还有来自世界各地的巧克力物料，有助于提升低龄儿童对巧克力文化的认知。经过一系列的改造，小镇的装修风格越来越温馨软萌，那个"硬气"的带着浓浓工业风的小镇变得"可爱"了，让人感觉格外温馨与甜蜜。

为增加游客停留时间，小镇体验区内新增了"小小甜品师"体验课程，小朋友可以和父母或同学共同制作造型各异的巧克力。体验课程一推出就深受小朋友的喜爱，在游客的建议下，小镇把最初的一间教室27个位置扩大到两间教室100多个位置。经过优化后的体验区植入了儿童教育的理念：首先，通过讲解员的引导，小朋友会进行戴帽子、洗手、消毒等一系列类似于进标准车间之前的准备工作，提升儿童食品安全意识；随后，小朋友在讲解员的指导下学习如何制作巧克力，享受动手的乐趣；最后，讲解员会传递巧克力分享的意义，并鼓励小朋友把制作好的巧克力带回家与亲朋好友分享，将德育也融入活动之中。由于多数游客对体验活动的趣味性及教育性的肯定，未来园区还将逐步扩大体验空间。

（二）多方合作——"儿童友好"内涵的探索

歌斐颂在几年的发展过程中，成为上海市学生社会实践基地、上海市民终身学习体验基地和浙江省知名中小学教育实践基地，其在儿童教育领域的影响力也不断扩大。借着嘉善县政府打造儿童友好城市的契机，歌斐颂与中国儿童中心和嘉善县人民政府一起发起了歌斐颂儿童教育综合体项目。2019年7月24日，"中国儿童中心儿童友好型教育综合体华东示范基地"项目正式在巧克力小镇签约启动。合作三方将围绕歌斐颂巧克力小镇的儿童教育及素质提升开展更深层次的合作，共同将歌斐颂巧克力小镇打造成首家引领全国的儿童教育综合体。

经过近一年的探索，小镇和合作方已完成儿童教育主题研发与"儿童友好服务中心"的建设工作。依托中国儿童中心科学、严谨、精细的课程设计、内容研发，高水平的运营管理及高素质的教师队伍，莫雪峰团队设计了四大特色主题教育课程，旨在以活动项目为载体，帮助孩子拓宽视野、丰富知识，加深与自然和文化的亲近感，着力提高孩子的社会责任感、创新精神和实践能力，符合儿童兴趣和发展需求。歌斐颂巧克力小镇的儿童教育规划内容如表2-1所示。

表 2-1　歌斐颂巧克力小镇的儿童教育规划内容

教育维度	主要内容
家庭教育	开展特色课程和家庭教育服务，突出中华民族的优良传统美德，同时为缺乏亲子时光的城市家庭提供额外的快乐家庭时光项目
自然探索	结合小镇内 430 亩为城市小孩提供的可探索的自然场所，开展与自然和生态相关的教育活动与营地活动
儿童博物馆教育	以"玩中学、学中玩"的全感官探索学习教育理念，为儿童提供国际儿童博物馆教育空间、设施、课程和活动
食育教育	通过精心策划和组织，提供食物营养、能量课程及安全、礼仪等教育，帮助儿童养成良好的生活习惯

资料来源：根据访谈内容整理。

为了给课程提供场地，小镇内打造了适合儿童参观的可可森林。不过热带植物在嘉善并不易存活。为了研究可可树的习性，莫雪峰团队特意跑到上海植物园参观全国仅有的两棵可可树，还聘请了来自厄瓜多尔的专家就可可树种植进行培训。目前小规模的可可森林已经建成，成功种植了可可树、咖啡树等热带植物。前来参观的儿童可以在浓郁的可可香味中体验迷人的热带风情，并在老师带领下辨认各种植物、了解其生长特性与外观特征。为容纳更多游客同时参观，可可森林扩大至 3000 平方米，园内复原了可可农场的人文风貌，并提供场景体验。

此外，莫雪峰团队还计划向教育培训领域深向拓展，把园内体验区升级成巧克力学院，学院内既可以向游客介绍各种巧克力的制作方法，还可以面向社会开展培训，充分发挥巧克力文化体验的价值。在不久的将来，"小小工人"可以在原始森林采下几颗可可果，并在巧克力工厂加工成原料，然后在巧克力学院制成专属巧克力。

🔺🔺 六、歌斐颂甜蜜产业链的未来

"产品和服务的形态我们一直在求新求变，但我们'工业'的内核不能变，分享甜蜜的初心不能变。"莫雪峰在采访中说道。

研学游和亲子游时代已经来临，莫雪峰凭借敏锐的商业嗅觉和对社会责任的追求，把最初模仿国外模式的工业旅游小镇成功转型为集工业、旅游及教育功能为一体的综合体，并致力于在儿童教育领域继续深耕。未来，歌斐颂巧克力小镇将与专业机构合作成立可可研究中心，可可博物馆、可可文化展示体验馆、主题商业街、儿童博物馆等也正筹划建设……

莫雪峰的目标是打造一个健康的工业旅游综合体，依据游客需求及运营状况无缝嵌入各种儿童友好提升项目，而不是按部就班地把各类项目盲目叠加。莫雪峰的目标已初步实现，但歌斐颂的基础设施和儿童教育建设项目刚刚起步，他该如何平衡现有项目与

儿童教育项目？甜蜜产业链还将如何延伸？如何让消费者买单？这都是莫雪峰面临的难题，但一想到小朋友脸上天真的笑容，他的眼神更加地坚定了……

? 启发思考题

1. 对比传统的工业旅游，请分析歌斐颂塑造的巧克力工业旅游产业链的特色。

2. 歌斐颂的工业旅游产业链的延伸特点是什么？为什么要这样延伸？

3. 你如何看待歌斐颂甜蜜产业和儿童教育产业的融合？有何启示？

4. 如果你是莫雪峰，你还会如何延伸甜蜜产业链？为什么？

关于歌斐颂的更多资料，请扫描相关二维码了解。

拓展资料

莫雪峰：用巧克力梦想打造巧克力小镇

从"第一水乡"到"夜周庄":文旅融合下的新时空拉动新消费①

摘要:在夜经济崛起的背景下,越来越多夜游景区进入大众视野,主题演艺、夜市街区等夜游产品一哄而上,夜游产品同质化的市场痛点也开始浮出水面。周庄景区从最初的夜间开放、拉长旅游时间,到升级夜游业态、营造休闲空间,再到融入数艺场景、创新文旅时空,最终实现了传统观光景区到休闲文旅空间的转型,塑造了全新的"夜周庄"品牌。本案例剖析了周庄夜游 15 年的发展历程和阶段特点,展现了周庄将文化与旅游深度融合,以新时空拉动新消费的发展理念和路径。

关键词:周庄景区;夜间旅游;品牌创新;文旅融合

▲▲ 一、引言

2020 年 7 月 11 日,首个"夜周庄"推介会在苏州观前街举行,面向大众展示"夜周庄"这一文旅品牌及其特色夜游项目。夜周庄影像展是本次推介会的主要活动之一,以精美影像的形式呈现了"夜周庄"的夜渔、夜戏、夜画、夜喜、夜宴、夜禅、夜月、夜泊这八大特色内容,带领游客云游夜周庄。

周庄古镇位于江苏省昆山市西南部,是一座有着 900 多年历史的古镇。基于独有的江南水乡景观和人文风情,周庄于 20 世纪 80 年代开始发展旅游业,有"中国第一水乡"之誉,是国家首批 5A 级旅游景区。周庄"小桥、流水、人家"的形象早已深深烙印在大众的脑海中。而如今,随着越来越多的现代夜游元素走进这座千年古镇,再提及周庄时,人们所想到的,不仅是"第一水乡",更是灯火阑珊下的"夜周庄"。

从"第一水乡"到"夜周庄",周庄古镇实现了从传统观光景区到休闲文旅空间的完美转型。成功转型的背后,藏着怎样的故事?周庄又是如何一步步打造出"夜周庄"这一全新品牌的?以下我们便来探访。

---

① 本案例由浙江大学管理学院的吕佳颖、黄易和杭州佳米商务咨询服务有限公司的叶科共同撰写,版权归浙江大学管理学院所有。浙江大学管理学院案例中心享有复制权、修改权、发表权、发行权、信息网络传播权、改编权、汇编权和翻译权。未经允许,本案例的所有部分都不得以任何方式与手段擅自复制或传播。由于企业保密的要求,对本案例中的有关名称、数据等做了必要的掩饰性处理。本案例只供课堂讨论之用,并无意暗示或说明某种管理行为是否有效。

▲▲▲ 二、开放夜游：增设灯光灯带，拉长旅游时间

对周庄来说，"夜游"这一想法的萌生可以追溯到 2005 年。周庄景区之所以想要打造夜游，最初的原因其实很简单，就是出于对市场竞争的考虑。众所周知，华东地区有非常多著名的水乡古镇，旅游市场一度竞争十分激烈。面对这么多同质化的竞争对手，周庄必须找到一个方向来建立自己的竞争优势。从价格方面入手，通过压低门票售价来吸引游客，似乎是个好主意。然而，要想保证景区的品质，少不了高昂的运营成本，景区门票价格的下降空间因而受到限制。对于有着"中国第一水乡"和"国家 5A 级旅游景区"双重头衔的周庄来说，更是如此。

既然在游览时间确定的情况下，门票价格已经无法再降了，那么，可不可以在门票价格不变的情况下，通过延长游览时间来实现差异化竞争？于是，在 2005 年，周庄将景区的截止浏览时间从原先的 16:30 延长到了 20:00，还结合水乡本身的建筑风格和文化特色，在夜间额外增设了装饰性的灯光灯带和服务性的照明路灯。在开放夜游的基础上，周庄还对价格策略进行了新的调整，将每天 15:00 后抵达的团队游客和 18:00 后抵达的散客划分为夜游客群，为他们提供更为优惠的夜游票价。出于对当地百姓的考虑，周庄并没有开放整个景区的夜游，而是只开放了古镇内的部分景点和街区供游客夜间游览，以免打扰本地居民的正常生活和休息。

开放夜游后的周庄，同时具备更长的游览时间与更优惠的门票价格这两大优势，吸引了更多游客在夜间前来游玩。而游客的到来又进一步推动了周庄景区的发展升级。这种良性循环使得周庄在众多水乡景区中的竞争力大大提升，也为未来"夜周庄"品牌的打造埋下了伏笔。

▲▲▲ 三、继续探索：升级夜游业态，营造休闲空间

（一）推出国内第一部水乡实景演出

开放夜间游览所产生的效益让周庄看到了一片蓝海，并进一步坚定了打造夜游的战略。要让夜晚的周庄水乡更具吸引力，只依靠光照设施是远远不够的。灯光照明固然可以在一定程度上将水乡风景从白天延续到夜晚，但这始终只是同一个风景的另一种展现形式，无法为游客带来更多惊喜。要更好地吸引游客、留住游客，周庄必须进行夜游业态的升级和创新。

晚上让游客看什么？实景演出作为一种综合性的艺术呈现形式，既能够丰富景区的夜间旅游内容，又能够作为水乡文化的载体，给游客留下深刻的身心体验，因而成为周庄升级夜游业态的首选。于是，周庄景区于 2008 年正式推出了国内第一部呈现江南原生态文化的水乡实景演出——《四季周庄》（见图 3-1）。

图 3-1　《四季周庄》演出宣传海报

资料来源：周庄旅游官方网站（http://www.zhouzhuang.net）。

《四季周庄》以当地的水乡文化为背景，描绘了当地居民与水和谐相处的生活画卷，将周庄的生活文化真实地展现在观众眼前。演出分为"水韵周庄""四季周庄""民俗周庄"3个篇章，在"小桥、流水、人家"这种经典的江南水乡氛围里展开，具有强烈的地域性、民俗性、观赏性、草根性和艺术性。为了更好地呈现当地的风土人情，周庄在演员的选择上也下了功夫。两百多位演员中，除了专业演艺工作者，还有大批周庄本地土生土长的农民、渔民，使得整台演出富有浓厚的生活气息和市井气息。《四季周庄》将周庄水乡的原生风貌搬上了夜晚的实景舞台，一演就演了十几年。在此期间，这场演出不但带动了周庄演艺产业链的发展，也进一步催生了景区内的餐饮、文创等商业业态。经过这些年的不断完善，《四季周庄》不仅仅是周庄景区最为核心的文化品牌，也成为全国江南水乡特色演艺项目的代表作品。

（二）从观光旅游到休闲度假的转型

2010年，周庄瞄准上海世博会的契机，在世博村开展水乡文艺演出，在收获无数好评的同时，也为景区引入了巨大客流。据统计，世博会期间，周庄景区共承接游客

592 万人次，达到了景区开放 30 余年以来的峰值。一时间，周庄成为世博会期间最受益的景区之一。

在 2010 年上海世博会之前，周庄景区的客群由 70% 的团队游客和 30% 的散客构成，主要客户是以旅游团为主的观光游客。而世博会的流量则为周庄景区带来了更多的散客群体。相比于团队游客，散客群体具有团队规模小、旅游批次多、消费能力强等特征。世博会过后，周庄深刻地意识到旅游业散客化、个性化发展的大趋势。与此同时，随着游客精神需求的日益提高和对文化内涵的愈发重视，传统观光产品的吸引力已经大不如前。相反，游客越来越倾向于以休闲、舒适的方式体验目的地的生活文化。为了调整客群结构，吸引更多以休闲度假为主要旅游目的的散客群体，周庄景区开始了从观光旅游景区到休闲文旅空间的转型之路。

2010 年，周庄景区开始打造 1086 慢生活街区——一个主打餐饮与休闲的酒吧街区。在这里，游客可以放慢脚步，与三两好友小酌一杯，边欣赏水乡夜色，边品尝古镇特色美食，在生活化的休闲空间里慢慢体验周庄的文化内涵。同一时期，民宿经济成为旅游发展的新风向，周庄也紧跟市场趋势，开始着手打造精品民宿，希望能够吸引游客留在周庄、住在周庄。随着花间堂、正福草堂等商业民宿的陆续入驻和忆江南、涵舍等本地民宿的兴起，这些充满水乡文化的特色民宿变成了周庄景区的又一张名片，受到越来越多游客的关注和喜爱，并成为他们慕名前往周庄的动机。

从为丰富夜游内容而推出《四季周庄》实景演出，到提供休闲空间的 1086 慢生活街区，再到各具特色的精品民宿，周庄的夜游业态步步升级。但是，景区依然存在两个突出的问题：一是夜间的文化氛围不够浓郁，二是游客缺乏参与感和互动感。怎样才能促进文旅融合、提高周庄夜游的感染力？这个问题像一块巨石般，阻碍了周庄夜游的发展之路。

（三）主题活动促进文旅融合

2017 年，"海峡两岸秋灯会"大型活动在周庄举行。灯会共规划了"昆山印象""宝岛风情""周庄故事""祈福中华"四大主题特色灯区（见图 3-2）。不同形象的绚烂灯组各具特点，与周庄夜色相得益彰，吸引了无数游客前来观赏游玩。同时，周庄古镇内还规划了特色美食街区及一系列的演出、展览。游客在周庄赏华灯、品美食、观展览、看演出，中秋氛围与水乡夜色融为一体。

对于当时正处于转型困境中的周庄来说，这场灯会可以说是重要的转折点。2017 年中秋灯会期间，周庄景区共接待游客 33 万人次。灯会结束后，周庄的知名度和夜间游客的数量都大大提高。在接下来两年里，"海峡两岸秋灯会"继续落址周庄，现已成为周庄景区具有代表性的夜游项目之一。虽然每年的中秋灯会只是短期活动，但灯会期间的光影设施和演出项目被周庄长久地保留下来，成为景区的常态产品，提高了周庄夜间景观和演艺的质量。最重要的是，这场灯会给周庄带来了新的灵感——在夜间举办主题活动，既能够营造浓郁的文化氛围，还能够让游客亲身参与活动，创造更加深刻、沉浸的旅游体验。于是，有了灯会的成功经验，周庄景区接下来又陆续推出了各种不同主题的夜间活动，如乡村民宿体验周、匠人夜市、桨声灯影船游周庄等，都取得了良好的市场反响（见图3-3）。随着越来越多游客来到周庄，曾经静谧的古镇夜晚如今变得热闹非凡、充满活力。不过，周庄在夜游上的探索不止于此。

图 3-2　2017 年中秋灯会

资料来源：周庄旅游官方网站（http://www.zhouzhuang.net）。

图 3-3　水乡星空音乐烧烤季

资料来源：周庄旅游官方网站（http://www.zhouzhuang.net）。

▲▲ 四、全新品牌"夜周庄"：融入数艺场景，创新文旅时空

中秋灯会时期，周庄景区内的灯光、投影、演艺、活动等元素均围绕着"中秋"这一主题展开设计。这些元素聚合成一整套产品体系，将周庄打造成一个具有整体性的主题空间，呈现出与白天"江南水乡"截然不同的形象。这场中秋灯会让大家看到了周庄古镇在夜晚的另一种可能，灯会结束后，周庄的管理团队召开会议，共同商讨周庄夜游的下一步战略。

（一）打造夜游新品牌

张卫青是周庄旅游股份有限公司的总经理，他看着周庄从 2005 年初次开放夜游，经过 10 余年的升级和完善，到如今受到越来越多游客的喜爱。周庄夜游已经具备了较高的可看性和可玩性，可在张卫青心中，却总觉得缺了点什么。直到中秋灯会结束后，对比平时的夜间周庄和灯会时期聚焦"中秋"主题的夜间周庄，张卫青才恍然大悟：周庄夜游，缺的正是这样一个"主题概念"。

因此，张卫青在会议上向大家阐明了自己的想法：开展夜间旅游，如果只是单纯从延长游览时间、增加夜间灯光、完善硬件设施等表层内容入手，游客在夜间景区所能够体验到的，就仅仅是白天的附属品。因此，周庄必须从内在入手，对夜游的主题概念进行创新，设计一套完整的、全新的、与白天相独立的夜游产品体系，在"老地方"创造出"新时空"。只有这样，周庄才能摆脱日间游的束缚，打造出具备独立吸引力和生命力的夜游新品牌。

张卫青的观点得到了团队的一致认可。紧接着，大家纷纷就周庄接下来的发展提出了自己的想法。有同事提出，相对于白天在景区匆匆打卡的浮光掠影，夜晚独有的休闲调性能够让游客的脚步慢下来，好好感受当地的文化和生活。因此，周庄应该多增加一些文旅融合的体验型项目，如夜市、游船、DIY（do it yourself，自己动手）活动等，进一步突出夜游的文化性和休闲性。另一位同事提出，周庄可以从场景重现的角度入手，充分利用灯光投影、虚拟现实等技术手段，增设古装真人NPC（non-player-control-character，非玩家控制角色）等互动性的元素，为游客充分还原历史上的水乡生活场景。还有同事认为，古镇的年轻化也是一个值得思考的方向，若能将国潮、音乐节、蹦趴等现代元素植入夜游之中，周庄必然能够在夜间呈现出与白天截然不同的形象。还有同事提醒大家，无论是从哪个角度来切入，推出特色的旅游产品来增加夜游吸引力只是其中的一个方面。更重要的问题是，如何从点到线地将这些独立的旅游产品串联起来。只有让游客置身于一个具有整体性的空间里，才能让他们对周庄夜游的品牌概念留下更清晰、更深刻的印象。另一位同事接着补充道，作为夜游经济的供给侧，景区想要刺激消费，除了从内容上进行创新外，还需要在旅游过程中"化被动为主动"，也就是说，要从被动满足游客需求转变为主动引领游客消费。因此，游线的设计不但要有整体性，还

需要有故事性，这样才能激发游客的好奇心，推动他们自发地进行游览。

在接下来的日子里，周庄还召开了很多场这样的会议：确定主题概念、规划空间布局、明确品牌名称、完善产品细节……经过无数次的思考和商讨，2019 年 12 月，夜周庄产品发布会在上海圆满举行，承载着"第一水乡"原生态文化的全新旅游品牌"夜周庄"，正式进入了大众视野。

（二）"夜周庄"和"周庄八夜"

"夜周庄"以周庄的水乡文化为核心展开，将昆曲、传统饮食、手工作坊、水乡渔舟、民俗婚俗等元素，通过水雾、灯光、投影等现代科技手段巧妙地融入夜游产品的设计中，使周庄在夜间呈现出了与白天截然不同的形态和魅力。同时，周庄还以古建筑为载体，为游客创造场景互动的机会。在确保古建筑安全的前提下，周庄打造了"特色文化体验空间"，通过实景与投影的虚实结合，让文物和历史"活"起来，使游客仿佛亲身回到古时候的周庄，充分体验周庄水乡的生活气息和历史文化。

为了整体性地呈现"夜周庄"的品牌概念，周庄景区对古镇现有的景点、地标、业态进行整合，并植入水乡文化和民俗，推出了"周庄八夜"系列的核心夜游产品：夜渔、夜戏、夜画、夜喜、夜宴、夜禅、夜月、夜泊。"周庄八夜"由一系列常态化的数艺场景和文旅业态组成，不仅将周庄原有风貌更好地呈现在游客眼前，还衍生出了许多新的夜间旅游内容。至此，周庄的夜游不再只是白天的附属和延伸，而是与"日周庄"完全平行且独立存在的全新品牌——"夜周庄"。

"夜周庄"品牌的核心产品"周庄八夜"具体介绍如下。

（1）夜渔：在蚬江湾，举办蚬江湾光影秀，通过水雾、水幕、激光投影、LED电脑灯等方法，在水幕光影中描绘水上渔家生活。在西部湾，渔船驳岸一字排开，渔网挂满了岸边，渔灯摇曳，展现渔船晚归后宁静的渔家生活。

（2）夜戏：在水上舞台，《四季周庄》在真桥、真水、真人家的实景中描绘江南水乡原生态的生活画卷：从春夏到秋冬、从农耕细作到水乡婚礼、从沈氏商贸往来到当代生活……在周庄古戏台，游客坐在台下，一边饮茶，一边欣赏演员们软糯细腻的水磨腔、飘逸轻柔的水袖和行云如水的台步，在夜色中演绎杜丽娘与柳梦梅的浪漫爱情。

（3）夜画：在双桥，方圆相映的桥下水汽氤氲，手摇船在河上缓缓划过，灯火阑珊处，重现承载着浓郁乡愁的陈逸飞名画《故乡的回忆——双桥》。在青龙桥旁，夜晚斑驳的粉墙上，投映着春夏秋冬四季的周庄美景，撑着油纸伞、挥着水袖的水乡姑娘，和画面里的人物一同交织在光影里，亦真亦幻。

（4）夜喜：在张厅，厅内布置着喜庆的帷幔，厅前的码头上停靠着大红婚船，对面的墙壁上投放着水乡婚俗的视频。欢快的婚庆音乐中，一场热闹的水乡婚礼正在举行。在通秀桥，则是与张厅截然不同的幽静场景。古巷弄堂的深处，象征姻缘的通秀桥立于眼前，红色桥洞与碧水倒影交织成完满的圆，见证着无数美好的爱情故事。

（5）夜宴：在沈厅，窗外手摇船悠悠地穿过富安桥，窗内四方嘉宾共聚沈厅酒家。人们在周庄名人沈万三的家宴中，用味觉感受不一样的水乡周庄。在蚬江街长廊，是充满人间烟火气息的临水夜市。一排排桌椅临河而设，热闹喧嚣的人群来来往往，河鲜清香，商铺交错，夜色动人。

（6）夜禅：在南湖胜境，千年古刹隐匿于朦胧夜色中，梵韵声声，禅音悠悠。水乡姑娘在河边放河灯，灯盏随波而行，流光溢彩。远处，浑厚悠长的琴音从南湖古琴社传来，诉说着"声"动的夜周庄。

（7）夜月：在周庄大桥旁，古镇里唯一的制高点——云海塔巍峨耸立。在夜幕笼罩下，湖风习习，一轮明月挂长空，与夜色中的云海塔一同倒映在湖面上，将《南湖秋月》的画卷在现实场景中徐徐铺开。

（8）夜泊：在西部湾南面，万家灯火与皎白月光交织在一起。水乡渔民们结束了忙碌的一天，晚归的渔船停在静谧的湖面上，枕水而眠。

（三）从被动游览到主动引领

打造"夜周庄"过程中，周庄也充分融入了"化被动为主动"的设计思想，来规划古镇的空间和游线（见图3-4）。

图3-4　"周庄八夜"游线设计

以"周庄八夜"的设计为例，来到夜晚的周庄，游客观赏完水幕光影秀所展现的水乡渔文化后，可以接着到古戏台喝茶听戏，再到双桥体验陈逸飞画双桥背后的渊源。双桥过后，便到了举办水乡婚礼的张厅。在张厅体验完周庄的婚俗，紧接着就走到了当地富豪沈万三的沈厅，与四方嘉宾共品夜宴。告别了热闹的盛宴后，迎面而来的是周庄最大的古寺。游客在寺旁听古刹禅音，赏南湖秋月，最后乘着水乡摇船，枕水而居。夜渔、夜戏、夜画、夜喜、夜宴、夜禅、夜月、夜泊这八个"夜"产品，既是独立的文旅单元，又能够串联形成一条完整的游线，步步深入地呈现出一段完整的周庄故事，让游客忍不住主动探索周庄魅力、感受水乡生活。

（四）"年轻化"的古镇

在延续经典水乡主题之余，周庄还尝试着将当下流行的国潮、直播、Cosplay（角色扮演）等元素引入古镇的夜游中，通过这种跨界创新的方式，让"夜周庄"颠覆日间古色古香的水乡形象，散发出年轻化的活力。

2020 年 5 月，周庄与 BiliBili（视频平台，简称 B 站）合作，举办"国风夜周庄"音乐盛典与"Cosplay+国风"主题活动。在周庄的古戏台上，民乐大师、著名民乐团与新国风数字乐团共同带来精彩表演，不但引得现场观众纷纷鼓掌，而且还通过 B 站和抖音 KOL（key opinion leader，关键意见领袖）的直播间被数十万名云端观众观看，并通过弹幕实时互动。而在水乡的另一侧，既有身着汉服的古风爱好者在粉墙黛瓦中穿行，仿佛回到唐宋时期；也有人气 Coser（Cosplay 玩家）和 Up 主们（上传视频、音频文件的人）现场 Cosplay 国风游戏中的人物造型，打破了古镇和网游之间的次元壁。不少原本对古镇不感兴趣的游客表示，自己最开始是奔着国风活动而来的，但却意外地感受到了夜周庄的魅力，已经"不知不觉中爱上了周庄"。

▲▲▲ 五、"夜周庄"品牌的经济与社会效应

截至目前，"夜周庄"品牌已涵盖演艺、休闲、文创、食宿等多个领域，并通过各色各样的文旅业态来激发游客的消费意愿，为景区创造经济效益。以文创经营为例，周庄通过主题空间的形式来展示文创产品，在原有建筑的基础上植入历史和文化元素，构建沉浸式的消费场景。例如，游客来到沈厅时，灯光投影的效果能够迅速把游客带入沈厅的历史文化氛围之中。此时，对于眼前摆放的一切物品，游客除了能拍照合影留念外，如果喜欢，还可以立刻购买带走。这种文化空间与文创产品相融合的形式，能够让游客拥有更加真实的场景体验，也让他们在不知不觉中产生更强烈的消费意愿。

在打造夜游项目以前，周庄作为传统观光景区，其客群由 70% 的旅游团和 30% 的散客构成。而如今，在前来周庄游玩的游客中，更具消费能力的散客群体占到了 75% 以上。开启夜游以来，周庄的客流量、演出上座率、景区总收入等多项经营数据都有了显著的增长，近年游客总量平均保持在 500 万人次左右。2019 年暑期，周庄景区游客总人次同比增长 10%，夜间游客人次同比增长 35%，《四季周庄》实景演出上座率突破150% 并加演至 2 场，游客住宿率上涨 10%。

同时，周庄夜游也为当地社会带来了积极效应。从最早由《四季周庄》带动演艺产业链升级，到如今"夜周庄"品牌下的主客共享空间，周庄的夜间旅游盘活了全域资源，既丰富了本地居民的休闲生活，也通过增加就业和发展产业的方式推动了区域的整体发展。在周庄刚推出光影秀等夜间景观的时候，最早的观众就是周庄本地的居民。夜游的出现，让这些原本日出而作日落而归的原住民拥有了夜间娱乐的新去处。后来，随着周

庄夜游的推进，也衍生出越来越多的新产业，包括演艺产业、文旅产业、餐饮产业、数字产业等。这些产业的出现带动了景区发展与地方发展的共赢。景区在宣传、安全、运营等方面的岗位需求，也为当地百姓们提供了更多工作机会。据统计，旅游业的发展解决了周庄本地50%以上的就业问题，在周庄的演艺活动、景区管理、餐饮住宿等各个环节里，都可以看到大量本地居民的身影。

🔺🔺 六、尾声

夜游推动了夜间经济的发展与旅游业的转型升级，为旅游市场注入了新的动力。作为一位成功的"夜经济"探路者，周庄景区在打造夜游的过程中不断探索、升级。从最初开放夜间游览，到推出一系列的休闲业态和主题活动，再到如今常态化的数艺空间，周庄夜游在一次次的升级和迭代中，实现了传统观光景区到休闲文旅空间的转型，刻画出全新的"夜周庄"景区品牌。

在夜游经济持续走高的背景下，有越来越多的传统景区进军夜游领域。爆点背后，是夜游产品同质化的市场痛点——光影特效、夜间演出、夜市美食等元素一度成为许多夜游景区的"标准套餐"，但却严重缺乏景区的自身特色与文化内核。尽管如此，面对夜游市场所展现出的巨大潜力，依然有源源不断的新景区想要进来分一块蛋糕。在愈发激烈的市场竞争中，周庄该如何保持自己的优势？未来，"夜周庄"品牌是否还会给我们带来新的惊喜？我们拭目以待。

❓ 启发思考题

1. 周庄为什么要打造"夜周庄"这一品牌？

2. 周庄在打造夜游的过程中是如何一步步升级与迭代的？"夜周庄"与周庄夜游有何本质差异？

3. 从周庄开发夜游的过程中，你可以得到哪些启示？

4. 你认为"夜周庄"还可以从哪些方面进行完善和提升？

关于周庄古镇的更多资料，请扫描相关二维码了解。

目 拓展资料

一夜一周庄——
夜色周庄绝美风情

第四章

站在山巅呼唤爱：莽山五指峰景区无障碍发展之路 ①

摘要： 近年来，党和政府极大关注无障碍环境建设，以保障残障人士、老年人等社会成员平等参与社会生活、开展社会活动、享有社会权益。本案例描述了中景信集团打造全国首个无障碍山岳型旅游景区——莽山五指峰景区的发展历程。案例内容涉及中景信集团提出无障碍山岳型旅游景区概念的初衷，莽山五指峰无障碍景区项目的前期探索、规划设计与项目落地建设的摸索破壁，以及服务运营的当下实践等问题。如何有效地将"做好事"转化为"有好报"，是莽山五指峰景区在当前运营管理中面临的新挑战。

关键词： 景区项目开发建设；无障碍旅游；山岳型旅游景区；中景信集团

▲▲ 一、引言

2020年10月25日一早，天才微微亮，徐辉看着窗外明亮的天空，长吁了一口气，"没有下雨就好"。他快速套上一身运动服，穿上运动鞋，拿上一顶鸭舌帽急匆匆出了门。再过几个小时，首届"中国山岳旅游（莽山）大会暨全国山岳景区无障碍旅游示范推广现场会"即将拉开帷幕。一批特殊"游客"——参与本次大会的领导和嘉宾将到莽山五指峰景区，现场考察无障碍旅游的建设情况。作为中景信莽山五指峰景区的常务副总经理，徐辉有一个非常重要的任务，给这批特殊游客充当导游，全程陪同宣讲"坐游莽山·大爱无碍"的解说词。尽管做莽山五指峰景区的向导已经是轻车熟路，徐辉依旧感到压力很大。

▲▲ 二、大爱无碍：初衷先叙

中景信集团是中信产业投资基金管理有限公司控股的企业，成立于2011年5月，

总部设在北京，并在各项目所在地设立分支机构。集团以投资、开发、运营和管理商业性景区为主营业务，其中，山岳型旅游景区是其专长所在。在黎志总经理的带领下，中景信集团冲破传统"五岳"藩篱，先后造出河北涞源白石山、湖北恩施大峡谷等名山景区，被行业誉为"造山之王"。徐辉是中景信集团山岳型旅游景区项目的开创者和负责人之一，这些行业神话的背后都离不开他的付出与心血。深耕山岳旅游景区项目几十年来，徐辉意识到，山岳型旅游景区其实一直是属于青壮年游客群体的"专利品"。因为爬山这项旅游活动有一定的体力要求，几乎就将残障人士、老年孱弱者及幼龄小孩等群体排斥在外。大多数山岳型旅游景区的开发建设本身就是项复杂而艰巨的工作，首要考虑的是地质工程项目的安全性与可行性问题，游客往往疲于攀登，旅游的舒适性和体验性并不高。即便如此，登山依然是经久不衰的旅游项目之一。在我国，旅游常被代称为"游山玩水"，"如果不能让所有人欣赏到美丽的山川风景，我会感到非常遗憾"，这是徐辉的个人感悟，也是行业的痛点。

徐辉对过往山岳型旅游景区开发中的遗憾与未来的愿景，其实是当前我国山岳型旅游景区，甚至是所有旅游景区关注的问题。在我国改革开放40多年的旅游业发展进程中，无论是前期以创汇为导向的入境旅游时代，还是后期强调消费和增长的国民旅游时代，功能、效率一直是国家旅游发展体系的核心价值取向。如今，我国已进入大众旅游发展时代，发展目标应当超越单纯的经济功能，转向旅游权利的社会功能层面。自成立以来，中景信集团以发展成为中国最受尊重、最有价值的景区投资开发集团为企业愿景，致力于做"把绿水青山变成金山银山"的践行者、做满足人民美好生活的贡献者、做回报社会的大爱者。在这一战略思想指引下，中景信集团充分尊重与考虑残障人士和老幼群体的特殊需要，通过打造无障碍旅游景区来保障这类社会人群的旅游权利。

无论愿景描绘得多么美好，商业的最终目标还是要实现盈利。对于景区投资开发而言，市场需求是需要放在首位来考虑的。中景信集团前期市场调研的数据显示，我国山岳型旅游景区的主要客群是30岁以上，尤其是40~50岁的人群。这个客群具有可观的经济基础，并且有带着全家老小一起游览名山大川的出行愿望，但往往出于对老人、小孩体力不足的考虑，很多家庭在出游时会放弃山岳型旅游景区。根据中国残疾人联合会发布的数据，我国残障人口约有8500万。我国60岁以上老人约有2.5亿，0~6岁幼儿约有1亿。无障碍山岳旅游面对的对象不仅仅是残障人士，还有老人、小孩、孕妇，以及普通游客。对于残障人士群体来说，山岳型旅游景区的无障碍化是实现他们的登山梦的必要条件；而对于老人、小孩、孕妇，甚至普通游客而言，无障碍设施服务能够大大降低活动强度，让游客可以把精力聚焦到欣赏山间风景、而非克服爬山的困难上，提高山岳旅游的体验感与舒适性。

早前，中景信集团黎志总经理在接受采访时表示，对于景区来说，无障碍建设不仅是为了满足游客的品质旅游需求，而且是企业社会责任的体现，更是景区差异化发展的市场需要。庞大的无障碍旅游需求，缺位的无障碍旅游产品和服务供给，对于山岳型旅游景区的商业发展来说，无疑是一片有机可寻、有利可图的市场蓝海。在景区门票降价、消费转型升级、全域旅游等大环境背景下，中景信集团把握发展机遇，大胆创新，开始探索打造无障碍山岳型旅游景区（见图4-1）。

图 4-1　游客游览莽山五指峰景区

资料来源：由中景信集团提供。

▲▲▲ 三、仰望星空：设计初探

诚然，无障碍景区并非当下我国景区发展的新生概念。早在《旅游景区（点）质量等级的划分与评定》（GB/T 17775-2003）中就对景区的无障碍设施与服务提出了要求，但所占比重较小，且涵盖内容较少，仅包括提供无障碍卫生间、轮椅服务等。近年来，国家与地方政府大力推动无障碍旅游的发展，2016年，《"十三五"旅游业发展规划》指出要完善景区无障碍旅游设施，提升景区的适老、适残服务；2019年，北京市出台《北京市4A级及以上旅游景区无障碍设施服务指南》等，旨在促进北京市旅游景区无障碍环境建设，提升旅游服务质量。此外，行业协会也发布了相关标准文件。2018年，中国肢残人协会发布《旅游无障碍环境建设规范》，从出入口、道路与通行、建筑、标识与安全等4个方面对旅游景区的无障碍环境建设与改造提出要求。但是，这些针对一般景区的无障碍服务标准无法满足有障碍人士在山岳型旅游景区旅游的切实需要，毕竟仅靠轮椅和人力把残障人士抬上山不是可行之计和长远之策。于是，徐辉带领项目团队前往国内外多个山岳型旅游景区调研，之后惊讶地发现，世界上几乎还没有一个现成的山岳型旅游景区，真正做到了旅游无障碍。他暗自下定决心，中景信集团要做行业开创者，打破山岳型旅游景区只是部分游客群体的"专利品"的现状，开发建设一个有温情、有温度、有温暖的山岳型旅游景区，一个所有人都能够走进山林、登上山峰、游赏山光的"共享品"。

最初，中景信集团在河北涞源白石山项目的规划建设中，在无障碍方面做了一个大胆的尝试。除了按照国家5A级旅游景区的标准来建设服务设施外，白石山景区分别在海拔为1600米和1900米的两座山峰上建设了坡度相对较缓的环线游步道，同时还修建了一条连接游步道的索道，以减轻游客登山的体力负担。随后，在河北承德兴隆山、河北武安东太行景区的旅游项目中，游步道的坡度建设得更加平缓，并且连接游步道的索道被替换成垂直电梯，进一步提升了游客登山的舒适性。但是整体而言，游客到这些景区还是需要"爬山"，层层台阶对部分游客的游览来说仍是障碍，也会影响游客的体验。徐辉等人汲取教训、总结经验，本着"消灭台阶"的目标，开始规划建设莽山五指峰景区。如果说白石山景区是中景信集团打造无障碍山岳型旅游景区的1.0初级版本，兴隆山与东太行景区是2.0发展版本，那么莽山五指峰景区则是3.0升级版，在整个规划设计理念与工程建设落地的过程中，徐辉思虑更加周全，步履也更踏实，最终将莽山五指峰景区打造成真正意义上全程无障碍的山岳型旅游景区。

一直以来，相较于普通的观光型景区，山岳景区因交通路况复杂、专用设施缺乏等现实困难，令残障人士、老年人等特殊群体望而却步。为了切实反映与满足残障群体的特殊需要，徐辉和其项目团队邀请中国残疾人联合会副主席一行，对莽山五指峰无障碍景区项目方案进行反复探讨打磨，力求将无障碍、人性化的理念体现在景区规划设计的每一处细节之中，着力打破五指峰景区旅游的"生理壁垒"。首先，项目团队提出要做到从停车场下车到游客服务中心，全程没有一个台阶、一节楼梯，完全采用无障碍通道设计。到达景区入口，游客可以选择搭乘索道"坐"上山。到达观光区域后，莽山五指峰景区在海拔1400米以上规划架设上、中、下3条游步栈道，在起伏较大、无法避免上升情况的游步道区域，项目团队将城市中司空见惯的垂直电梯和斜梯这些代步工具移植过来，用扶梯和电梯把3条不同海拔的游步道连接起来，由此形成一个循环游览线路，让残障游客可以"坐"赏美景，老人小孩也都能轻松享受遨游云端的高峰体验（见图4-2）。用徐辉的话来说："游客来到我们莽山五指峰景区，不叫'爬山'，而是在山上'闲庭信步'。"

图 4-2 莽山五指峰景区游步栈道

资料来源：由中景信集团提供。

如何在实现工程建设安全可行的基础上，尽量不破坏自然环境生态及其景观性，为游客提供优质的旅游体验，是莽山五指峰景区在开发建设过程中必须解决的另一个关键问题。中景信集团在以往的山岳型旅游景区项目中，多是采取"顺山就势"的原则，尽量选择简便易行的修建方案。这种做法固然保守，但是优势十分明显，那就是可以有效地控制建设成本。但同时，这种做法的弊端也很显著——游客体验可能会大打折扣。一方面，有些更佳观景点可能由于"不顺路"被舍弃；另一方面，按照"顺山就势"的原则动辄就需要修建上千上万级台阶，攀登这些台阶就连身体康健的青壮年游客都很吃力，进而因为身体劳累而无心观赏，错过美好风景，更不用说残障人士和老幼群体了。这一次，中景信集团决定"任性一把"。在莽山五指峰景区规划建设中，项目团队"反其道而行"——先找到最佳的观景点，将点串成线、铺成面，然后在确保安全可行的基础上，再进行工程项目的布局建设，以保证游客的最佳观景体验。以游步道选址为例，莽山五指峰景区在规划设计时，首先遵循"三视"原则进行选址勘测，即从俯视、平视、仰视3个角度看，都要保证能够欣赏到优美的自然景色。经过多次实地踏勘，项目团队确定最佳高位水平线，然后整体设计规划游步道，应对斜面缓坡等工程项目建设的技术性问题。然而，要坚持这一原则并不容易。有些核心旅游景点所在位置的岩体不结实，完全没有办法依托山体动工修道。出于安全考虑，项目团队也只能妥协，"退而求其次"，考虑修建跨山廊桥等其他方式。

"大家看啊"，徐辉指向山壁岩体的石缝说，"这些石缝都是我们项目工程队特意凿出来的，目的是给动物们留出通道"。看到"游客们"恍然大悟的神情，徐辉得意地笑了笑，说道，"这就是我们中景信集团的企业社会责任担当在细节上的表现"。中景信集团以"实现人与环境和谐发展"为企业使命，尊重自然，尊重环境，用无限的创造力专心打造令人神往的景区，做"把绿水青山变成金山银山"的践行者，力求成为开启自然之

39

美的大地艺术家。

▲▲ 四、脚踏实地：项目落成

（一）没有前例勇担当：无障碍山岳的破壁之途

莽山，位于中国南岭山脉北麓、湘粤两省交界之处，属于湖南省郴州市宜章县溶家洞，拥有地球同纬度地区保存最完好的原始森林区，也是中国南方动植物基因库之一。这里景色优美，令人心驰神往，但因山高林密——最高海拔达 1900 余米，一些游客此前只能望山却步，遗憾离开。中景信集团经过多方调研、投入巨额资金（计划总投资 36 亿元，其中已完成投资 10 余亿元），抓住残障人士与老幼这类弱势群体的痛点，历时两年建设成了全国乃至世界首个无障碍山岳型旅游景区——莽山五指峰景区，真正实现了全程坐着轮椅也能登山的目标，让所有人都能领略唐代诗人杜甫"会当凌绝顶，一览众山小"的意境。

"请各位领导嘉宾留心体验，我们莽山五指峰是如何做到全程无障碍旅游的"，在莽山五指峰景区的游客服务中心大厅，徐辉满怀自豪地向与会者说道。对他而言，莽山五指峰景区就像是才刚诞生的孩子，怀胎孕育过程的个中艰辛，只有项目团队才清楚。最开始进行规划建设时，项目团队对"无障碍"的理解多停留在理念层面，单纯地以打造第一个能够处处体现对弱势群体的关爱的无障碍山岳景区为出发点，按照"想象的蓝图"进行景区设计。然而理想通向现实的道路却是蜿蜒崎岖的。

复杂的管理体制机制是第一道"隐形"的门槛。2017 年初，经过多次现场勘探调研之后，中景信集团与郴州市宜章县当地政府签订了《莽山文化旅游产业开发合作协议》，计划投资 30 亿元，建设观光索道、悬空栈道、垂直电梯等，将莽山打造成为国家 5A 级旅游景区。由于莽山景区在国家自然保护区范围内，归口莽山林业管理局（简称林管局）管理，工程建设受到极大的限制，游步栈道、索道电梯等都不允许建设。签订的协议几乎丧失了动工的价值。眼看规划已久的莽山五指峰无障碍项目几乎要"胎死腹中"，徐辉等人心乱如麻，一时慌了手脚。缓过神之后，项目团队不得不转换思路、从头开始，重新考察莽山景区的旅游资源。团队再次考察后发现，莽山真正具有开发价值的资源并非在林管局的管辖范围，而是属于国有企业溶家洞林场的管理范围。经中景信集团高层代表多轮协商沟通，最终，莽山五指峰无障碍景区项目通过了严格的审批手续。在湖南省、市、县三级林草部门的支持下，莽山五指峰无障碍设施工程方案最终得以建设投入使用。

（二）摸着石头能过河：概念到落地的破局之路

怀胎孕育不易，但对莽山五指峰景区的无障碍成长之路而言，困难还在后头。特殊地形地质给工程建设带来的第二道"硬性"挑战。作为一个没有先例可循的山岳型旅游景区开发项目，徐辉的项目团队班子只能摸着石头过河，一步一步将莽山五指峰景区的无障碍设计蓝图从纸面搬上山头，实现项目布局落地。如何综合考虑地理地质条件，平衡施工建设难度与投资运营成本，是实实在在摆在团队面前的要给情怀"背书"的现实问题。

2018 年 5 月，投资 10 亿元的莽山五指峰景区一期工程正式开工，以交通服务与游览体系为重点，建设无障碍旅游设施。首先，索道支架的安装建设成为打造莽山五指峰景区的第一道难题。项目团队多次实地勘探调研发现，花岗岩峰林是莽山五指峰景区最为震撼的景点，从海拔 1600 米的山峰望去，奇峰异石，蔚为壮观。但是，美景深居险峰，沿线山路崎岖，且莽山多雾，常常一个月内有 20 多天是大雾天气，导致人们难以抵达，就连建设施工人员都经常找不到下山的路。为此，项目从奥地利引进了一条全国单线最长的索道（3.7 千米）。然而，由于莽山山高林密，道路狭窄陡峭，建设工程基本无法使用现代化的大型机械，就连常规使用的吊车也毫无用武之地。用于支持承载索和曳引索的重要装置——索道支架重约 20 来吨，只能通过货索进行安装。可问题又来了。由于索道过长，一条货索基本无法涵盖到所有支架安装点，而如果安装多条货索，工程错综复杂，极易造成施工过程中的安全隐患。经过一次次的开会讨论，施工队最终转换思路：既然山不能移、索道不能调，那就在货索上动心思、下功夫。最终，施工队采用新技术对货索进行改进，以达到施工建设要求，仅用一条货索完成了 14 个索道支架的成功安装。建成的五指峰索道创造了全国乃至全球索道领域的多项纪录，堪称"世界一流、中国第一"。同样地，在没有挖掘机、全凭货索运输物质的情况下，一个位于峡谷处占比约 500 平方米的两层餐厅，耗时整整 7 个月时间才建设完成，比正常工期长了近两倍。在莽山五指峰无障碍景区的勘察、规划、建设等环节中，付出的成本都远超过中景信集团在以往山岳型旅游景区项目上的投入，最终得以实现莽山五指峰景区全域全通道设施的无障碍化。

在实现了硬件设施的无障碍后，莽山五指峰景区也在积极探索"软件"的无障碍化。在莽山五指峰景区项目规划过程中，中景信集团高层领导前往国内外的山岳型旅游景区、主题乐园、宾馆酒店等学习为残障人士服务的标准。但是对于无障碍山岳型旅游景区如何做好服务这个问题，中景信集团仍在不断探索，尚未形成标准化、规范化的服务体系。目前，莽山五指峰景区采取的办法是"人海战术"——提供"多对一"的人力服务。在景区各个无障碍设施节点，由景区员工为有需要的游客提供无障碍设施的使用操作引导、人力协助推送轮椅等服务。此外，景区计划雇用残障人士参与到景区服务工作岗位中，比如肢体健全的听障人群等。在徐辉看来，这其实是对"无障碍旅游"内涵加以拓展的一种体现——给予残障人士平等的就业权利与机会。

"我们这哪叫爬山嘛，我们是在山上散步"，在游步道上观景的过程中，徐辉和与会参观的游客打趣道。栈道路面平缓、宽敞，经建设施工人员手工一锤一锤打凿切缝以防滑。栈道全程没有一个台阶，既是一条步行道，其本身也是一条靓丽的风景线。游步道上设有轮椅专用道、无障碍休息站和观景台，边坡设置挡板，轮椅行走其上，如履平地，残障游客基本可以自主地完成游览全程，享受矗立云端的峰林美景。景区内的电梯、扶梯都按照无障碍要求做改造，与悬空栈道无缝对接，形成无障碍游览的大环线。此外，莽山五指峰景区在其他公共场所也都全部配套有无障碍专用通道，比如餐厅有专为残障人士设计的轮椅卡位低矮餐桌、公共厕所设有残障人士通道和第三卫生间等。对于普通游客来说，如果不想爬山或者不能爬山，他们完全可以骑着脚踏车、踩着平衡车，登临五指峰山顶，环游整个景区。有位肢残游客在山顶拍照留念时，忍不住潸然泪下，与徐辉倾诉道："我过去是个徒步登山爱好者，自从一次意外事故坐上轮椅后，只能望山兴叹……现在坐着轮椅也可以爬山，我们残疾人享受到了平等的、有尊严的旅游权利。"徐辉故作轻松，拉起这位游客的手一起拍照留念。其实，他的心里早已感慨万千。

从 2017 年项目立项，2018 年 5 月份正式开工，到 2019 年 10 月份开园，莽山五指峰无障碍项目跨越寒冬酷暑 16 个月，历经 480 个日日夜夜。一年多的建设期里，莽山五指峰景区的无障碍建设克服了许多难题，也走了一些弯路，最终集成和创新了行业的打造技术与开发理念，并且做到了基本不砍树、不占或少占林地，如无法避免占地，也会经过湖南省林业厅的严格审核批准后才会动工。项目建设基本完成之后，中景信集团邀请中国残疾人联合会副主席一行人到景区进行实地考察体验，根据他们的意见与建议再进行服务改进与优化。经过历时一年试营业期的不断建设改进，于 2020 年国庆前夕开园一周年之际，莽山五指峰全程无障碍山岳型旅游景区基本建设完成。

2020 年 10 月，由中国肢残人协会、国家五部委、湖南省肢残人协会等多名代表组成的专家组赴莽山五指峰景区，从设施、信息、社区 3 个方面对莽山五指峰景区的无障碍建设进行验收。10 月 26 日，在首届中国山岳旅游大会上，中国旅游景区协会、中国肢残人协会分别授予莽山五指峰景区"全国首家无障碍山岳型旅游景区""全国首家无障碍山岳型景区"称号。11 月 18 日，在 2020 国际山地旅游联盟年会上，莽山五指峰景区从国内外 100 余个申报项目中脱颖而出，获得"最佳山地旅游目的地"国际大奖。

🔺🔺 五、行路致远：运营成效

莽山五指峰景区的开发建设都由中景信集团投资，没有受到政府的财政支持，但是在开发之初中景信集团高层已然察觉到，政府开始重视无障碍环境的建设与发展。早在 2012 年，《无障碍环境建设条例》（国务院令第 622 号）颁布后，政府各部门便纷纷出台各种政策标准，统筹规范无障碍环境建设行为，比如交通运输部等七部委出台《关于进一步加强和改善老年人残疾人出行服务的实施意见》（交运发〔2018〕8 号）等。在新时代背景下，无障碍环境建设成为党和政府最高层面呼吁的一种情怀与行动。莽山五指峰无障碍景区的打造，是中景信集团积极履行社会责任，响应顶层号召，推动社会无障碍事业发展的积极举措。

从政府层面来讲，"全国首家无障碍山岳型旅游景区"可以成为郴州市的一块金字招牌，有助于提升当地的旅游品牌效应及政府政务形象。莽山五指峰景区积极融入当地区域旅游布局，是郴州市发展全域旅游、打造成粤港澳大湾区居民旅游度假胜地的一大亮点。自开园以来，央视网、《人民日报》等54家媒体，对莽山五指峰无障碍景区进行了宣传报道，社会反响热烈，极大地提升了景区的市场口碑与社会声誉，为景区发展积累了宝贵的无形资产，推动了景区的可持续发展。

从企业层面来讲，无障碍旅游是中景信集团这样的旅游投资开发企业应对我国当前景区门票降价、旅游品质升级等新情况，进行的一次有社会担当的山岳项目创新的尝试，也是在山岳型旅游景区市场日益饱和的情况下，试图增加游客量而实行的差异化产品策略。根据多年实践经验的观察总结，徐辉认为，山岳型旅游景区具有3个明显的优势：不可复制性、不可移动性及没有衰退期。（1）不可复制性。不同于主题乐园等人造旅游吸引物，山岳型旅游景区具有其资源的独特性，同时由于基建设施更新迭代成本过高，新开发的项目也难以被竞争对手简单复制与模仿。（2）不可移动性。山岳型旅游景区具有强烈的地理属性，游客来或者不来，山就在那里，不会移动。（3）没有衰退期。对自然风光的青睐根植于国民性格，山岳型旅游景区的市场没有明显的盛衰周期。据统计，开业后一年多的时间，景区已累计接待游客50余万人次。2020年国庆中秋期间，莽山五指峰景区接待游客4.3万人次，实现门票收入427万余元。2021年元旦假期期间实现门票收入214.06万元。与此同时，景区人气逐渐显示出辐射带动效应，周边的乡村旅游、民宿农家乐等持续升温，宜章特产脐橙、茶叶、蕨根糍粑等销量上升，极大地提高了周边村民的收入。

如今，在大众旅游时代，游客在"用脚投票"的同时，也会"动手动嘴"影响他人的评价。截至2021年1月12日，莽山五指峰景区在携程旅行网上共有93条游客点评，点评得分为4.7分（总分5分）。除了称赞山峰景色，积极的游客点评内容多提及景区的无障碍设施服务，比如"景区全程都有栈道，好人性化的设计，设有无障碍通道，很适合老人家游玩""下索道后沿途都有无障碍通道，老少皆宜，这点做得很暖心""设施设计非常人性化，坐轮椅也能游完群山"等。引起游客不满的内容则多与景区票价较高、景区内餐厅服务态度有待改善相关。目前，莽山五指峰景区的无障碍游览设施服务采取预约制。按照国家通行规定，莽山五指峰景区对持有残疾证明的游客实行门票减免，景区内索道、电梯等设施按照半价收费，景区内的垂直提升机、斜挂提升机等无障碍设施则对所有游客按照一票制收费（见表4-1）。出于安全考虑，节假日期间景区不接待残障人士。

表 4-1　景区收费标准

收费项目	收费标准（元／人次）	
	普通游客	残障游客
门票	165	免费
索道（上下双程）	240	120
电梯（上下双程）	80	40
成人套票（不含电梯）	280	280
轮椅、童车租赁	50	50
全程陪护费（一位陪护员）	300	300
无障碍设施使用费（垂直提升机、斜挂提升机）	80	80

资料来源：由中景信集团提供。

▲▲ 六、尾声

无障碍旅游提供的是一种大众服务，但绝不是一种公益事业。打造无障碍山岳型旅游景区是中景信集团主动承担企业社会责任的表现。但是，景区终究是商业产品，高额投入的背后，是中景信集团对高回报的预期。作为"第一个吃螃蟹的人"，中景信集团打造无障碍山岳型旅游景区的创新精神值得嘉奖，"大爱无碍"的企业社会责任担当也值得称赞。但是，"好事"能否换来"好报"，这个问题有待时间给出答案。靠山吃山的惯性，对门票经济的依赖，加之当前提倡景区降费，这些现实情况使我国山岳型旅游景区的盈利能力遇到了瓶颈。徐辉的初衷是服务游客，是为实现山岳旅游无障碍而进行的一次探索性尝试。而当下，莽山五指峰景区已进入正常运营阶段，经营绩效问题会逐渐替代工程建设问题，成为景区管理发展的主要事宜。如何进行有效的运营管理，提高景区收入，成为徐辉日夜思索的问题。

大会圆满结束，徐辉踏着月色回到酒店，站在窗边，望着远处的山色陷入沉思。

? 启发思考题

1. 依据战略性企业社会责任理论，山岳型旅游景区开展何种社会责任行为最为合适？为什么？

2. 中景信集团打造的"莽山五指峰无障碍景区"，是不是一个战略性企业社会责任项目？在哪些方面得以体现？

3. "无障碍服务"能够给莽山五指峰景区带来市场竞争力吗？为什么？

4. 如果你是莽山五指峰景区的常务总经理，你会在景区后续的运营过程中开展什么样的战略性企业社会责任行为？为什么？请具体阐述。

关于莽山五指峰无障碍山岳型旅游景区的更多资料，请扫描相关二维码了解。

目拓展资料

坐着轮椅去爬山——湖南莽山建成中国首个无障碍山岳型旅游景区

第五章

CHAPTER 5

数智让乡村"慧"经营：杭州余杭区鸬鸟镇的数字化转型之路 ①

摘要： 鸬鸟镇是以生态旅游为主的全域景区乡镇，年承接游客量超百万人次。随之而来的景区管理、交通秩序维护、旅游矛盾纠纷处理等社会治理难题亟待解决。尽管鸬鸟镇在 2015 年就着手打造智慧旅游平台，但一直收效平平。本案例描述了鸬鸟镇从传统生态旅游型乡村到智慧旅游乡村再到数字乡村的转型升级之路。通过打造名为"数智鸬鸟"的乡村治理平台，鸬鸟镇将智慧大脑植入绿水青山，全面提升了全域治理的智能化、精细化水平。本案例为数字化赋能乡村旅游与乡村治理提供了可参考的实践路径。

关键词： 乡村旅游；数字化转型；鸬鸟镇；数智鸬鸟

▲▲ 一、引言

2020 年 10 月，数智鸬鸟乡村治理平台作为我国数智乡村的典型案例，亮相第二届中国（杭州）国际智能产品博览会，面向大众展示鸬鸟数字化建设成果。博览会上，鸬鸟数字化工作组的成员正细致地为大家演示"数智鸬鸟"平台的使用功能和应用场景。

"大家请看，这是'数智鸬鸟'平台的数智旅游模块，鸬鸟镇所有和旅游相关的重要信息，都会通过"数智鸬鸟"进行实时呈现。看，此时此刻，正有 1387 名游客在鸬鸟镇游玩呢，现在游客量最多的景区是山沟沟风景区。明天是周末，来鸬鸟镇的游客应该会更多，根据'数智鸬鸟'的预测，明天鸬鸟镇的游客量会达到 2500 名……"向大家介绍完"数智旅游"应用模块后，这位工作人员又轻点屏幕，切换界面，继续向来宾们介绍数智鸬鸟的另外两个应用模块："大家继续看，这是我们的'数智乡村'模块和'数智治理'模块……"

"有了'数智鸬鸟'这座智慧大脑，我们鸬鸟变得更聪明、更美丽了！"这位工作人员自豪地向大家说道。前来参会的嘉宾们纷纷表达了对"数智鸬鸟"的认可与赞赏。有位来宾好奇地问道："那么，你们当初为什么会想到打造这样一个平台呢？"这位来宾的发问，将他们的思绪带回到了 5 年前，也就是鸬鸟镇数字化转型刚刚起步的时候。顺着这个问题，工作组的成员们为大家讲起了"数智鸬鸟"背后的故事……

▲▲ 二、背景：全域旅游下的管理难题

（一）乡村旅游蓬勃兴起

鸬鸟镇位于杭州市余杭区西北部的山区，距离杭州市中心 50 千米，镇内青山绿水，风景秀丽如画，是杭州市唯一一个没有工业的乡镇，以农业和旅游业为支柱产业。在打造乡村旅游的过程中，鸬鸟镇响应"全域美丽大花园"建设工作，以"绿水青山就是金山银山"为指南，坚持走三产融合、全域发展、绿色富民的道路，推行村庄景区化运营，大力发展生态经济，打造处处是景、生态宜居的全域旅游乡村。

近年来，鸬鸟镇陆续被授予全国旅游百强乡镇、国家级生态镇等诸多"国字号"荣誉，这座美丽的"杭州后花园"也被越来越多游客所知晓和喜爱。随着全域旅游的推进，鸬鸟镇的游客流量一年比一年大，旅游业态越来越丰富，镇里的民宿或农家乐越开越多，当地特色农产品"鸬鸟蜜梨"销量越来越高……毋庸置疑，蒸蒸日上的旅游业给鸬鸟镇注入了源源不断的发展动力，带动了区域经济的发展。

（二）全域运营面临压力

全域旅游让鸬鸟这座曾经普普通通的小镇得以蓬勃发展，但同时也不断加重了当地旅游业的运营压力。2015 年年底，鸬鸟镇召开年终总结大会。会议上，旅游业带来的运营困难成了大家讨论的焦点。2014 年，鸬鸟镇的旅游发展虽然更上一层楼，但在交通管理、售票检票、景点分流、业态监管、食宿接待、安保运维、应急处理等各个方面，也都愈发"力不从心"，难以应对。尤其是到了周末和节假日这种旅游高峰期，除了镇内各个景点频频出现的拥堵问题，停车场和进出鸬鸟的交通要道也是堵得水泄不通，当地的民宿或农家乐更是"一位难求"。游客量一多，售票检票的压力也跟着大了起来，排队时间长、入园流程慢的问题日益突出，服务质量也更加难以控制……正因如此，来自游客和当地村民的投诉、反馈意见都是前所未有的多。对于这些管理问题，等到它们接连不断冒出来后，再去一个个"打补丁"，终归是治标不治本，长此以往必然会影响鸬鸟镇旅游业的形象，更会影响当地村民的生活。怎样才能从根本入手，让鸬鸟镇的管理能力跟得上发展的步伐呢？

▲▲▲ 三、初步探索："在鸬鸟"智慧旅游平台

从宏观背景来看，当时正值移动互联网行业发展的黄金时期，各个传统行业都在积极地拥抱互联网，旅游业也不例外。国家旅游局也于 2015 年年初印发《关于促进智慧旅游发展的指导意见》，提出了未来智慧旅游发展的目标和政策指导。从鸬鸟镇自身发展来看，面对持续上涨的客流量，过去这种靠人管理的"老办法"显然是要被淘汰的，数据为王的时代背景下，全域旅游管理离不开数字信息技术的助力——既然内在需求和外在环境都指向了同一个方向，鸬鸟镇决定走数字化转型的道路，并正式成立数字化工作组。2016 年，为打造杭州市首个智慧旅游小镇，鸬鸟镇启动了"在鸬鸟"智慧旅游平台的建设，推出了同名 APP 和微信平台，迈出了数字化转型的第一步。"在鸬鸟"智慧旅游建设主要包括以下 4 个方面的工作。

（1）景区 Wi-Fi 全覆盖。为满足游客在景区的网络使用需求，鸬鸟镇启动 Wi-Fi 升级扩容工程，实现景区 Wi-Fi 高密度、无死角覆盖。游客进入鸬鸟镇 Wi-Fi 覆盖区，手机就会为其自动推送 Wi-Fi 登录界面，并在登录成功的界面中向游客展示鸬鸟镇旅游的宣传图与欢迎词。

（2）手机端一站式旅游服务。鸬鸟镇推出"在鸬鸟"智慧旅游 APP，游客只需一台智能手机，就能够在线完成门票、餐饮和住宿的预定。同时，通过"在鸬鸟" APP，游客可以查询到最新的景区资讯、最全的景点信息、最便捷的交通路线、最地道的农家乐与特产介绍。

（3）数字电视端旅游推介。鸬鸟镇将镇内的数字电视界面也纳入旅游信息和便民服务信息的宣传渠道中。游客在酒店房间里打开电视，就可以看到鸬鸟镇的旅游资源介绍和各个景点的实况视频，还可以在电视上直接搜索到距离自己最近的乡村农家乐。

（4）完善监控安保系统。为增强对游客安全的保障能力、提高景区管理效能，鸬鸟镇建立"在鸬鸟"实时监管平台，在景区内外安装了 60 多个监控系统，并组建指挥中心，对景区全貌、景点动态、交通道路、游客求助等信息进行实时管控。

然而，被寄予厚望的"在鸬鸟"智慧旅游平台上线后并没有溅起多大的水花，实际使用效果也一直不尽如人意。比如，旅游高峰期的客流预警和分流问题仍然难以解决；监控装置虽然分担了一部分安保巡视的工作，但主要还是只能用于"事后调查"，而非"事前预防"；"在鸬鸟" APP 上明明显示仍有客房空余，但游客到了现场后却常常发现，房间早已被其他游客在其他平台上预定……由于这些问题不断冒出，"在鸬鸟" APP 也就逐渐被淡忘了。

在接下来的两年里，我国经济迈入转变发展方式、优化经济结构、转换增长动力的攻关期，大众对美好生活的需求不断提升，整个旅游产业的发展重心也从高速度向高质量转移。因此，在解决上述这些痛点问题之余，如何提高乡村旅游的品质，成为鸬鸟

镇旅游业提质升级的关键。以民宿业为例，近年来，鸬鸟镇民宿和农家乐的数量虽然不断增加（到 2018 年已达到近 200 家，整个余杭区约 50% 的民宿都集中在鸬鸟镇），但其经营模式仍然处于低端粗放的阶段，不仅未能为游客提供优质的服务，也造成了市场混乱、监管困难的现象。面对客流量的持续增加和旅游范围的进一步扩大，鸬鸟镇要想全面提升旅游质量，并实现精准化营销、精细化管理、个性化服务，亟需借助大数据来辅助管理决策。然而，对于当下的鸬鸟镇来说，其数据采集和管理的能力本身就还有很大的提升空间，进行数据的挖掘和分析，则更是一个难上加难的挑战。

🏔 四、转型升级：从智慧旅游到数字乡村

虽然"在鸬鸟"项目未能取得理想效果，但鸬鸟镇数字化工作组的同事们一致认为，这只是鸬鸟镇的初次探索，无论成功与否，都不能成为否定数字化的理由。相反，大家应该积极从中汲取教训、积累经验，从而帮助鸬鸟镇更好地调整接下来的数字化转型战略。为此，鸬鸟镇的领导干部们广泛查阅各类政策指南和工作报告，也积极学习与乡村数字化相关的优秀案例，希望能从中找到灵感。转眼 2019 年已接近尾声，鸬鸟镇再次召开数字化转型工作会议，大家围坐在会议桌前，交流自己这段时间的所见所思，共同为鸬鸟镇接下来的发展出谋划策。

一位同事认为，完善乡村新基建是鸬鸟镇数字化转型的关键环节，更是重要的支撑条件。新基建的全称是"新型基础设施建设"，包括 5G、人工智能、工业互联网、物联网等内容。这一概念是在 2018 年年底的中央经济工作会议上被首次提出的。结合鸬鸟镇的实际情况，这位同事表达了自己的观点：工欲善其事，必先利其器，鸬鸟镇应跟随国家新基建的热潮，大力推进乡村新基建，夯实鸬鸟镇数字化转型的基础设施体系。

另一位同事则从未来社区和未来乡村的建设出发，提出了自己的看法。"未来社区"这个概念是在 2019 年年初的浙江省《政府工作报告》中被首次提出的，旨在围绕邻里、教育、健康、创业、建筑、交通、低碳、服务和治理等九大场景，打造真正符合"人民对美好生活向往"的社区。而未来乡村则是未来社区在农村地区的延伸，包括邻里、文化、健康、生态、创业、建筑、交通、数字、服务、治理等十大应用场景，并重点强调了乡村地区的数字化改革，提出未来乡村要率先接入一体化智能化公共数据平台，政务服务事项 100% 实现"掌上办"。这位同事认为，鸬鸟镇现在不光需要推进新基建，同时也可以对照未来乡村的建设模型，从多个方面"齐发力"来加强全域治理。

另一位同事接着补充道，他在参考其他地区治理经验时发现，现在已经有一些乡村开始尝试将数字化引入乡村治理，比如建立数字云图来实现农村资产的数字化管理、开发掌上政务 APP 来实现从问题上报到业务受理再到部门办理及情况反馈的闭环式管理。

经过一番讨论，大家深刻意识到，数字化在乡村地区的各个方面都有无限的应用可能。反观"在鸬鸟"，却仅仅是从景区管理的角度出发来打造智慧旅游。但事实上，鸬

鸟镇走的一直都是村庄景区合一的发展路径，游客足迹所至之处，也是当地村民的生活居住之处。随着旅游全域化的发展，鸬鸟镇面临的运营困境不是简单的景区管理问题，更涉及乡村社会生活和乡村治理的问题。因此，只聚焦于旅游产业本身来打造智慧旅游是远远不够的，要把乡村旅游和全域治理结合在一起，才能真正实现鸬鸟镇的数字化转型。

然而，接下来一位同事的发问，却让在座所有人再次陷入了沉默。"游客是游客，居民是居民；旅游业是一回事，乡村治理又是另一回事。我们做智慧旅游平台，居民根本就用不上，但如果做数字政府，那和游客又八竿子打不着。主体都不一样，我们要怎样才能把它们结合到一起呢？"

正如这位同事所言，尽管大家已经初步明确了接下来的战略方向，但对于具体的实施计划，却仍然是一头雾水。看到了数字化的无限应用可能，却苦于不知如何将它应用于鸬鸟镇——想到这里，大家都不由得皱起了眉头。

2019 年末，新冠疫情的暴发打乱了我国社会的正常节奏，为有序推进疫情防控工作，我国各行业和部门之间进行数据共享，全国各地推行健康码，构建全国疫情实时地图，借助云平台实现线上协同办公。正是这些举措，帮助鸬鸟镇找到了突破口——是不是可以借鉴这个思路，打通不同平台、不同部门之间的数据壁垒，从而实现旅游业与其他产业和机构的联动？在原先，鸬鸟镇的智慧旅游平台上只有境内的部分旅游数据。然而，随着数字时代的到来，旅游大数据这一概念早已不能简单顾名思义地理解为景区范围内的数据。相反，旅游大数据不但包含景区自身的内部数据，更包括来自景区之外的云端数据和公共数据。要解决游客在旅途中遇到的堵车问题，离不开交通部门的数据；要落实景区健康预警管理，离不开公共卫生部门的数据；要精确绘制游客画像，离不开游客在其他平台的消费数据……

正如大家早已明确的，鸬鸟镇一直以来都不是一个景区，而是一个全域旅游乡镇。因此，无论是相比于传统景区，还是传统乡村来说，鸬鸟镇都更加需要数据信息的联动。意识到这一点后，鸬鸟镇数字化工作组做了一个大胆且创新的决定：突破数据瓶颈，从智慧旅游向数字乡村升级！

▲▲▲ 五、渐入佳境：数智鸬鸟让鸬鸟镇全域一盘棋

（一）找定位，补短板

2020 年 4 月，习近平总书记在杭州考察时指出，从数字化到智能化再到智慧化，让城市更聪明一些，更智慧一些，是推动城市治理体系和治理能力现代化的必由之路。可见，进一步提高城市"数智化"（数字化、智能化与智慧化）水平，让城市"大脑"更

"聪明"，有助于提升城市韧性和治理效能。[①]习近平总书记的指示让鸬鸟镇数字化工作组的成员们又惊又喜，进一步坚定了打造数字乡村的决心，同时也拥有了继续做下去的信心。找到了"数据壁垒"这个突破口，接下来，该如何集合和呈现这些来自不同渠道的海量数据，又该通过哪些应用场景来让这些数据发挥出它们的价值呢？

鸬鸟镇所属的杭州市是第一个提出"城市大脑"的城市，在城市数字化方面具有领先地位。因此，大家决定学习杭州城市大脑的建设经验，来思考数字乡村的建设工作。杭州城市大脑构建了纵向到区县（市）、横向到各部门的组织架构，并统一接入集中枢运维、指挥应用、成果展示和专班研发于一体的运营指挥中心，其逻辑体系架构可以总结为"五个一""三个通""一个新的城市基础设施"（见图5-1）。杭州城市大脑由交通、警务、文旅、农业等11大系统组成，并形成了48个具体应用场景。比如在停车"先离场后付费"场景中，车辆只需要在停车杆前略微停顿2~3秒，系统便能自动识别车牌后抬起道杆，并在离场后1分钟内自动扣款。推出"先离场后付费"后，停车场的平均进出时间从原来的23.4秒降为现在的2.6秒。

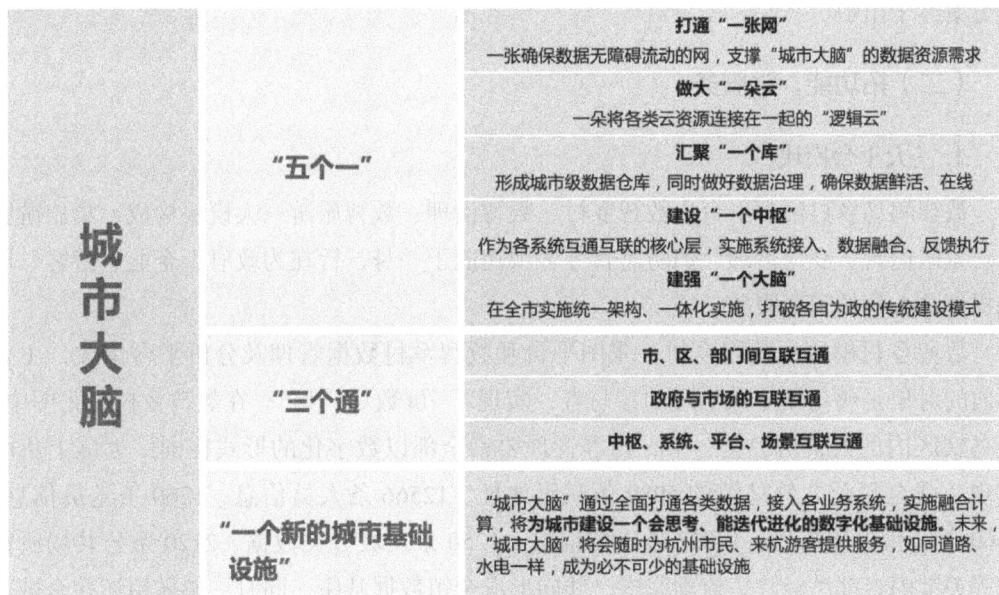

图5-1 杭州城市大脑体系架构

资料来源：根据网络资料整理。

认真参考学习了杭州城市大脑的经验后，大家总结出了鸬鸟镇现存的3个短板：一是智能感知能力差，对于镇内人、车、房、环境等各种信息要素的采集，主要还是依赖传统的人工来完成；二是数据共享程度低，不同部门间目前处于各自独立的状态，信息资源互不联通；三是服务和管理的智慧化水平不足，镇里的各项工作都还是依靠基于经

[①] 吉富星. 以"数智化"提升城市治理 [N]. 经济日报，2020-04-27（11）

验的"人脑"来完成，而非基于数据的"智慧大脑"来完成。

那么，如何补齐短板、全面提升呢？智能感知能力差，那就需要加强物联网感知设备的建设，用数据自动化、智能化采集来代替人工巡检；数据共享程度低，那就需要建立一个数据中枢，作为各部门共享信息、协同工作的平台，同时还要在纵向上加强与杭州城市大脑的对接联动；服务和管理的智慧化水平不足，那就需要加强软硬件体系的建设，用数据来驱动管理。一方面，要完善资源盘点、问题传递和信息分发的体系，实现数据的集中收集、集中呈现和集中管理；另一方面，还要加强数据分析和应用，充分挖掘沉淀后的数据价值，实现基于大数据的高效治理。

基于这些思考，鸬鸟镇数字化工作组决定将鸬鸟镇的数字化建设工程定位为杭州城市大脑在乡镇地区的延伸，旨在打通城市大脑在镇街村社层面真正落地的"最后一公里"，并将这个项目命名为"数智鸬鸟乡村治理平台"。有了明确的工作思路后，大家都干劲满满，风风火火地投入了数字化建设工作中。

功夫不负有心人，经过无数次的讨论、修改和完善，"数智鸬鸟乡村治理平台"建设方案终于出炉。

（二）拓功能，强服务

1. 三大平台模块

数智鸬鸟乡村治理平台由数智乡村、数智治理、数智旅游三大模块构成，集旅游服务、景区运营、乡村治理、消防监管等多项功能于一身，旨在为政府、企业、游客、居民提供全方位的闭环服务。

数智乡村模块由数智乡村一张图平台和数智乡村数据管理及分析平台组成，主要面向的对象是鸬鸟镇全域治理的参与者，实现"一屏数尽鸬鸟"。在数智乡村一张图中，鸬鸟辖区内的人、房、企、事、物等管理要素全部以数字化的形式在同一大屏上集中呈现。截至目前，鸬鸟镇的5089条赋码地址、12566条人员信息、1260条党员信息、3460条经营主体信息、19023条事件信息、1250条垃圾分类数据、2120条公共场所数据等关键内容都已经收集梳理完毕，共同形成全镇数据基座。同时，鸬鸟镇还在全域范围内布设物联感知设备，从而实现了对村庄溪流、森林等生态环境变化的实时感知和监测。数据管理及分析平台则是在数智乡村一张图的基础上，通过对乡村全域数据的动态采集、整合上报和深度分析，来辅助领导进行管理决策，实现发现问题智能化、处理过程自动化、事件管理全流程的"智慧管理"。

数智治理模块是鸬鸟镇借助数字化手段打造的基层治理平台，旨在从基层治理和乡村服务两方面入手来解决乡村治理碎片化难题，实现"一站数治鸬鸟"（见图5-2）。为了加强基层治理，鸬鸟镇在镇内的重要点位配备了5套人车感知设备、173个安防设备、5个森林高空瞭望全景探头、31个上山入口监控、15个水位监测装置等智能"触角"，保证数据的自动感知和实时更新。同时，鸬鸟镇还将由 5089 条赋码地址构成的全镇统一地址库与镇内的 VR 实景进行深度融合，打造强大且直观的智能搜索引擎——通过此搜索引擎，鸬鸟镇辖区范围内任一建筑或区域的基本介绍、商事登记、实时图像等信息都可以快速被调出，方便管理者快速了解基层实况。此外，鸬鸟镇还推出了"乡村码"，镇内居民和游客使用手机扫一扫即可注册认证，可申请"码上入园""码上租房""一键救援""一键矛调"等服务。这样一来，无论是日常监管工作，还是应急救援工作，都能够做到"实时响应、快速抵达、高效处理"。

图 5-2　数智治理界面

资料来源：由鸬鸟镇提供。

数智旅游模块由"构建一张管理网""运营一个小程序""搭建一个大后台"三大功能板块组成（见图 5-3）。鸬鸟镇境内包括旅游景点、民宿、农家乐、公共服务、农产品销售等在内的全域旅游数据，运营收入、游客特征等各项重要指标，以及来自公安、交通、卫生、市场监管等部门的行业数据，都被集中采集并汇总在这张"管理网"上，进行统一呈现，为鸬鸟镇旅游业的运营管理提供辅助。面向游客，鸬鸟镇推出了"遇见鸬鸟"小程序，打造覆盖旅游信息获取、旅游计划决策、旅游产品支付、旅游体验过程、旅游反馈评价等各个旅游阶段的智能化服务平台，为游客创造一站式、全流程、个性化、高质量的旅游体验，实现"一机游遍鸬鸟"。基于"管理网"和"小程序"上的数据信息，鸬鸟搭建起景区运营的"大后台"，不断优化管理体系、丰满游客画像，提高营销服务的精准性、应急反应的及时性和管理决策的科学性。

功能板块	内容介绍	应用举例
构建一张管理网	● 实现监测境内15家景区景点和6家景区村庄游客流量数据，并汇集文化、旅游、公安、交通、舆情等行业数据，融合集成后对数据进行多种形式的可视化呈现，实现鸬鸟镇旅游大数据的实时掌控 ● 全面建立景区旅游企业收入，民宿、农家乐收入，农产品销售收入和旅游产品收入等主要经营指标展示和智能运营体系	● 实时信息：推出民宿、农家乐实时人气评价排行榜 ● 全面建立外来游客过夜的流量监测、逗留时间、客源地等重要指标监控，加大过夜游客数据分析力度，提供一手决策依据
运营一个小程序	●“遇见鸬鸟”小程序:提供智能路线推荐、热点推荐、地图导览、门票酒店预订、农产品购买等精准服务。同时，小程序上的游客数据会沉淀到后台 ● 游览结束后，游客可以进行消费评价并反馈至后台。后台根据游客评价生成智能推荐，为其他游客出游提供参考，完成闭环，实现“一机游遍鸬鸟”	● 住宿预订：游客根据位置区域和酒店类型进行筛选 — 门店详情页面展示预订须知、房源类型等信息 — 游客确认房间数量、预订人等信息并进行支付，完成预订 ● 农品优选：游客选取想要购买的农产品—进入详情页面，查看农产品的介绍—确定购买规格和数量并下单—选择自提或者邮寄，支付后完成购买
搭建一个大后台	● 基于“遇见鸬鸟”小程序，开发景区运营后台，供商户和运营公司与管理方使用。游客的行动轨迹、消费轨迹等数据会自动沉淀到后台，商户也可在该后台进行每日数据填报，为管理决策提供参考	● 资源调配：接待规模较大的团客时，结合商户填报房源数据和现存余量，进行统一分配，做到现存房源和就餐点的最大程度整合 ● 市场预估：基于管理网、小程序的游客数据与商家上报数据，提前进行未来游客流量预估，并做好相应的宣传和运营方案

图 5-3　鸬鸟镇数智旅游三大功能板块

资料来源：根据调研内容整理。

2. 七大应用系统

根据数智乡村、数智治理、数智旅游这三大模块的规划，鸬鸟目前共开发了七大应用系统：智慧停车系统、智慧票务系统、信息发布系统、数智乡村一张图、乡村数据管理分析系统、遇见鸬鸟小程序、数智鸬鸟大屏系统（见图 5-4）。

智慧停车系统	识别车牌；出入记录；容量管理；停车缴费
智慧票务系统	线上线下售票；渠道票务分销；智能检票；数据统计
信息发布系统	宣传信息：景点、酒店、购物、餐饮、…… 实时资讯：交通、天气、排队、…… 决策信息：企业经营情况、企业经营人员、游客评价、…… 管理信息：游客流量、拥挤程度、灾情险情、……
数智乡村一张图	乡村经营情况；乡镇经济发展情况；乡村环境变化；乡村服务功能；乡村治理信息
乡村数据管理分析系统	数据动态采集；数据统一上报；数据智能分析
遇见鸬鸟小程序	游客：慧玩、慧吃、慧住、慧行、慧购、…… 商户：发布信息、确认订单、营销推广、…… 管理者：数据沉淀、游客、商户画像、精准营销、……
数智鸬鸟大屏系统	乡村大屏系统：乡村经营情况、民生事件、环境信息、公共场所、村民信息、经营主体 旅游大屏系统：景点、停车场、游客中心、商户、客流情况、景区收入、景区员工、…… 美丽经济指数系统：经济指标、旅游指标、生态指标、……

图 5-4　数智鸬鸟七大应用系统

资料来源：根据调研内容整理。

　　智慧停车系统可在停车场出口自动识别车牌号码并查找该车牌的入场记录与之匹配，同时支持多种形式的缴费方式，既方便展开停车管理工作，也大大缩短了停车出场时间，减缓了停车场的拥堵问题。

　　智慧票务系统对鸬鸟镇景区门票进行统一管理，形成了一套完整的智慧景区售检票解决方案，既支持由线下窗口售票、线上微信售票、微信小程序售票、自助终端机售票、移动手持机售票构成的票务直销业务，同时也面向OTA（online travel agency，在线旅游代理商）渠道、旅行社、大客户进行票务分销。所有销售的门票均可通过智能物联的入园闸机进行通行核销，有效解决了 "排队长、入园慢" 的问题，售检票数据还可用以支持景区的日常业务分析优化。

　　信息发布系统集合了景区广告屏、微信公众服务号等发布渠道，可发布鸬鸟旅游相关的景点信息、酒店信息、旅行社信息、餐饮信息、交通线路信息、购物信息等。同时，还可以向游客提供交通信息、天气信息、景区排队信息等实时资讯，游客流量、拥挤程度、灾情险情等应急信息，以及景区内企业经营人员介绍、游客评价等诚信信息。

　　数智乡村一张图用于鸬鸟镇乡村全域数据的汇总和可视化呈现，包括乡村各种经营主体分布和经营状况、乡镇经济发展情况、乡村环境变化情况等。

　　乡村数据管理分析系统可实现乡村数据的智能采集、智能管理和智能分析，用于辅助村委进行管理决策。

　　遇见鸬鸟小程序涵盖玩、吃、住、行、购五大旅游场景，服务功能贯穿游前、游中、游后全过程。面向游客端，提供旅游产品的介绍和预订服务，并在下单后集成在游客专属的畅游码中；面向商户端，提供商品发布、订单管理、核销、营销推广等服务；面向管理端，小程序后台所沉淀的信息数据，可用于建立游客、商户画像，为精准营销和运维管理提供数据支持。

　　数智鸬鸟大屏系统接入了余杭区统一地址库接口数据、常住人口信息接口数据、暂住人口信息接口数据、企业基本信息接口数据，以及鸬鸟镇根据实际情况详细梳理的指标数据，并分别通过以下3张大屏系统呈现：①乡村大屏系统：呈现鸬鸟镇全镇的乡村信息，包含乡村基本信息，乡村经营情况，与民生相关的事件和环境信息，村镇经营主体信息，党员、退伍军人、美丽庭院、文明家庭等村民信息，以及宗教场所、卫生服务中心、居家养老中心等公共场所信息。②旅游大屏系统：数智鸬鸟大屏结合外端接口数据和鸬鸟镇当地的详细分类数据，将鸬鸟镇景点、酒店、公厕、停车场、餐饮、游客接待中心、招商引资的点位信息和弹窗数据及其他与公共服务相关的信息展示在旅游大屏内，并通过倾斜摄影地图，三维化直观展现相关区域全貌。同时，包括客流情况、景区收入、村庄运营情况、景区工作人员情况等在内的全域实时信息也一并通过这个旅游大屏系统展现。③乡村美丽经济指数系统：为有效评估景区村庄的运营管理成效与可持续发展，鸬鸟镇与浙江大学联合建立了 "乡村美丽经济指数" 评估体系，从生态环境、产业环境、体验环境、运营环境、人才环境、文化环境等 6 个维度来衡量"两山"理念的转化情况，并通过美丽经济指数系统来对相关指标进行提炼、计算和呈现，为鸬鸟镇提供美丽乡村建设的"晴雨表"。

（三）"慧"经营，成效佳

数智鸬鸟乡村治理平台上线不久便卓显成效，大大提高了旅游运营和全域治理的效率。2020 年的年中大会上，"数智鸬鸟"成为会议的焦点，收获了来自各方各面的肯定和赞许。

分管旅游的同事开心地说："今年五一期间，游客量又一次达到了高峰，不过再也没有过去那样拥堵的情况。毕竟在五一节到来之前，'数智鸬鸟'就帮我们预测出了客流量。在以前，旺季客流的监控和调度工作都是同事们商量着来，不是这里慢了，就是那里错了。现在啊，我们只需要坐在'数智鸬鸟'的大屏前，让这个聪明的'大脑'来帮我们分析研判，它可比我们聪明多了。"

另一位负责景区农家乐管理工作的同事说："在上个周末，我们接到来自上海 50 个人的团客通知，这可是个大团。不过，根据商户在'数智鸬鸟'后台填报的房源数据和现存余量，我们很快进行了统一分配，做到现存房源和就餐点的最大程度整合。当时团里有位阿姨想多买些土鸡蛋带回去，但她去的那家店的土鸡蛋数量不够，我们也很快从后台得知了其他家的土鸡蛋余量，马上调配过来——看，这样子不但满足了游客的需求，又最大化发掘了我们农产品资源的价值，提高了本地商户的收入。"

来自旅游客服中心的同事紧接着也表示，自数智鸬鸟乡村治理平台推出以来，无论是咨询电话还是投诉电话，都少了很多。"现在游客来到鸬鸟镇，只要打开手机里的'遇见鸬鸟'小程序，基本上想要的功能和服务都能找到。所以，这段日子里，关于问民宿、问路线、买特产的咨询电话，都少了很多，要知道，这些电话以前可都是接不完的。另外，自从有了智慧票务系统的'20 秒入园'，我们基本再没接到过抱怨排队长、服务慢的游客投诉了。"

分管消防工作的同事说："不光是你们旅游部门，我们其实也受益匪浅。往年的这个时候，我们都正为台风和洪灾胆战心惊、劳心劳力。现在有了'数智鸬鸟'来替我们红外监测预警，还能第一时间提供现场图片和应急预案，真是令人安心了不少，也不用动不动就 24 小时值班了。"

另一位负责安保的同事也附和道："是啊，上个月有几位游客在山里迷路了，通过'一键救援'服务，他们马上就联系上了我们。根据系统推荐的最佳救援路径和救援方案，我们很快就找到了他们。这要是以前，估计至少也要花好几个小时才能找到他们呢！"

🏔 六、尾声

"这便是'数智鸬鸟'背后的故事了。"博览会上，鸬鸟镇数字化工作组的成员继续与来宾分享他们关于"数智鸬鸟"未来的想法："目前大家看到的，还是数智鸬鸟乡村治理平台的 1.0 阶段。在 1.0 阶段，我们主要关注旅游经营和乡村治理方面的应用。在未来的日子里，我们会继续拓展'数智鸬鸟'在民生方面的功能，提高村民们的获得感，不断探索数字乡村的更多可能。"

回首鸬鸟镇数字化转型过程中的点点滴滴，工作组的成员们都露出了欣慰的笑容。从 2016 年的"在鸬鸟"到如今的"数智鸬鸟"，一路走来，实属不易。由于缺乏可对标的参考范本，也没有详细的建设指南，鸬鸟镇在乡村数字化转型的道路上其实一直都是摸着石头过河。对于数智鸬鸟未来的发展，大家心中既忐忑又期待。忐忑是因为，暂时还没有先例能够说明数字乡村的标准答卷应该是何种样子。期待则是因为，数字化的大方向绝对没有错，至于数字乡村究竟该如何建设、又将取得怎样的成效，不如就让鸬鸟镇来做这个开山者，给大众一个答案吧！

❓ 启发思考题

1. 鸬鸟镇为什么要进行数字化转型？

2. 为什么"在鸬鸟"没能取得理想效果？相比之下，"数智鸬鸟"做了哪些提升？

3. 根据"数智鸬鸟"的经验，试分析：数字化是如何助力乡村旅游的？

4. "数智鸬鸟"在全域治理方面的应用，对你有什么启示？

关于鸬鸟镇的更多资料，请扫描相关二维码了解。

目 拓展资料　　　　👥 走进杭州市余杭区鸬鸟镇

第六章

融合与共生：田园东方蜜桃村的首个田园综合体实践 ①

摘要： 在乡村振兴战略背景下，田园综合体已成为推动农业农村现代化和城乡一体化的新型乡村发展模式。本案例描述了田园东方集团打造首个田园综合体实践项目——田园东方蜜桃村的历程，内容涉及田园综合体这一概念的诞生，项目开发期遇到的土地产权限制和利益冲突阻碍、多主体协同治理机制和"农业 + 文旅 + 新社区"一体化运营体系的构建。在此基础上，本案例进一步剖析了田园综合体"融合与共生"的核心内涵，并从中总结出以农业、文旅产业融合撬动乡村整体发展的可借鉴经验。

关键词： 田园综合体；田园东方蜜桃村；农文旅融合；城乡融合；商业模式

🔺 一、引言

"在总结 2017 年以来国家级田园综合体建设试点经验的基础上，继续支持有条件的地区开展国家级田园综合体建设试点……建设生态优、环境美、产业兴、消费热、农民富、品牌响的乡村田园综合体。"张诚坐在办公桌前，仔细研读财政部刚刚发布的文件《关于进一步做好国家级田园综合体建设试点工作的通知》（财办农〔2021〕20 号），脸上露出了欣慰的笑容，同时也倍感荣幸。

近年来，田园综合体作为城乡融合背景下我国乡村综合发展的新模式，得到了行业的广泛关注和政策的有力支持，并在全国多个省市展开了试点建设。张诚是田园综合体模式的提出者，他清楚地记得，在 8 年前的那个春天，随着田园东方蜜桃村的开园，田园综合体的首个实践项目终于正式落地。田园东方蜜桃村开业不过短短几年，便实现了年客流量 20 万人次、年营收 5000 万元的成绩，一举成为华东地区最大的田园亲子度假村，同时也被评为国内新型城镇化、城乡一体化示范区和乡村旅游新标杆。田园综合体这个全新的概念，就是从这里开始萌芽生长，把种子撒向了全国各地……

▲▲ 二、缘起：何谓"田园综合体"？

关于田园综合体的起源，要从创始人张诚的田园梦谈起。在开创田园东方集团之前，张诚曾在我国商业地产领域深耕十余年，并担任万达集团副总裁的职务。尽管在行业内已经拥有深厚的经验和成就，张诚却总是对儿时在乡间长大的那段田园时光念念不忘。

其实，不光是张诚，在许多都市人群的内心深处，返璞归真的田园生活是他们共同向往的"乌托邦"。高楼大厦的崛起虽然推动了城市化发展的进程，但也在无形中拉远了人与自然之间的距离、加深了人与人之间交往的壁垒。越来越多的人开始渴望逃离城市，回归到亲近自然、邻里融洽的乡村生活中。

近年来，"逆城市化"的现象在大都市中愈发常见，与此同时，我国的新农村建设工作成果瞩目，城乡一体化进程不断加快。基于对田园生活的长久向往和对乡村发展的敏锐嗅觉，2011年，正值事业巅峰时期的张诚做了一个让所有人都大吃一惊的决定：辞去现有职务，全心全意地投入田园梦的追寻之中。

离开万达的张诚，加盟了东方园林产业集团。东方园林想进军田园休闲领域已久，双方志同道合，共同创建了田园东方投资集团有限公司，专注于田园文旅产业的探索和开发。

在随后的2012年，张诚结合自己在北京大学光华管理学院的EMBA课题，完成了毕业论文《田园综合体模式研究》。在这篇论文中，张诚依靠自己建筑学的专业背景和在商业地产领域摸爬滚打多年所积累下来的经验，结合对中国乡村形态的思考，提出了"农业+文旅+新社区"三位一体的乡村发展模式（见图6-1）。张诚认为，这不仅仅是一篇毕业论文，更是一套综合、详细的方法论。"这里面有商业计划，有运营管理方案，可以把它看作是一本乡村和小城镇建设的操作手册。"

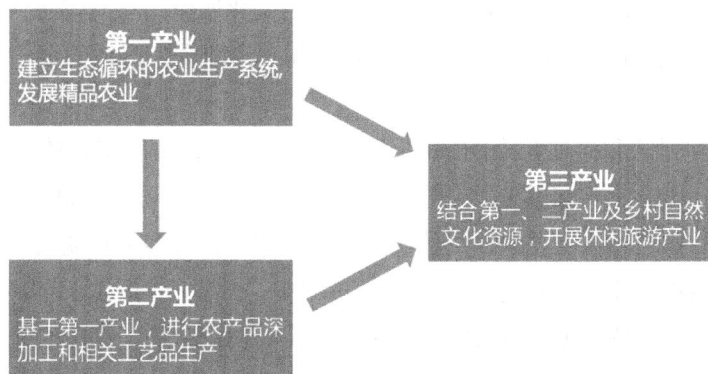

图6-1　田园综合体三大产业关系

在张诚看来，田园综合体是他心目中理想的乡村生活模型，也是我国乡村未来可持续发展的方向，其核心思想是融合与共生。长期以来，我国农村主要依赖农业生产实现创收。这种单一化的产业结构不仅经济效益低，而且增长慢，严重禁锢了农村地区的发展。要开发乡村，单单依靠农业是绝对不够的。而田园综合体模式的出现，恰好能够有效地破解乡村地区的这种产业结构困境。在田园综合体模式的设想路径下，在乡村地区发展现代农业是第一步。在现代农业的基础上，再以休闲旅游业作为新型驱动产业，进一步丰富乡村产业结构，以产业融合带动乡村经济水平的提高。发展产业的同时，还要同步完善田园社区的建设，打造原住民、新住民、游客三方融合共生的新型乡村社会。

▲▲▲ 三、落地：田园东方蜜桃村

（一）定址：无锡市阳山镇

目前为止，张诚心中原本模糊的构想已经有了初步的规划。下一步要思考的，就是怎样找到一个合适的空间，让田园综合体这个概念正式在实践中落地。于是，张诚和他的团队带着"田园综合体"这颗创新的种子，开始寻找落地生根的地点。他们考察了很多地方，但结果总是不尽如人意。要么是当地的自然资源、地方社会、产业基础等条件并不适合田园综合体这种发展模式，要么是田园综合体这个前所未有的新概念让当地政府不愿意冒风险。

幸运的是，辗转多地后，张诚和他的田园综合体终于遇上了正在向旅游度假小镇转型的阳山镇。过去，阳山镇的经济主要由乡镇工业带动。近年来，阳山镇开始迁移原本分布在桃园的工厂，并在农田中进一步集中栽种水蜜桃。"当时考察过好多地方，一到阳山镇，内心就激动了，这里有万亩桃林，太棒了。"张诚说道。阳山镇位于长三角苏南地区，有着优越的地理位置；同时，当地水网农田交织，为现代农业的发展提供了基础；此外，当地还有亿年火山、万亩桃园、千年古刹、百年书院及优美的生态自然景观，保留较好的原有村落格局更是加深了阳山镇的文化底蕴。总而言之，田园综合体的理念与阳山镇"中国最美生态小城镇"的规划目标一拍即合，当地的自然文化条件也再适合不过了。

在田园东方团队和当地政府的共同努力下，2013 年，田园综合体模式在阳山镇得到了首次落地实践。项目名称叫作田园东方蜜桃村，总规划面积 6000 余亩，约占阳山镇区总面积的 1/10，涵盖生态农业、休闲娱乐、度假居住等多个功能板块。不过，田园综合体作为当时的一个全新概念，在落地的过程中，并没有前人的经验可以借鉴学习，也没有充足的资金支持，更没有成熟的政策引导，一切的一切，都只能在摸索中前进。

（二）起步：企业与地方合作

众所周知，农村地区的资源属性和产业结构决定了农村经济活动聚集效应低、资本回报率低的特性，无论是乡村农业还是乡村旅游业，其资本回报率都远低于社会平均资本回报率。因此，在乡村开发的进程中，长期存在着发展速度慢、投入周期长、风险隐患大等弊端。正是这些弊端，限制了田园东方蜜桃村项目吸引社会融资的能力，也增加了项目因资金限制而被迫暂停的潜在风险。但是，要打造田园综合体，必然少不了大量的建设资金和前期投入成本。

面对项目初期的资金困难，来自政府的资金投入和政策支持就成了项目顺利落地的关键保障。因此，田园东方集团采取以企业与地方合作的形式，将田园东方蜜桃村项目的自身建设与阳山镇当地的发展紧紧地绑在一起。由田园东方集团承接阳山镇政府流转的 6000 亩土地全域化的规划、开发和运营。这种政企合作的模式，一方面为田园东方集团提供了必要的政策引导和资金支持，解决了田园综合体的起步困境；另一方面，在当地原有的村落和田地基础上进行统一规划改造，既能够有效降低建设成本，也利于在项目的建设过程中充分融入阳山镇特有的产业和文化，突出自身特色。

来自阳山镇政府的支持解决了田园东方蜜桃村项目起步阶段的燃眉之急。接下来要思考的，就是如何充分激活当地乡村资源，从而吸引更多社会资本的投入，让这座田园综合体真正地"站起来"，带动乡村区域经济的发展。

（三）阻碍：农村地区的复杂地权

在田园东方集团的设想下，田园综合体应该是一种地方政府、企业和村民三方共赢的模式——即政府支持、企业经营、村民参与。然而，在实操过程中，土地产权的限制、多方利益的冲突等现实问题，都成为田园东方蜜桃村项目推进的阻碍。

要建设田园综合体，盘活土地资源是前提。然而，阳山镇复杂的土地产权关系和严格的建设用地审批却给田园东方集团出了一道大难题。我国农村地区的土地性质和产权关系都十分复杂，既不能随意买卖，也不能擅自改变用途。除了纳入城乡规划的国有建设用地外，农地、宅基地、集体建设用地等土地的买卖和开发都需要经过严格的审批程序。这种非市场化的土地资源给田园综合体的建设带来了诸多限制和风险，比如，在土地的租赁和经营过程中，政府、企业和农民三方有着不同的立场和权利，因此可能会在租赁合同、补偿标准、土地利用性质等多个问题上产生矛盾和纠纷，进而影响项目的顺利落地。

对田园东方蜜桃村来说，解决土地限制问题，离不开企业自身和当地政府、村民的共同努力。前面提到，对于田园综合体起步初期的资金困难，政府的支持必不可少。其实，在土地产权问题上，也是如此。在国家鼓励发展乡村旅游和休闲农业的大背景下，2014 年，无锡市政府就推进新型城镇化和城乡统筹发展对阳山镇的总体规划进行审批公布，文件对阳山镇 2013—2030 年有关于城镇性质与规模、产业规划、用地布局、道路交通等城镇建设统筹规划均做出了说明。在这样的政策扶持下，阳山镇开始推广土地流转机制，由田园东方集团通过公司化、集体化、科技化、规范化的运作来对土地进行开发和配置（见表6-1）。

表6-1 阳山镇土地使用情况变化

使用情况	建设前	建设后
土地开发模式	河流、鱼塘、普通桃林、宅基地、村镇企业用地、工业用地	河道、湿地、鱼塘、住宅用地、文旅项目、桃林、菜地
土地配置模式	村民所有，一家一户进行水蜜桃种植或蔬菜种植	企业承包，村民参与管理

资料来源：根据网络相关资料整理。

既然涉及复杂的土地产权和经营权关系，田园综合体的建设过程中必然面临着较多的利益冲突。土地流转、集体经营的模式固然能够帮助解决土地产权限制的问题，然而，在这种多主体参与的运作模式下，如何完善治理机制和利益分配，是田园综合体这种模式下的又一个挑战。

在田园东方蜜桃村项目中，田园东方集团与地方政府、拾房村村民委员会、当地村民共同组成了项目的经营主体。综合考量这些经营主体不同的权利和需求，最终，阳山镇政府、田园东方集团、村集体与村民分别作为领导者、经营者、管理者和参与者的角色，共同构建起一个协同经营、利益共享的乡村治理机制，既保障了各方主体的利益，又能促进阳山镇社会经济的整体发展。

（1）阳山政府作为领导者，为田园东方蜜桃村项目提供政策扶持与资金支持，创造良好的投资环境和建设环境。同时，对被征用土地资源的村民给予征地补偿，并在企业与集体、村民之间搭建桥梁，促进企业与农民、村集体展开资产股权等各个层面的合作。

（2）田园东方集团作为经营者，在政府的引导和支持下对阳山镇进行产业结构、业态布局、社区建设等多个方面的规划、开发，并负责具体项目的落地实施，带动产业发展，创造经济效益。

（3）拾房村村民委员会作为管理者，组织建立村集体平台，成为田园东方集团的股东，并直接参与到具体的经营管理和决策中。同时，村集体也作为服务村民的机构，协调管理村民与企业之间的活动并保障村民的利益。

（4）村民作为参与者，通过村集体平台，能通过多种途径参与到项目的运营中：既能以劳务参与的方式成为企业员工，实现就业；又能以土地入股的方式获得定期分红；还可以通过管理当地民宿、餐厅等成为园区业态的经营者。

🔺🔺🔺 四、运营："农业＋文旅＋新社区"的一体化运营

在田园东方集团和当地政府、村民的共同努力下，项目起步的资金困难得到解决，产业链的规划和治理经营体系的设计也都在项目推进的过程中得到完善。围绕田园综合体融合与共生的核心理念，田园东方蜜桃村规划了由现代农业、文化旅游、田园社区三大板块共同组成的一体化运营体系（见图6-2）。其中，现代农业板块是项目的基础与核心，在引入现代技术来提高农业生产的同时，发展农产品加工、农村电商、观光农业等衍生产业，进一步提高农业价值。文化旅游板块依附于农业而生，是项目的激活板块，通过开发一系列具有田园特色的文旅项目，推动农业与旅游、教育、文化等产业深度融合，促进乡村经济发展。田园社区板块是一个面向原住民、新住民、游客，以田园风貌为基础并融合现代元素的新型社区，既依赖农业和文旅产业的带动，同时也为农业和文旅两大板块的持续运营提供了保障。多功能、多业态的"农业＋文旅＋新社区"运营体系已经基本成型，接下来，田园东方蜜桃村就真正踏上了经营的舞台。

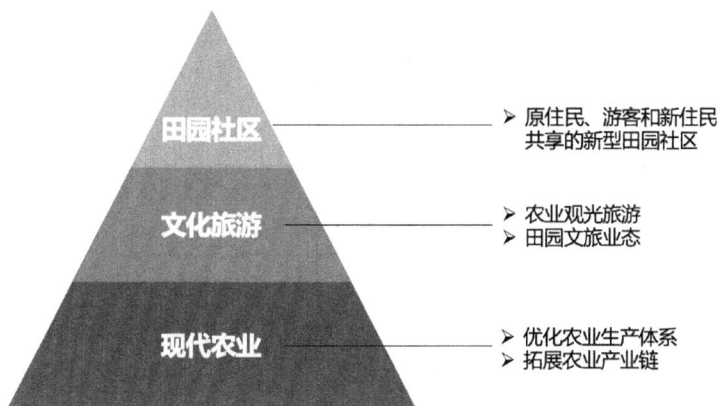

图6-2　"农业＋文旅＋新社区"的一体化运营体系

田园东方蜜桃村示范区于2014年建设完工，开园后，很快吸引了众多周边的民众前来观光度假，成为江苏省知名的旅游品牌与无锡市代表性的旅游名片。同时，项目也获得了各级领导的多次考察与肯定，被评为江苏省五星级乡村旅游度假区。

（一）"农业＋"的农业产业链延伸

基于阳山镇特有的水蜜桃产业，田园东方集团首先确定了以水蜜桃种植为主的生产型农业，并引入现代技术来提高农业生产水平。同时增加了农业景观体验和休闲体验项目的打造，以此实现农业由单一的生产功能向生产、观光、体验多功能的转变，提升农业的附加值。在现代农业板块中，田园东方共规划了四园、四区、两中心，作为整个

田园综合体的农业体系。其中，四园包括有机农场示范园、果品设施栽培示范园、水蜜桃生产示范园及蔬菜水产种养示范园；四区包括农业休闲观光示范区、苗木育苗区、产品加工物流园区及现代农业展示区；两中心包括园区综合服务中心和资源再生中心（见表6-2）。

表6-2　田园东方蜜桃村现代农业板块规划

四园		四区		两中心
有机农场示范园	1. 科技研发与成果孵化中心 2. 标准化育苗中心 3. 智慧果品 4. 有机水蜜桃种植示范区 5. 富硒桃种植示范区 6. 新品种水蜜桃种植示范区 7. 水蜜桃标准化种植	农业休闲观光示范区	1. 蜜梨采摘园 2. 枇杷采摘园 3. 柑橘采摘园 4. 猕猴桃、葡萄果园采摘园 5. 水蜜桃采摘园	园区综合服务中心	1. 管理服务、信息教育中心 2. 专家院士研究工作室
果品设施栽培示范园	1. 水蜜桃设施栽培示范区 2. 优质蜜梨果园 3. 优质枇杷果园 4. 特色柑橘果园 5. 优质猕猴桃、葡萄果园 6. 水蜜桃标准化种植	苗木育苗区	1. 设施大棚 2. 露天育苗区		
水蜜桃生产示范园	水蜜桃标准化种植果园	产品加工物流园区	成品仓库及物流管理中心	资源再生中心	1. 生态有机肥生产基地 2. 有机栽培基质种苗繁育基地 3. 公用设备和设施
蔬菜水产种养示范园	1. 设施蔬菜 2. 露天蔬菜 3. 水产养殖区 4. 水蜜桃标准化种植果园	现代农业展示区	1. 高标准农田（果园）示范区 2. 景观农业示范区 3. 生态环境规划之水循环氮磷拦截池		

资料来源：根据网络相关资料整理。

　　在发展观光农业、休闲农业的基础上，田园东方进一步延伸农业产业链，通过与当地政府的合作，对阳山镇本地农产品的生产、加工、销售体系进行完善，建立起高效的线上线下销售渠道与物流链条，实现从生产到加工再到销售的高效衔接。在以前，阳山镇的水蜜桃大多是由村民们亲自采摘，再一担担地挑到马路旁或集市上，论斤论两地售卖。而如今，随着线上销售的平台的搭建和物流体系的完善，阳山水蜜桃从小乡村走向了全国各地，村民们再也不需要去街边卖桃，饱受风吹日晒。在观光农业的影响下，阳山镇"水蜜桃之乡"的品牌渐渐打响，越来越多游客来到阳山镇，现场采摘、购买水蜜桃。同时，田园东方集团对当地生产的农产品进一步加工，推出了蜜饯、桃胶、桃雕等既具当地品牌烙印又便于消费携带的商品。这些产品广受游客欢迎，承载着阳山镇的蜜桃品牌文化，被游客们装进口袋带回了家中。

（二）"旅游 +"的多元产业体系

针对不同游客群体的需求，田园东方集团围绕亲子游乐、休闲度假、文化体验等主题，设计了丰富多样的产品和业态，并以此带动园区内产业链的循环运作。例如，田园东方集团将园区内景观质量较好的蜜桃林、蔬菜基地等地点规划为农业观光示范区，让游客在观赏游玩之余，还可以亲自体验农产品采摘的乐趣。针对阳山镇独有的大片蜜桃种植基地，策划了桃花节、蜜桃节等特色节庆项目，在丰富游客体验的同时也进一步刻画了阳山水蜜桃的品牌形象。

农业和旅游产业的融合只是田园东方蜜桃村文化旅游板块中的一个方面。为了将田园文化充分植入旅游业态中，让游客能够在此真正体验到心中向往的田园生活，田园东方集团在规划旅游板块时，对当地一些原生态的乡村建筑采取了保护性开发的策略。在保留其历史文化价值的同时，也根据实际的旅游服务需求，对这些老建筑进行功能上的整修和完善。

在这里，还有一个不得不提的故事。阳山镇内的拾房村旧址，按原计划是应该被全部拆除重建的，但如今，这片旧址不但被保存了下来，还成为园区内最为核心的文化子品牌。当时，在对拾房村旧址所在区域进行规划的时候，田园东方的项目团队认为，无论从建筑风貌还是从使用价值上看，拾房村都只是一个普通的旧村子，并没有保留下来的必要。然而，这个想法却遭到了创始人张诚的强烈反对。原来，张诚曾对拾房村的历史进行调研，并挖掘出了拾房村背后所蕴含的历史文化价值。因此，他认为，应该以某种形式将这个旧村子保留下来，作为原有村落肌理和田园生活风貌的载体。在张诚的坚持和指导下，田园东方集团保留了拾房村内部的部分建筑空间和原生自然景观，并重新对其进行修缮和设计。与之一同保留下来的，还有村落旁边的池塘和 141 棵古树。这些建筑和景观很好地还原了拾房村原有的生活场景，在一砖一瓦、一草一木中，都可以感受到淳朴的田园生活气息（见图 6-3）。

改建前　　　　　　　　　　　　改建后

图 6-3　改建前后的拾房村

资料来源："文旅第一视野"微信公众号、田园东方集团官网（http://www.tydfjt.com）。

关于拾房村旧址的这段插曲，后来被张诚编进了书稿中，叫作"拾房故事"。而这些留下来的老建筑，则被打造成为拾房文化市集，与田园生活馆、有机蔬菜餐厅、咖啡厅、拾房书院、华德福学校、田野乐园、主题民宿等一同构成了园区内的八大文旅业态（见表6-3），推动旅游产业与文化、教育、餐饮等其他产业的融合，建立起"旅游+"的多元化产业体系。

表6-3 田园东方蜜桃村文旅业态

项目名称	业态内容
田园生活馆	由民宿接待、游客休闲、咖啡馆、图书墙等不同功能区组成的综合区域
有机蔬菜餐厅	以蔬食为主题，结合绿藤墙面、屋顶花园等设计打造而成的乡食文化体验餐厅
咖啡厅	由原石、原木、古井营造的禅意风格的咖啡厅，可举办咖啡文化分享会、咖啡制作课堂等活动
拾房文化市集	展示、销售特色文创产品及农作物，分享乡村市集文化
拾房书院	位于拾房村的原始老式建筑，定期举办读书分享会等文化活动，书香气息与乡村文化氛围浓厚
华德福学校	起源于德国的教育品牌，以学校为纽带，使学校建设参与者、志愿者、老师、家长和孩子一起形成有着共同理念的文化生活社区
田野乐园	儿童主题亲子乐园，包含五大主题园区，针对亲子客群打造自然趣味的游乐设施与体验项目
主题民宿	田园主题民宿度假村，为游客提供现代设施与乡村元素融合的田园生活空间

资料来源：根据网络相关资料整理。

（三）"社区+"的新型乡村空间

在城乡一体化的发展格局下，乡村所扮演的角色早已不再局限于传统意义上的农业生产空间，也不仅仅是供游客体验乡村风貌的旅游场所，而是肩负着美好生活使命的生态空间。这也正是田园综合体的主张所在——推动城乡融合，建设宜居宜业的新型乡村空间。对当地村民来说，要让他们既能够延续原有的居住环境和生活习惯，同时又收获更先进的生产条件和生活水平；对前来游玩或度假的城市居民来说，要让他们在欣赏乡村风光的同时，还可以充分感受到乡土文化和田园生活。为实现这一主张，田园东方集团从原住民、新住民和游客3类群体的需求出发，建设集居住、休闲、度假等功能于一体的新型田园社区。

针对生活在当地的原住民，田园东方集团通过双置换的方式对他们进行集体搬迁，统一安置在园区西北部的新建社区居住，并完善配套的基础设施和生活服务。同时，田园东方蜜桃村项目的经营也大大带动了当地的就业。据统计，项目开发以来，为原住民提供了70多个文旅和管理就业岗位、160多个农业生产用工岗位。以现代农业板块为例，在打造这个板块的过程中，田园东方对当地的农民进行专业化培训，并雇用他们从事园区内的农业生产工作。创造就业岗位之余，这个项目还为阳山镇带来了许多先进的技术资源，也吸引了一大批返乡创业的优质人才。这些资源作为乡村发展的动力，带动了阳山镇的产业发展和基础设施建设，当地生产水平和生活质量显著提升。

针对外来新住民，田园东方集团在新建社区附近为来到阳山镇度假短居的新住民建造了名为"拾房桃溪"的度假居住区（见图6-4）。度假居住区内的建筑类型以别墅和低层住宅为主，建筑密度和容积率都较低，整体的风格与乡村景观相呼应。拾房桃溪度假居住区建成后，吸引了无数来自江苏、上海等周边地区的市民前来度假、短居，成为城市居民远离都市回归田园的"第二居所"。

图 6-4 "拾房桃溪"度假居住区

资料来源："城乡透视"微信公众号。

针对游客群体，为了让游客们能够感受到最原始、最真实的田园风貌，田园东方集团特地保留了当地一些具有代表性的老建筑，并在后期修缮的过程中引入现代生活服务设施，结合园区内的蜜桃园、田园大讲堂、拾房书院、拾房文化市集等文旅业态，将原本普通的乡村建设成为一个田园风情与现代生活并存的乡村旅游地，吸引亲子家庭、情侣、商旅等不同类型的游客群体前来游玩和逗留。

▲▲ 五、未来：探索田园文旅新方向

从2014年正式开园至今，历经8年的探索和实践，田园东方蜜桃村已经完成了现代农业、文化旅游、田园社区三大板块的建设，各类设施和业态也在不断更新和完善中。2016年，国家住建部、发改委、财政部发布了《关于开展特色小镇培育工作的通知》（建村〔2016〕147号），提出"建设1000个特色小镇"的发展目标，特色小镇和乡村旅

游得到了政府的重视，成为文旅市场的热门领域。2017 年，田园综合体正式被写入中央一号文件，成为乡村振兴的可操作样本。立足行业热点，乘着政策东风，2018 年，田园东方成都项目开园，标志着田园综合体模式从阳山镇走向了全国（见图 6-5）。

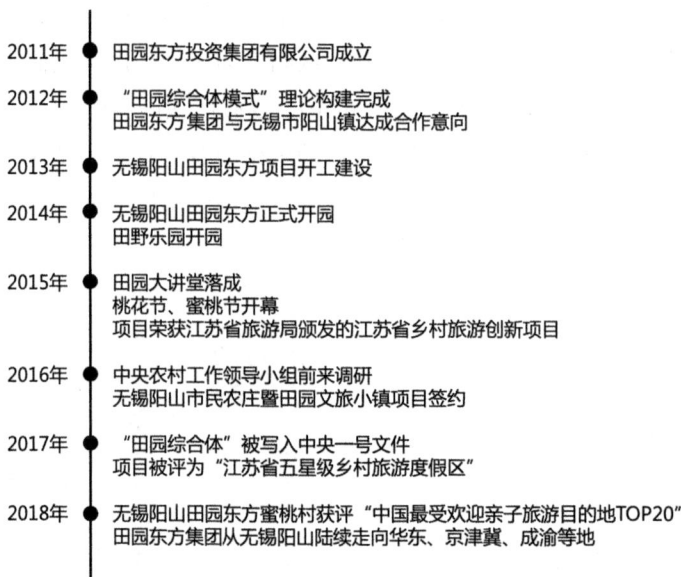

图 6-5　田园东方蜜桃村发展历程

资料来源：根据网络相关资料整理。

输出田园综合体模式之余，田园东方集团也在继续探索田园文旅的新方向。从 2019 年起，在田园综合体项目的开发运营这一核心新业务的基础上，田园东方集团开始了第二阶段的业务拓展——轻资产输出。具体来说，基于多年在田园文旅领域积累的丰富经验，田园东方集团进一步推出了自己的轻资产业务，包括文旅项目的策划规划服务、EPC+O（engineering、procurement、construction+operation，设计、采购、施工+运营于一体的工程总承包）服务、托管运营服务，以及度假酒店、田野乐园、农业产业园的管理输出。截至目前，田园东方已在北京和上海分别设置总部和产品运营中心，已对外服务于全国 40 多个乡村振兴、城乡融合及文旅项目。张诚表示，希望能够通过这种轻重资产结合的方式，推动更多优质田园文旅项目的生长，让田园综合体真正成为一项有产品、有结构、有步骤、有战略、有广大影响的事业。

▲▲ 六、尾声

田园东方蜜桃村是田园综合体模式的首次落地，这份出色的处女作为田园东方集团赢得了良好的业界口碑，也让田园综合体模式作为乡村发展的亮点措施被写入中央一号文件，在全国范围内得到了推广应用。

　　"没有人能够阻挡我对于田园的追寻。我就是这样，喜欢御风，以梦为马！"创业初期，张诚曾经发过这样一条微博。现在，他终于实现了自己的理想——田园综合体已然成为行业风口，在全国遍地开花。

　　不过，最初的理想虽然已经实现，张诚的田园梦却从未停止。随着乡村振兴战略的不断推进和乡村旅游市场的持续火热，越来越多新业态、新模式源源不断地涌入大众视野。这对张诚和田园东方集团来说，既是挑战，也是机遇。未来，田园东方集团还将怎样进行产品和业务的升级迭代？田园综合体模式还会有哪些创新的发展？在追寻田园梦的道路上，张诚还将继续向前奔跑……

启发思考题

　　1. 田园东方蜜桃村是如何围绕"融合与共生"来布局产业的？这种产业结构创造了怎样的价值？

　　2. 在田园东方蜜桃村项目中，不同利益主体之间如何实现"融合与共生"？

　　3. 田园东方蜜桃村从哪些方面促进了城市与乡村的"融合与共生"？

　　4. 在未来，田园东方蜜桃村还可以从哪些方面入手来进行提升？谈谈你的看法。

关于田园东方蜜桃村的更多资料，请扫描相关二维码了解。

拓展资料　　无锡阳山田园综合体

第七章

CHAPTER 7

您的美丽，终为人识：西江千户苗寨的品牌破壁之路 ①

摘要： 西江千户苗寨被誉为少数民族村寨旅游开发的典范，这主要归功于西江旅游公司潜心十余载的品牌塑造。西江旅游公司抓住贵州省第三届旅游产业发展大会契机，及时将独有的"千户苗寨"及当地独特璀璨的"苗族传统文化"确定为品牌核心，并以"天下西江·千户苗寨"进行品牌定位，寓意西江的苗寨文化是世界共享的符号。十几年来，西江旅游公司在苗族文化的挖掘、传承、保护及文化价值再生方面做了诸多努力，不断丰富品牌内涵。同时，通过与同行合作、旅游推介会、媒体平台、周边景区联动等诸多形式展开多渠道营销推广，最终使西江千户苗寨仅用了十来年的时间，便从一个默默无闻的偏远民族村寨一跃成为蜚声国内外的热门旅游目的地。本案例为旅游目的地品牌塑造提供了一定的参考借鉴，也指明了一定方向。

关键词： 西江千户苗寨；旅游开发；品牌破壁；品牌塑造；西江旅游公司

▲▲ 一、引言

2020年12月4日，中国企业家博鳌论坛拉开帷幕。西江千户苗寨文化旅游发展有限公司受邀参加该论坛，论坛期间，公司董事长沈承礼表示：西江千户苗寨将以文化为魂，以创新创意为驱动，在传承守正文化的同时，继续坚持民族文化的创造性转化与创新性发展，努力构建起新时代的主客共享共荣的故土家园，最终实现"世界苗族旅游目的地"的愿景。这是西江旅游公司的目标，与当初"天下西江·千户苗寨"的品牌定位遥相呼应。如今的西江千户苗寨几乎家喻户晓，每每提及西江，人们脑海中都会浮现出一片宁静、独特、上千幢木质吊脚楼密布于山头的景观，还有身着盛装的苗家阿妹手捧米酒深情款待、苗家阿哥吹着芦笙热情起舞的画面。谁能想到，这样的西江千户苗寨，早在2008年以前还只是一个隐匿于群山之间、交通闭塞、贫困落后、默默无闻的少数民族村寨。

---

① 本案例由浙江大学管理学院的吕佳颖、贵州大学的覃雪共同撰写，版权归作者所有。未经允许，本案例的所有部分都不得以任何方式与手段擅自复制或传播。由于企业保密的要求，对本案例中的有关名称、数据等做了必要的掩饰性处理。本案例只供课堂讨论之用，并无意暗示或说明某种管理行为是否有效。

2021 年 1 月 16 日，西江旅游公司副总谢炳坤和公司咨询顾问、西江本土研究者李天翼教授穿梭在沿山势而上的村寨石阶小道上，向我们轻声介绍着这里十来年的变化。今天的西江还是曾经的西江，因为这里仍然世居着苗族同胞，村寨里 1400 多户村民，6000 多人，其中 99.5% 都是苗族，典型的干栏式吊脚楼一直没变。然而，今天的西江亦不是曾经的西江了，历经十余载的旅游发展，这里已享誉盛名，蜚声中外。无数游客趋之若鹜，只为一睹这个"世界上最大苗寨"的风采、喝一杯苗家米酒、吃一次长桌宴、欣赏一回苗家歌舞、体验一次苗家传统文化。然而，一路走来，西江千户苗寨旅游蓬勃发展的背后却凝聚着诸多付出与努力……

二、西江溯源，蚩尤后裔

西江苗寨坐落于贵州雷公山麓白水河两岸山坡上，隶属于黔东南苗族侗族自治州雷山县西江镇，距离雷山县城 36 千米，距离省会贵阳市约 280 千米，是由平寨、东引、也通、羊排、南贵、养蒿、欧嘎、也东等 8 个自然村寨组成的传统村落群。因这里世世代代居住着上千户苗族同胞，并且村寨中 99.5% 的居民都是苗族，故被称为西江千户苗寨，是全世界最大的苗族聚居地。据记载，居住在这里的苗族同胞属于西氏苗族支系，是蚩尤后裔。由于历史上蚩尤在与炎帝、黄帝的征战中败走涿鹿，苗族先民便开始了不断迁徙的命运。东汉建武二十三年（47 年），汉王朝派出军队征剿"武陵蛮"，迫使苗族再次离乡背井，其中一部分苗寨先民进入黔东北地区（今铜仁一带）；一部分则南下广西融水，尔后溯都柳江而上到达今天贵州省黔东南苗族侗族自治州的榕江、雷山、台江、施秉等地。

苗族在数次大迁徙中，逐渐分化成了许多不同的分支。其中，柳氏族、西氏族、尤氏族、苟氏族等几乎同时到达贵州榕江，由于西氏族在榕江多处辗转，到达西江的时间晚于柳氏族。西氏族到达西江的年代约在 600 多年以前，但在西氏族到达以前，这里已经居住着苗族赏氏族。西江地名中的"西"指西氏族，"江"通"讨"，即西江是西氏族向赏氏族讨来的地方，"西江"因此而得名。西氏族到达并定居在西江以后，陆续又有其他苗族分支迁来，形成以西氏族为主体的苗族融合体，逐渐形成了现如今的西江千户苗寨。

从苗寨先民的迁徙历史可以看出，这是一个疲于征战、被迫迁徙的民族，而每一次的迁徙，都只为寻找一方宁静的土地，安稳度日。

三、心怀眷恋，成就奇观

几经辗转，一次又一次的迁徙，一次又一次的背井离乡之后，一部分苗族先民终于在这群山之间定居下来。岁月流逝，他们对家乡的眷恋从未改变，历史上不断的迁徙更加深了他们对故乡的渴望。于是，他们的房屋越建越高，他们居住的地方从山脚慢慢地扩展到山顶，一切只是因为——那里也许会看到故乡的方向。

群山之间，环境潮湿，顺着山势，就地取材，苗族先民用他们的智慧在一个个山头修建起了干栏式木质吊脚楼，一栋栋吊脚楼凝聚着他们的智慧与汗水，见证着他们的过去与未来，更成就了千户奇观（见图7-1）。据西江旅游公司谢炳坤介绍，苗族先民之所以选择吊脚楼，是由他们生活的环境所决定的。木材是大自然给当地苗民的资源，方便苗民就地取材建造房屋，这就说明了几百上千年以来为什么修建的是木楼，而不是用泥巴、石头等建造房屋。吊脚楼通常是三层的格局，一楼养牲畜，二楼住人，三楼是粮仓。这样的布局设计也与他们的生存环境息息相关的。人畜同住，是为了更好地保护牲畜。对于贫穷的苗族先民而言，牲畜是其生产生活必不可少的生产工具与财富。但由于生存环境较为恶劣，周边遍布群山，经常会有野兽出没，为了避免牲畜遭受野兽的袭击，智慧的苗族人民便设计了吊脚楼这一居住形式，将牲畜圈养在一楼，人则居住在二楼，三楼相对干燥，则更适合于储藏粮食。

图 7-1　俯瞰西江千户苗寨

资料来源：西江旅游公司官网（http://www.xjqhmz.com）。

▲▲▲ 四、群山之间，初为人识

多年以来，致力于西江旅游发展研究的西江文化研究院院长兼西江旅游公司咨询顾问李天翼教授在总结西江旅游发展所经历的阶段时指出，西江的旅游发展大致可以归为3个连续的阶段：以2008年的第三届贵州省旅游发展产业大会为界，大会以前是西江旅游发展的准备阶段，大会之后到 2018 年是西江千户苗寨旅游快速发展阶段，而 2019 年之后则进入了西江旅游发展的转型提质阶段。

李天翼教授亦将 2008 年以前的准备阶段称为价值保全阶段，此阶段一切的努力都在尽可能使西江的苗族传统文化、建筑形式及风俗习惯得以保全。1982 年，西江苗寨被贵州省人民政府列为贵州东线民族风情旅游景点和乙类农村旅游开放区之一。此时的西江是神秘的、未知的，因地处偏僻、交通不便而隐于群山之间。也正是她的神秘，吸引了一些人类学家及民族文化研究者的目光。1988 年，一位来自美国的人类学研究者路易莎·谢恩（Luisa Schein）来到了西江苗寨，同时她也是第一位进入贵州黔东南州的外国人。这位研究者到达西江苗寨后，就住在当地老百姓家中，并在此展开了为期一年的田野调查。后来路易莎·谢恩回国后继续她的研究，成为一位人类学博士，她也将其在西江的研究成果写成了一本专著——《少数的法则：中国文化政治里的苗族和女性》（ *Minority Rules: The Miao and the Feminine in China's Cultural Politics* ）。20 世纪 90 年代以后，随着国家对民族文化的重视，西江苗寨的文化保护也得到了当地政府的更多关注——西江苗寨先后于 1992 年、1995 年被列入贵州省省级文物保护单位、省级文化名镇。之后，黔东南州民族研究所和雷山县民族宗教事务局组织人员，前往西江苗寨进行了为期 3 年的民族文化普查，于 1998 年编撰成 15 万字的《西江苗族志》，将西江苗族的历史、政治、经济、文化等内容载入其中，为西江民族文化保护与挖掘奠定了基础。2002—2007年，由雷山县政府主导举办的苗年文化周每年都会在西江设立分会场，举办大型民族歌舞表演，以及舞龙喷花、游方对歌、"讨花带"等一系列活动，使得"养在深闺人未识"的西江千户苗寨逐步展示在四海宾朋面前。通过节庆旅游的运作，西江千户苗寨开始进入人们眼帘，吸引着游客来到西江苗寨，体验当地的民族风情。也是从 2002 年起，西江苗寨在县政府的扶持下，打造了最早的 8 家"苗家乐"。在随后的发展中，这些苗家乐作为当地旅游接待主体，逐渐在西江呈现上升趋势。2003 年，苗家乐的数量上升到27 家，西江苗寨的游客量也从 2000 年的 0.76 万人次增长到 1.35 万人次。2004 年，苗家乐的数量更是翻了一倍，上升到了 50 多户。2005 年 11 月 16 日，在雷山籍学者、中国民族博物馆副馆长韦荣慧的积极促成下，国家民族事务委员会批准建立了"中国民族博物馆西江千户苗寨馆"。2006 年，苗族吊脚楼营造技艺、苗族银饰锻制技艺、苗族蜡染技艺等 5 项技艺被列入了首批国家级非物质文化遗产保护名录，西江千户苗寨成为中国苗族文化研究中心，旅游开发被赋予了新的含义，西江的游客量也增长到了 7.5 万人次。2007 年，余秋雨应邀来到黔东南州并写下考察手记，用"以美丽回答一切"对西江千户苗寨给予了高度评价，满篇洋溢着对西江的赞美之情。后来该手记在相关网站、博客及媒体上发表，吸引了不少读者。黔东南州政府也借势开辟了"余秋雨线路"这一黄金旅游线，并将西江苗寨列为该线路中重点推荐的景点之一，吸引了诸多游客到访，使得原本不为人知的西江千户苗寨逐步进入旅游者眼帘，然而交通不便、旅游基础设施薄弱等因素，牢牢制约着西江千户苗寨的进一步发展。

▲▲ 五、举全县之力，迎来契机

西江千户苗寨的旅游发展史上有一座不得不提及的里程碑，那便是 2008 年的贵州省第三届旅游产业发展大会。贵州省旅游产业发展大会是贵州省人民政府为加快全省旅游业发展步伐，把旅游业培育成全省新的支柱产业，而决定从 2006 年起每年举办一届的大会，由全省所有市（州）轮流申请举办。第一届和第二届分别在安顺市黄果树风景区、黔南布依族苗族自治州荔波小七孔景区举行。雷山县政府充分利用这一促进旅游发展的契机，积极申办第三届贵州省旅游产业发展大会。于是，西江苗寨顺利被遴选为贵州省第三届旅游产业发展大会主会场。然而，此前，雷山县一直是一个经济欠发达的民族自治地区国家级贫困县，地理位置偏远，缺乏强大的市场主体来开发旅游，除了少数民族自然形成的村落景观格局及特色民族文化具有较强吸引力外，相应的旅游产品、服务、交通设施等严重滞后，制约着其旅游的发展。雷山县政府深知旅游大会的价值，成立了以县委书记为组长，县委、县政府直属相关单位主要负责人为成员，共计 40 人的雷山县西江景区旅游产业发展领导小组（以下简称领导小组），来保障贵州省第三届旅游产业发展大会的顺利筹备与成功举办，并充分聚集人力、财力、物力对西江苗寨进行旅游开发。在领导小组的组织下，雷山县举全县之力，通过各种渠道，最终整合资金 1.7 亿元，并将这笔资金全部投入西江苗寨的基础设施建设中，对西江进行了 20 多项基础设施改造，包括主会场、苗族博物馆、精品街、观景台、生态水体建设、民族古街道、河滨道民族特色改造等。同时，还贯通了从黔东南州首府凯里到西江的郎西公路，将原来约 80 千米的行车距离缩短为 17 千米[①]，大大增强了西江的可进入性。这些举措不但有助于西江苗寨更好地举办当年的贵州省第三届旅游产业发展大会，同时还解决了长久以来制约西江旅游发展的诸多瓶颈，为西江旅游接下来的飞速发展奠定了基础。

2008 年 9 月 26 日，贵州省第三届旅游产业发展大会如期在西江千户苗寨举行，主题为"建设生态文明、发展和谐旅游"。大会的召开吸引了国内外游客的目光，自此以后，西江千户苗寨正式揭开其神秘面纱，以独特而壮观的千户吊脚楼景观及原生态的苗族特色文化出现在四海宾朋眼前。

随着大会的成功举办，西江苗寨 2008 年的游客量达到了 77.73 万人次，旅游综合收入 1.02 亿元，分别是 2007 年的 6.76 倍、23.74 倍。从游客增长量上看，相较于 2000 年的 0.75 万人次更是增长了 100 多倍。

---

① 此前，凯里到西江必经雷山县城，约 80 千米的道路需 2 小时左右车程，且道路崎岖、弯道大，大一些的旅游大巴无法进入。

▲▲ 六、潜心十载，实现品牌破壁

贵州省第三届旅游产业发展大会结束后，领导小组的历史使命顺利完成并自然解散。为有效保护雷山县"天下西江·千户苗寨"景区的各项资源，推进景的健康和谐发展，雷山县政府授权成立了西江景区管理局，负责景区文化保护评级、违规建房整治、市场秩序维护等工作。西江景区管理局局长由西江镇党委书记兼任，在西江镇政府下设旅游工作站来配合景区管理工作。随着西江的旅游业逐渐迈入快速发展阶段，为促进景区文物保护、规范景区管理、保障景区有效运行，西江景区管理局决定对景区采取门票制管理方式。2009 年 3 月中旬，雷山县政府召开新闻发布会，宣布从 4 月 1 日起，西江苗寨将对游客收取每人 100 元的门票，同日起，西江景区生态歌舞原则上实行每天两场定时演出，在试收费第一年，每人收取 60 元。据统计，2009 年全年共接待旅游总人数 646495 人次，其中日接待量最多为 17093 人次，实现旅游总收入 1.4 亿元。

（一）企业主导，管理增效

随着西江景区的开发，游客量快速攀升，虽然雷山县政府授权成立了西江景区管理局，但其经营能力终究有限。因此，为进一步做大做强西江的旅游产业，增强西江苗寨景区的运营与管理效率，雷山县人民政府出资 3348.8 万元，于 2009 年 7 月 2 日正式注册成立了国有独资的"贵州省雷山县西江千户苗寨旅游发展有限公司"，并决定由该公司作为西江景区经营主体负责景区的正常经营与运转。公司的经营范围包括景区开发、建设、经营管理，经营性国有资源开发、经营和管理，旅游产品、农副产品开发销售，景区旅游产业招商引资项目合作经营管理，房地产开发、物业管理，交通运输及酒店管理等相关服务。该公司由雷山县国有资产监督管理办公室行使出资人职权，董事会行使县国有资产监督管理办公室授权的部分权利，公司总经理等人由地方政府任命。2012 年，公司更名为"贵州省西江千户苗寨文化旅游发展有限公司"，公司业务范围扩展到一些文化与旅游开发项目。2015 年以来，随着公司业务逐步拓展，在雷山县委县政府的部署和要求下，西江旅游公司进一步按照集团公司的组织架构，推动公司向现代化企业制度升级转型，使得西江旅游公司规模化、集团化的特征逐步凸显。经过多年的发展，2018 年 2 月，西江旅游公司资产已增值至 17 亿元，截至 2021 年 10 月，西江旅游公司的预估市值已高达 50 亿元，是贵州黔东南州仅有的两家培育上市公司之一。

（二）品牌破壁，成就西江

西江旅游公司成立后便接手了西江景区的经营与管理。公司管理团队首先思考的便是如何才能有效地将西江千户苗寨旅游做大做强，于是，品牌建设成为西江旅游发展的突破口。既然涉及品牌，那么第一步便是寻找西江苗寨相较于其他景区的差异点和优势所在，并以此明确品牌核心价值，进而确定品牌定位、丰富品牌内涵及有效的品牌传播，从而在目标消费者心中占据有利地位。

1.明确品牌核心

对于西江苗寨而言，什么是其核心价值？这个问题的答案不言而喻——核心价值当然是当地独有的"千户苗寨"及其独特璀璨的"苗族传统文化"。

首先是"千户苗寨"。在西江苗寨白水河岸边的山头上，有千户依山势而建造的干栏式木质吊脚楼，当地的苗族百姓就居住在这里，成就了西江独有的吊脚楼奇观（见图7-2）。西江旅游公司董事长沈承礼在接受采访时曾说过："西江千户苗寨由8个依山而建的自然村寨相连成片，有1400多户，6000余人，是目前中国乃至全世界最大的苗族聚居村寨，是中国苗族历史上第五次大迁徙的主要集结地、大本营。"当谢炳坤被问及关于西江旅游发展的品牌核心时，他也不假思索、脱口而出："这里是世界上最大的苗族聚居地，这里保存有上千栋苗族传统居住的干栏式木质吊脚楼，要找苗寨人民，这里一定是最多的。这里不但有壮美的景观，更有深厚的人文积淀。苗寨有很多，但是最大的苗寨却只有一个，全世界也就只有一个，因此，西江苗寨有它的特殊性和垄断性。"由千户苗寨居民和他们世代所居的传统吊脚楼所构成的"千户苗寨"奇观早已成为西江旅游公司高层心中公认的品牌核心价值。

图7-2　西江千户苗寨吊脚楼

资料来源：由西江旅游公司提供。

其次是丰富的苗族传统文化。谢炳坤认为，正因为这里是苗族人民聚集最多的地区，这里才成为苗族文化保护最全、苗族传统沿袭最多并且体现最明显的地方。在西江，有13项国家级非物质文化遗产，有代表性的节庆，如苗族鼓藏节、苗年、吃新节等，每逢节日，苗民们都会跳起芦笙舞进行庆祝。这里还延续了传统的苗寨治理方式，保留着"鼓藏头""活路头""寨老""理老"等制度。这里也保留着苗族人的传统文化，如西江人的图腾是牛角——这与苗族人的信仰相关。牛是苗族人生产生活的象征，因而与图腾相关的元素渗透在每一位西江苗民的生产、生活中，比如在居住形式、饮食文化、服饰文化等各个方面，我们都能发现与图腾相关的元素。再比如"长桌宴"——这与苗族人的历史相关。为了抵制外来侵犯，苗族人民中的男丁要参与打仗。在行军过程中，为了节约吃饭时间，整条街上每家每户就会拿出自己的饭菜摆在街上，以供行军队伍边走边吃，有效节约时间。虽然战争早已结束，但西江一直保留着逢年过节就要吃长桌宴的习俗。李天翼教授也一再强调西江的旅游发展一定要防止文化上的贫困。因为这里旅游业得以开展的基础条件就是文化。西江苗寨体量太大，是世界上最大的苗寨，更是世界上苗族传统文化保存最好的地方，因此西江内部一定要防止文化掉魂，文化都没有了，那要如何宣传？更何谈品牌？

故而，在西江旅游公司成立之后，延续了之前村民自发参与与政府主导发展的旅游模式，进一步明确了将千户吊脚楼奇观与多彩的苗族传统文化作为其品牌核心价值的战略定位。

2. 确定品牌定位

在西江旅游公司成立之前，西江千户苗寨的品牌定位一直是比较模糊的。当初在讨论西江千户苗寨的品牌定位时，可以说是众说纷纭，有人提雷山西江，有人提凯里西江，也有人提贵州西江。西江旅游公司成立之后，为了将来更好地营销与推广，就必须让西江千户苗寨有一个明确的定位。2007 年，著名文化学者余秋雨一行来到西江时曾经留下"看西江而知天下苗寨的赞誉"。加之西江苗寨体量庞大，是世界上苗族同胞聚集数量最多的地区，也是保留吊脚楼居住形式最多的地方，这里 99.5% 的居民都是苗族，也保有最为系统、最为原始的苗族传统文化及治理方式。这么多个"天下之最"都聚集在这里，于是，西江旅游公司决定将"天下西江·千户苗寨"作为其品牌定位，寓意西江的苗寨文化是世界共享的符号。

3. 探索品牌内容

围绕西江景区的核心资源及品牌定位，西江旅游公司作为西江苗寨景区的经营主体，自公司成立之日起，就明确了公司发展的使命，配合政府保护好千户吊脚楼景观资源，同时传承保护好苗族传统文化。

为了最大限度地保护这里独有的上千栋吊脚楼的奇观，第三届贵州省旅游产业发展大会后，政府相继出台了《西江千户苗寨文化保护评级奖励暂行办法》《西江千户苗寨文化保护评级奖励评分标准》，并由西江旅游公司每年拿出门票收入的 15% 发放给村民，作为西江千户苗寨民族文化保护评级奖励专项资金，对西江村民民族文化保护工作进行评级奖励。2012 年，为进一步提升当地居民对民族文化及非物质文化遗产保护工作的积极性和主动性，政府又对原《西江千户苗寨民族文化保护评级奖励暂行办法》进行了修改，将原来的奖励金额从景区门票收入比例的 15% 提高到 18%，以更好地激励当地苗民变被动为主动，积极参与到本民族传统文化的保护中，使得西江苗寨的传统文化保护工作从"要居民保护"转变为"居民要保护"。在保全苗族传统文化的同时，此举也为当地居民创造了经济效益，最大限度地实现利益共享。

西江旅游公司深知文化是西江苗寨景区之魂，因而自公司成立之初便确立了文化引领品牌发展之路的发展战略，一直在文化保护与打造上下功夫。公司董事长沈承礼先生在接受采访时曾表示：十几年来，西江旅游公司在苗族文化的传承与保护、传统文化挖掘及文化价值再生方面做了许多工作，并取得了丰硕成果。

第一，在苗族文化的传承与保护方面，西江旅游公司围绕西江苗寨13项国家级非物质文化遗产及西江苗寨的文化特色兴建了苗族文化生活馆、文化表演场、古歌堂、古藏堂、活路头家、银饰坊、芦笙场、西江苗族博物馆等约20个文化点，将传统苗族文化以一种静态与动态相结合的方式展示在游客眼前。这些文化点的增加，对于西江苗寨传统文化的保护、传承及展示起到了至关重要的作用。一方面，这些文化点以一种积极的方式使苗族传统文化得到最大限度的传承与保护；另一方面，这些文化点增强了当地苗民的文化自信与文化认同感。

第二，在传统民族文化的挖掘方面，西江旅游公司围绕苗族文化，实施了"美丽元素"工程，通过演艺、迎宾、展演等方式，积极进行文化挖掘；针对游客渴望深度体验参与苗族文化的需求，公司策划定期举办"满月酒""情歌对唱""游方之旅"等民俗活动，不断丰富景区文化和娱乐项目，打造景区文化品牌。同时，结合旅游需要，推出了"苗族长桌宴"，以及"五壶四海""高山流水""十二道拦门酒"等酒礼，将传统的苗族文化融入现代生活场景中。像"高山流水"这样的酒礼，在不脱离苗族酒文化的前提下，经由村民的合理创新，把苗族传统的好客文化推向了极致，给每一个到西江旅游的游客留下了深刻的印象。

第三，在合理利用苗族文化方面，公司着力打造并推出了"嘎歌"系列产品，并于2016年，正式打造推出了"嘎歌古巷"文化巷子，围绕苗族文化来设置各种文化展示和文化体验项目，吸纳部分村民来此参与传唱苗族古歌、苗族情歌等活动，同时设置了"古法造纸""参与刺绣"等项目，以满足游客参与体验苗族文化的需求。此外，西江苗寨素有"歌的天堂，舞的海洋"的美誉，因此，2014年，公司便把苗族文化和西江历史通过艺术提炼与升华演绎成为"美丽西江"歌舞晚会。为了提升晚会品质，2015年，公司追加投入50余万元对表演场和舞美进行了优化和提升；2016年，公司重新再次对节目进行改造升级，目的是让游客在悠扬古老的苗歌中，在华彩艳丽的苗族服饰中尽享苗族饕餮文化盛宴。

4. 推动品牌传播

在确定以文化引领品牌发展战略之后，西江旅游公司每年都开展品牌营销活动，致力于西江旅游品牌的推介，以促进品牌提升与传播。

第一，与同行业合作，积极开展参与各类旅游推介会。2011年，西江旅游公司首先成立了旅行社、市场部和雷山分公司，与62家省内外旅行社签订《2011年旅游合作协议》，通过制定更加优惠的门票政策来吸引旅行社。当年，还组织了旅行社和市场部于5月27—29日参加"中国·贵阳避暑季——民俗节庆与旅游采购博览会"，加强景区宣传和招商引资推介。为了增进西江景区与外界的交流，提升品牌知名度，2012年，西江旅游公司组织人员参加了"中国雷山苗年文化周暨鼓藏节"旅游推介会和中国（广州）国际旅游产业博览会。2013年，公司在杭州举办苗年节推介活动，赴昆明参加中国国际旅游交易会。2014年，公司与黄果树景区、镇远古城、荔波景区参加了"两广旅游推荐会"、华东五市贵州精品旅游推荐会、中国（广东）国际旅游交易会等。随着沪昆高铁贵阳至长沙段开通，2015年、2016年，在贵州省旅游局和贵州高铁旅游营销联盟的组织下，西江千户苗寨走出西部，走向长沙、杭州、上海等中部、东部城市。2017年，在北京、太原、郑州、上海、南宁、长沙等多个城市举办主题为"天下西江·富美雷山"旅游推介会。2018年，以"邂逅西江花悦夜·遇见风景遇上爱"为主题的西江千户苗寨旅游推介会暨影像展在昆明举行。此外，公司也继续前往北京、南昌、西安等多地开展旅游推介活动。2019年，主题为"天下西江·神秘郎德"的旅游推介会在福州、西安、广州、南京等地举行。2020年，受疫情影响，西江旅游推介会的规模虽减，但却并未间断，依旧在兰州及贵阳成功举行。

第二，借势各类媒体进行有效宣传。为了进一步宣传西江千户苗寨，西江旅游公司指定了多项营销宣传策略。首先，通过互联网、电视、报纸、杂志及户外广告等进行大量宣传。其次，与美团网、携程网、同程网、驴妈妈等网络媒体进行洽谈，达成合作意向。再次，在《人民日报》《中国旅游报》《贵州日报》《中国国家地理》等报纸杂志上对西江千户苗寨景区进行宣传。此外，还与电视台合作拍摄各类专题宣传片，2015年曾联合CCTV-13频道摄制组对景区千人长桌宴、民族团结芦笙舞等具有苗族文化特色的元素进行拍摄。协助四川传媒学院、韩国教育电视台（EBS）对景区进行节目拍摄，与中央电视台《中国大观》等栏目合作，对景区进行拍摄宣传。同年，西江千户苗寨景区开始走入国际市场，首先与黔东南歌舞团合作，于7—8月在法国、西班牙等欧洲国家进行了为期50天的文化旅游宣传推广巡回演出。2016年，到韩国开展旅游宣传营销，同时将广告宣传延伸至美洲市场。2016年11月30日，贵州雷山苗寨文化宣传片《千户苗寨 悠然雷山》在纽约时代广场塔楼广告屏上滚动播放，原生态的民族文化吸引了众多纽约民众驻足围观，标志着西江千户苗寨品牌逐渐走向国际化，为世界各地旅游者所知。2017年，西江千户苗寨景区荣获"中国优秀国际乡村旅游目的地"荣誉称号。

第三，与周边景区积极联动。为了更好地提升西江千户苗寨景区影响力，西江旅游公司还积极与周边景区联动，形成合力，进行有效宣传。例如，2013年，与梵净山、镇远古镇合体打造"梵天净土、古韵镇远、醉美西江——一山一城一寨"精品旅游线路。同时与黄果树、荔波合作，签订贵州精品旅游线路联盟协议，为景区在营销领域的合作与共赢奠定基础。2016 年，与镇远古城、施秉云台山—杉木河景区共同举办了"村镇银行杯"黔东南首届旅游形象大使电视选拔赛；同时与黄果树、龙宫、荔波漳江、梵净山等景区形成"组合拳"，加强了景区之间的合作，提升旅游知名度，实现互利共赢。

▲▲ 七、转型时期，何去何从？

从 2008 年正式开放到 2018 年，可谓是西江苗寨飞速发展的黄金十年，其间无论是游客量还是旅游收入，都呈现出迅猛的逐年递增的趋势（见图 7-3、图 7-4）。

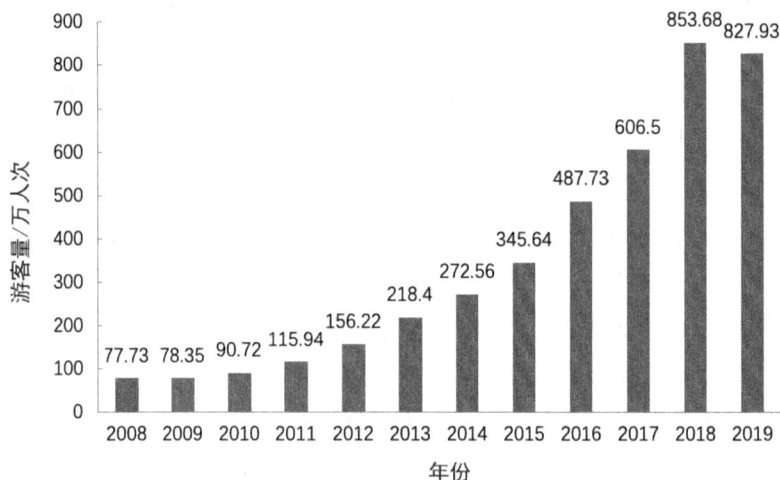

图 7-3　2008—2019 年西江千户苗寨景区游客量

资料来源：根据雷山县旅游发展委员会提供的相关资料整理。

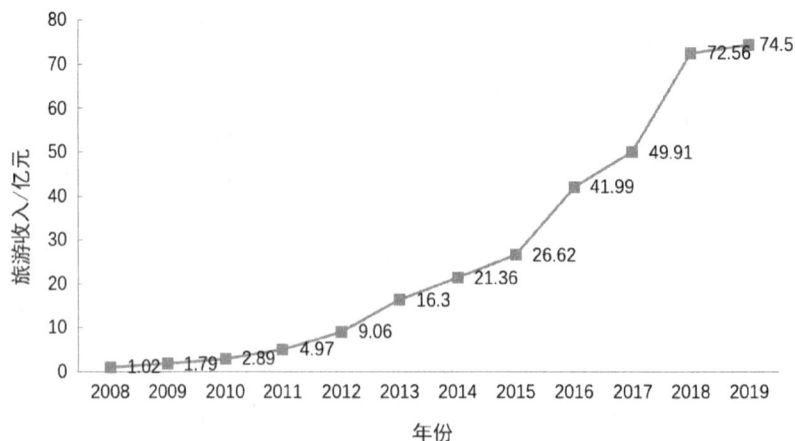

图 7-4　2008—2019 年西江千户苗寨旅游综合收入

资料来源：根据雷山县旅游发展委员会提供的相关资料整理。

　　同时，西江苗寨还走出了"一业带三产"的脱贫致富模式，以旅游业带动茶叶种植、畜牧养殖、银饰加工等产业发展，实现精准扶贫、精准脱贫，极大改善了当地的生活环境和经济水平。据统计，2008年，雷山县旅游综合收入仅为2.85亿元，而到了2018年，全县旅游综合收入猛增至106.88亿元，其中西江景区占比高达93%。

　　然而，李天翼教授却对西江苗寨2018年后的发展表达了隐隐的担心。他认为，对于西江千户苗寨的旅游发展而言，2018年已经成为一个拐点。当年，西江苗寨无论是房价、门面租金还是游客量，都已经到达一个顶峰，天花板已然出现。

　　果然，到了2019年，西江苗寨的游客量及游客收入就已经开始下滑了。2020年，即使没有疫情影响，也同样会面临下滑的境遇。谢炳坤对李天翼教授的阐述表示赞同，2018、2019年对于西江旅游发展而言的确是一个转折点，这个划分很到位。从游客数量上看，西江千户苗寨的游客量在全国排在第四位，但是游客量增加了，景区营收一直上不来。也就是说，游客虽然来了，但是人均消费还是很低，当地的经济没有随游客量的增加而增长。这里边就存在一个游客量转化为旅游收入的转化率的问题，说明西江留不住游客，无法推动游客在这里进行更多消费，而只是来这里短暂地游览一下。

　　因此，西江千户苗寨景区在经历了2008—2018年的快速发展之后，也许是时候应该考虑转型提质了。如果西江千户苗寨景区再不快速转型，可能就会迎来旅游界的产品生命周期的衰退阶段。对于西江千户苗寨景区的发展，李天翼教授表示有一点是觉得庆幸的，也是西江旅游公司一直坚持的，那就是无论是对外的营销宣传、品牌塑造，还是对内的产品开发、创新提质，一直以来都从未脱离于西江传统的苗族文化本体本身。但文化只是一个元素，是一个需要嵌入于旅游发展过程中的核心要素。因此，在经历了十几年的快速发展之后，面对拐点、疫情，现在西江千户苗寨景区已经有部分商家在根据外部的变化来调整自己，文化本身是不能直接转化为收入的，然而却可以通过将文化嵌入于旅游产品之中的方式，来将文化价值转化为经济价值。这一两年来，无论是西江旅游公司，还是西江的商户们，都逐渐开始在用一种文化的、参与的、体验的、互动的经营方式来寻求转型。来西江千户苗寨景区租一栋房子就能开一间客栈，租一个门面就能开一家店铺，这样的时期显然已经过去了。现在，大家都在比坚守、比创意、比细节、比服务，靠这些因素来吸引客人、留住客人。

　　谢炳坤沉思片刻，凝望着窗户山头上的一栋栋吊脚楼，缓缓说道："2018年和2019年的发展拐点，加上如今的疫情常态化的背景，使得我们反复思考未来的路该如何走。现在我们的目标就是让游客在西江留下来，要在吃、住、行、游、购、娱等方面形成体系化的设计，让游客融入景区，感受本地文化（比如苗歌、苗舞），增强其体验感。我们不但要让不同群体的游客能在西江收获旅游体验，还要让他们在离开后也能带走一些承载着西江印记的东西，从而把西江的品牌形象长久地刻在他们心中，而不是像前些年的发展那样，游客来了西江，回去之后只带了一些'到此一游'的照片和一些'高山流水'酒礼的体验。"

对于西江千户苗寨景区接下来到底应该怎么走这个问题，暂时没有人可以给出一个完美的答案。但是，让西江千户苗寨之旅成为一段沉浸式体验，是大家都默认的理想状态。在过去的发展中，西江千户苗寨围绕"苗寨景区化发展"完成了自己的品牌塑造。在未来的日子里，围绕"景区苗寨化发展"让苗寨更好地回归本真，或许会成为西江苗寨品牌破壁之路上的新方向……

? 启发思考题

1. 简析西江千户苗寨的品牌破壁之路的发展阶段及其阶段特征。
2. 对于少数民族文化突出的旅游目的地而言，应该如何有效地将文化融入旅游品牌？
3. 西江千户苗寨在品牌塑造的过程中是如何体现品牌创新的？主要表现在哪些方面？

关于西江千户苗寨的更多资料，请扫描相关二维码了解。

目 拓展资料　　　西江千户苗寨

CHAPTER 8

第八章

以极限运动谱写体育旅游新传奇：天门山景区的赛事营销创新 ①

摘要： 随着大众化旅游时代的到来，旅游市场规模不断扩大，行业竞争日趋白热化。如何通过营销创新来提升景区知名度、塑造品牌形象，成为各大景区在市场竞争中脱颖而出的关键。天门山景区便是旅游景区营销创新的代表之一。2007 年起，天门山景区策划举办了近 30 场以极限运动为核心的赛事营销活动，将极限运动与景区自身的景观资源和文化内涵充分融合，并通过设置活动悬念、推动跨界融合、打造赛事 IP 等创新举措不断提高赛事营销的吸引力和影响力，最终使天门山成功从张家界当地诸多景区中脱颖而出，将"传奇天门山"的景区品牌深深印在大众心中。本案例为旅游景区的营销创新提供了新的思路。

关键词： 天门山景区；极限运动；体育旅游；赛事营销

🔺 一、引言

2019 年 9 月 5 日，第八届翼装飞行世界锦标赛在天门山盛大开幕，来自中国、美国、澳大利亚、南非等全球 11 个国家的 16 名翼装飞行运动员齐聚天门山，展开为期 4 天的激烈较量。无数国内外游客慕名前来观看这场翼装飞行界最具影响力、专业水平最高的赛事，中央电视台、新华社等多家海内外知名媒体也对比赛进行了全方位的报道。

参赛选手们从海拔 1400 多米的玉壶峰起跳，时而快速俯冲，时而调整身姿，现场观众也是看得十分激动，时不时发出一阵阵欢呼呐喊声。看着眼前这幕场景，天门山的田辉林副总经理悄悄在心里数了数年头——从 2011 年到 2019 年，这已经是天门山连续举办翼装飞行世界锦标赛的第九年了。不光是翼装飞行世界锦标赛，天门山 2005 年正式开业以来的这十几年里，一共举办了近 30 场轰动性的极限运动项目。天门山景区为这些赛事活动提供了广阔的空间和平台，而这些赛事活动也为天门山吸睛无数，让它的壮丽雄奇的风光为更多人所知晓。

---

① 本案例由浙江大学管理学院的吕佳颖、黄易和杭州佳米商务咨询服务有限公司的叶科共同撰写，版权归作者所有。未经允许，本案例的所有部分都不得以任何方式与手段擅自复制或传播。由于企业保密的要求，对本案例中的有关名称、数据等做了必要的掩饰性处理。本案例只供课堂讨论之用，并无意暗示或说明某种管理行为是否有效。

其实，天门山景区在开业之初，还只是张家界市诸多风景区中的普通一员，完全无法和当时风头正盛的武陵源风景名胜区相提并论，同黄龙洞、宝峰湖等景区相比也并没有明显的优势。然而，历时短短 6 年，天门山景区便已经被评为当地继张家界国家森林公园后的第二家国家 5A 级旅游景区，成为张家界市"旅游双核心"之一。作为天门山景区一系列营销活动的领导者和操刀者，田辉林清楚地明白，"传奇天门山"的品牌名号之所以能传遍大江南北，不光是依靠大自然造就的奇绝山势，而且离不开这些年天门山景区所举办的系列极限运动。

"天门山的景区营销玩转得如此之妙，请问其中的秘诀是什么？"这是田辉林被各大媒体和同行问得最多的一个问题。然而，这背后的故事，又岂是三两句话能够讲清的。想到这里，田辉林不由得回忆起一路走来的种种往事……

▲▲ 二、无心插柳

天门山位于张家界市永定区，总面积 96 平方千米，属典型的喀斯特地貌，四面绝壁，因其自然奇观天门洞而得名。1997 年，天门山在一家本地企业的主导下进行了一定程度的旅游开发，然而 4 年时间过去，天门山也只是多了一些简单的游步道。因此，要正式论天门山的旅游发展始于何时，更合适答案应该是 2001 年。

2000 年前后，原本专攻房地产领域的天津宁发集团有限公司（以下简称宁发集团）开始考虑多元化发展，并将目光投向了旅游市场。在一位友人的偶然推荐下，当时还尚如一张白纸的天门山，机缘巧合地进入了宁发集团众人的视野中。田辉林记得，当初大家之所以选中天门山，主要有两个原因。首先，天门山区位优势好——距离张家界市区仅有 8 千米，有便利的交通条件；毗邻当时已经被评为国家重点风景名胜区的热门景区武陵源，有良好的市场基础。第二，天门山的资源禀赋虽不如武陵源，但整体景观也算险峻雄奇，还拥有一个当时已经小有名气的天门洞，也算是有了核心吸引物。"天门山有区位优势，有市场基础，也有自然资源，总体上我们觉得它还是有发展潜力的。"田辉林回忆道。

2001 年 8 月，湖南张家界天门山旅游股份有限公司（由宁发集团投资控股）与张家界市永定区政府正式签约，正式开始书写天门山的传奇。关于最初的开发思路，田辉林坦言，其实公司在一开始并没有多大的野心，也完全未预料到天门山景区能有如今成就。当时，整个张家界的旅游市场都是武陵源景区一家独大，当地其他旅游景区只能算作是围绕武陵源景区的"卫星产品"。天门山景区和其他景区一样，都只是想依托武陵源的客流基础来切分蛋糕而已。"最初大家就是抱着这个想法来经营天门山的，觉得如果武陵源的客流能分流一半过来，就算是成功了。"田辉林说道。

彼时的旅游市场还是旅行社的天下，张家界整体客源以旅行社组织的团队游为主，由于市场对张家界旅游资源认知不清，大多数游客都会选择既定的线路产品，在跟团前往武陵源这个主要目标景区游玩的同时，也会沿途顺访游线中的其他景区。可惜的是，这个思路对天门山来说却无法适用。天门山景区门票价格较高，同时，整个景区的游览时间长而渠道利益空间较小，因此难以加入线路产品。既然没法从旅行社线路中找到机会，那天门山景区就只能另寻出路。

在 20 年前，我国商业性景区还未遍地开花，不像现在的旅游市场这般多元化，也没有如今这般整体供应过剩的问题。因此，天门山景区并没有在品牌打造方面过多关注，更多是在考虑如何通过与武陵源及张家界市内的其他景区景点形成差异化的景观，并凭借景观上的亮点来吸引游客的目标。"休闲度假是这些年才火起来的，当时大家都是观光产品思维，我们主要思考的就是怎么在观光这方面做出天门山的特色，把游客的目光吸引过来。"田辉林说道。

除了天门洞，整个天门山景区并没有其他的亮点产品。同时，天门山的山势较为险峻，道路施工难度较大，游客如何进入景区，也是个问题。基于这两方面的思考，大家决定从修索道入手，打造一条既能解决交通客运问题、又能作为旅游吸引物的索道。于是便有了如今已成为景区"四大奇观"之一的天门山索道。天门山索道于 2003 年开建，索道线路斜长 7455 米，上、下高差 1277 米，以张家界市中心的城市花园为起点，终点直达天门山顶，是全世界最长的观光客运索道，恢宏壮观，前所未有。除了这条最长索道，天门山景区还环绕山体峭壁，打造了平均海拔 1400 米、全线都立于万丈悬崖的中间的"鬼谷栈道"。2005 年，耗资 2.6 亿元的天门山索道正式开通，于 1998 年开建的天门山盘山公路历时 7 年也终于全线竣工，全长约 10 千米，共计 99 道弯，并因其接地通天的态势而得名"99 通天大道"。天门山景区正式开业运营。

尽管天门洞和通天大道并非湖南张家界天门山旅游股份有限公司所创，天门山索道和鬼谷栈道的打造初衷也只是弥补天门山在景观和交通方面的短板，然而这些景点设施却恰好与天门山本身就陡险峻拔的山岳景观十分契合，共同营造出一种惊险、传奇的感觉。反观张家界当时的其他旅游产品，包括武陵源在内的所有景区基本上都没有一个清晰的形象定位，公众认知也较为模糊。无心插柳柳成荫，田辉林和他的同事们决定，不如就围绕"险"和"奇"来做文章，塑造天门山的景区品牌，并以"美丽张家界的新传奇"作为景区的广告宣传语。

🔺🔺 三、有心栽花

如果说，田辉林团队最初打造这些具有传奇色彩的旅游景点，纯属"无心插柳"之举，那么，后来天门山的一系列赛事营销活动，就可以理解为战略性的"有心栽花"了。

（一）灵感初现：赛事活动？

天门山景区开业之初的业绩数据并不好看，开业当年接待游客仅 2 万多人，营业收入只有 600 多万元——看来，天门山所塑造的品牌形象，主要还只是景区自己的"自娱自乐"罢了。这个惨淡的数据让大家意识到，将希望全都寄托于武陵源的客流基础，是行不通的。怎么样才能把"美丽张家界的新传奇"这句品牌口号喊出去、把天门山险峻雄奇的品牌形象传播出去，让更多的人认识天门山、来到天门山？在这里，田辉林和他的团队还要感谢天门山的另一位关键人物——叶文智。

时间回到 1999 年，当时田辉林他们还未涉足天门山。1999 年 12 月，中国旅游营销大师叶文智为推广张家界旅游，在天门山举办了一场以"穿越天门，飞向 21 世纪"为主题的世界特技飞行大奖赛，吸引了来自全球各地特技飞行大师的目光。活动中，匈牙利特技飞行大师成功穿越天门洞，创下了人类史上驾机穿越自然山洞的纪录，随后其他 9 名参赛选手也成功"穿越天门"。近 20 万名中外游客和当地市民在现场见证了这一时刻，中央电视台等 200 多家媒体也向全球直播了"穿越天门"的盛况。这场前所未有的活动让天门洞一举成名，也让张家界的旅游收入从 1999 年的 9.5 亿元猛增到 2000 年的 19.4 亿元。

"不过，游客们好像只知道天门洞，并没有人知道后来开业的天门山。"田辉林尴尬地笑了笑。虽然这场活动没有给天门山的经营带来直接效益，但却给田辉林带来品牌营销的灵感。通过 1999 年的"穿越天门"活动，大家都看到了举办一场赛事活动能带来多大的影响力。再结合天门山本身的特征，田辉林想，如果能继续举办一些惊奇刺激、引人眼球的活动，或许能够帮助天门山打响传奇品牌。

（二）明确战略：极限运动！

初步确定营销思路后，还未等田辉林正式出手，一手主导了 1999 年"穿越天门"活动的叶文智于 2006 年 3 月又一次举办了一场轰动全球的旅游营销活动——俄罗斯空军张家界特技飞行表演。活动期间，俄罗斯"勇士"战机表演队为大众表演了 10 多个特技飞行科目，场面十分震撼。

值得一提的是，这场活动原计划将进行"重型战斗机穿越天门洞"的挑战，这也是活动最大的噱头所在。消息一出自然引得无数关注，围绕这一主题，公众也展开了热烈的讨论。许多观点声音都对"重型战机穿越天门洞"这一冒险之举表达了强烈的反对。北京大学景观设计学研究院的副院长李迪华撰写了一封《呼吁叫停战机穿越天门洞》的公开信并刊登于人民网，他在信中写道："人类没有任何理由以具有毁灭性风险的方式去惊扰这样的伟大人类遗产地。即使成功飞越，其对于自然资源管理的不良示范作用也是灾难性的！"同样，民间反对人士李北陵也通过《哈尔滨晨报》表达了自己的抵制态度。迫于巨大的风险和舆论压力，主办方最终决定取消"重型战机穿越天门洞"这一最受关注的环节。

虽然最受瞩目的环节被取消，不过，这场旅游营销活动所起到的效果未打折扣。此次活动从策划到实施全程都吸引了 200 多家中外媒体的高度关注，也被中央电视台、凤凰卫视、澳亚卫视等多家媒体进行了总计 137 个小时的现场直播。作为活动的策划人，叶文智在接受采访时表示，活动的宣传目的已经达到了 95% 以上，最少为张家界贡献了 15 亿元的经济收入。

在田辉林眼中，2006 年的"重型战机穿越天门洞"虽然吃了被临时叫停的"闭门羹"，但却在旅游营销方面成功迎来了更大的"开门红"。这让田辉林再次看到了赛事活动的巨大力量，也让他更进一步坚定了自己的方向。

在制定营销策略的过程中，田辉林首先与团队总结了天门山景区的资源特性，提炼出"险峻""奇观""震撼""刺激""不可思议""故事性"等关键词，并在此基础上确定了"传奇天门山"的形象定位。围绕这个定位，大家一致认为，以极限运动为核心的赛事营销，或许是一个可行的方案。

从天门山景区的自身条件来看，首先，大众体育本身的场地需求和其背后的商业规律，决定了此类体育活动没有办法在天门山举行。"我们不可能在天门山上造一个篮球场出来，更掏不出这么高的出场费把姚明请来打篮球给大家看。"田辉林笑着回忆道，"但极限运动就不一样了，它的规模更小，组织难度更低，场地和设备的需求我们也承受得起。"另外，极限运动的参赛选手大多本身就是极限运动的狂热爱好者，他们如果来到天门山参加挑战，大多不光是为了奖金，更是"为爱发电"。因此，对于这些极限运动爱好者，无论是他们的身价还是比赛的奖金，也都在天门山的预算范围之内。确如田辉林所言，对于一个景区的财力和现实条件来说，从实操的角度看，极限运动确实是更合适的选择。

从极限运动的行业发展来看，自 20 世纪 90 年代初传入我国以来，极限运动发展速度惊人，已经逐渐从普及阶段迈入火爆阶段——既有以中国极限运动协会为代表的多项全国性赛事，也涌现出了蹦极、潜水、漂流探险等商业化项目，还有攀岩、山地自行车、滑板等广受青少喜爱的休闲运动项目，各种项目的极限运动俱乐部也如雨后春笋般不断冒出。如果能在天门山的高山峻岭间举办极限运动，凭借当时国民对极限运动的新鲜感和关注度，以及体育运动和自然山岳碰撞融合所擦出的"跨界火花"，一定可以令人耳目一新，达到绝佳的宣传效果。

因此，田辉林决定，就围绕极限运动来做赛事营销，由此把天门山的奇与险呈现到大众眼前。有心栽花花自开，天门山景区能达到今天的热度，离不开其中一系列极限运动的营销。

▲▲ 四、大幕将启

（一）构建角色：活动为形，文化为魂

在赛事活动的选择方面，天门山景区始终坚持一个原则，那就是要保证活动主题与景区本身特质之间的契合度——"有些活动在哪都能做，但如果它没有利用天门山的空间，没有展现天门山的美丽，或者在精神文化层面和天门山不匹配，那就不在我们的考虑范围之内。"田辉林说道。

天门山景区之所以选择极限运动作为主要的营销活动，首先是因为，从视觉观感上看，极限活动在空间上总是"上天入地"，不但具有较高的观赏性，同时也和天门山陡峭巍峨的山势相呼应。同时，从主题属性上看，极限活动往往带有"挑战""个性""震撼""惊险刺激""前所未有"等特殊标签，这些标签完美契合了天门山的整体形象，对于天门山塑造景区品牌来说可谓是再合适不过。另外，体育活动本身具有明确精神内核——挑战自我、积极向上、敢于冒险，而这些，一方面正好与天门山本身所承载的文化内涵相呼应，另一方面也在"讲故事"方面给予天门山更多的发挥空间，要知道，赛事活动不光是宣传引流的噱头，更是构建景区文化内涵的重要部分。如今，天门山景区的导游在为游客讲解景点时，也常常会给大家讲起天门山景区曾举办过的种种赛事活动，与他们介绍当时的活动盛况及其中跌宕起伏的情节。

以田辉林团队策划的第一场旅游营销活动——"蜘蛛人徒手攀爬天门洞"为例，2007年11月18日，在这场活动中，曾经成功徒手攀越美国纽约帝国大厦、法国埃菲尔铁塔的"蜘蛛人"阿兰·罗伯特在天门山挑战无保护徒手攀爬天门洞百米绝壁。这位"蜘蛛人"选手本身具有一定的知名度，活动本身在挑战难度和安全悬念方面又吊足了公众的胃口，因此，"看'蜘蛛人'爬天门洞"成了当时公众关注的焦点。活动当日上午11:40，距离阿兰·罗伯特挑战天门洞还有一个多小时，天门洞山脚下已聚集了上千名来自全国各地的媒体记者及游客。13:04，在众人的注目下，"蜘蛛人"勇敢迈出了挑战天门洞的第一步。天门山是典型的石灰岩喀斯特地貌，岩石表层风化严重，岩壁上处处可能有酥脆松动的岩石。在"蜘蛛人"的攀爬过程中，不时有碎落的小石头掉下来，偶尔脚底还有些打滑，引起观众阵阵惊呼，大家都捏了一把冷汗。仅用了40分钟，"蜘蛛人"便以高超的技巧征服一切困难，徒手攀爬洞旁倾斜近120°的悬崖峭壁，成功登上了天门洞，而且比预期的时间提早了20分钟。在他抵达终点的一瞬间，天门洞底喷出了提前准备好的绚烂烟花，人群中的喝彩声也此起彼伏。这场活动大大提高了天门山的市场知名度，2007年底，天门山游客接待量突破百万人，营业收入接近1亿元，比2005年初开业时不知翻了多少番。通过这场活动，天门山这个"美丽张家界的新传奇"，终于走进了大众视野。

（二）书写剧本：事件和资源如何匹配？

在活动的具体策划上，天门山景区也有另一个坚持的原则——景区营销一定是一场"双主角"的大戏，活动本身是一个主角，而天门山景区作为活动所依托的场景，也是另一个不可缺少的主角。因此，营销活动和景区资源的匹配度就尤为重要，要让静态的自然资源和动态的活动事件充分互动，共同把天门山险峻、震撼、传奇的文化标签传递出来。例如，2007 年的法国"蜘蛛人"徒手攀登天门洞，如果只是攀登一个简单的岩壁，那无论是在天门山，还是黄山，抑或是华山，都没有太大区别；但如果挑战者是在全世界独一无二的天门洞口进行攀登挑战，那视觉效果就大大不同了。同样地，如果 2008 年的极限坡度高空钢丝无保护行走挑战活动不是依托天门山景区这条世界最长索道来举办，那么这场活动也会沦为诸多高空钢丝行走挑战中普普通通的一场，绝不可能取得当时那般轰动的效果。天门山景区连续多年举办的翼装飞行活动更是如此。通常情况下，翼装飞行选手都是从高楼、飞机等高处起跳，而天门山的翼装飞行世界锦标赛，则充分融合了天门山的特性——选手在天门山的玉壶峰玻璃跳台起跳，途经天门山重峦叠嶂的山谷，绕过天门山嵯峨高峙的山峰，最后降落回到山脚，利用飞行活动轨迹，把天门山的独特资源串联起来并展现在观众眼前。

（三）导演事件：如何让赛事活动更精彩？

1. 设置悬念

为了让天门山的营销活动更吸引眼球，田辉林表示，团队在策划活动时，或多或少会有意设置一些悬念。例如，2008 年 10 月，新疆"达瓦孜"传人赛买提·艾山在天门山进行了极限坡度高空钢丝无保护行走挑战。赛买提·艾山将挑战的钢丝架设在天门山奇峰绝岭间，倾斜度达 39°，活动挑战难度空前。尽管赛买提·艾山已经创下了 3 项高空钢丝行走相关的吉尼斯世界纪录，但在这场活动中，他却在距离终点约 60 米处不慎跌倒，功亏一篑。不过，在田辉林看来，赛买提·艾山第一次挑战失败，并不意味着这场营销活动的失败。相反，换个角度看，这次活动的失败反而给公众留下了更多的悬念和期待。"观众肯定会想看他再次挑战，取得成功。"田辉林说道。于是便有了 6 个月后的第二场极限坡度高空钢丝无保护行走挑战活动——同样的地点，同样的选手，同样的挑战，只不过，在这次挑战中，赛买提·艾山终于取得了成功，创下了奇迹。在此基础上，田辉林和他的团队继续发力，于一年后举办了高空钢丝挑战赛。曾两次挑战极限坡度走钢丝的赛买提·艾山将代表中国，对决有着"欧洲之王"称号的弗雷迪·诺克。在这场挑战赛中，两位选手将一决胜负，证明谁才是高空钢丝界的王者。因此，此次活动引起了巨大轰动，多方媒体对此进行直播和报道。

虽然最终的比赛结果令人遗憾——两位选手双双惜败，但对于天门山来说，故事发展到这里，挑战的结果已经不重要了。正如田辉林所言："这 3 场高空钢丝挑战，每次都有不同的悬念和故事，游客的心中都有期待和憧憬，这样就能吸引公众持续性的关注。"毕竟，有悬念感和故事性的活动才能有影响力，才能让公众怀着满心好奇而来、留下深刻印象而归。这样做，是为了营造话题吸引力，同时也是为了以此来为天门山的形象特质注入内容："我们希望大家想到天门山的时候，就会联想到这些精彩刺激活动；在其他地方再次听闻这些活动的时候，大家也会回忆起当时天门山举办这些活动时的盛况，回忆起自己在天门山的那段旅程，回忆起天门山的奇绝风光。"

2. 跨界融合

对于景区的赛事营销来说，运动是否职业化、是不是大众化，其实并不是最重要的，只要活动内容足够吸睛，再加上选手水平过硬，就足够呈现出一场精彩的"双主角"大戏了。以 2017 年天门山举办的"移步登天"世界跑酷（parkour）大赛为例，当时的参赛选手虽然不是职业运动员，但他们确实是全球顶级的跑酷玩家，有足够的实力来为观众呈现高质量的比赛。同样，天门山本身险峻的地形，也赋予了跑酷运动别样的魅力。在街头跑酷，观众可能只会觉得稀松平常；但如果是在天门山的天梯跑酷的话，这项活动就同时兼具了街头文化的大众性和极限运动的挑战性，这不光会使跑酷爱好者跃跃欲试，也会让公众的目光不由自主地聚焦过来。

3. 打造 IP

2011 年 9 月，美国极限运动王者杰布·克里斯翼装飞行成功穿越天门洞，上演惊世传奇。此前，翼装飞行活动在中国境内前所未有，因此，本次活动消息一出便引发了无数话题和关注，再加上项目本身自带极大的挑战性和悬念性，惊险刺激的飞行过程也营造出震撼的视觉效果，因而取得了绝佳的营销效果，荣获 2010—2011 年"中国最具影响力的十大旅游营销事件奖"。

围绕翼装飞行，天门山继续做文章——次年 10 月，世界首届翼装飞行世界锦标赛落地天门山，汇集全球最顶尖翼装飞行高手展开惊天对决。在接下来的每一年，天门山都如期举行"翼装飞行世界锦标赛"。天门山成了翼装飞行世界锦标赛的固定举办地点，而翼装飞行也成了天门山景区特有的 IP，并助推天门山收获了"世界极限运动圣地"的名号。田辉林表示，每年举办翼装飞行世界锦标赛的费用大约在 200 万~300 万元，而带来的收益则是——每年高达 20% 的游客增长率！

4. 多元发展

随着最初几场极限运动赛事的圆满成功，天门山的知名度已经大大提升，在营销策划方面，田辉林也是愈发游刃有余。越来越多活动赛事落址天门山景区，让天门山的传奇名号响彻了大江南北。

除了固定赛事，天门山极限运动赛事的主题也是多种多样，十分吸引眼球。2011

年 1 月，天门山于云梦仙顶举办冰水耐寒极限挑战，中国选手金松浩打破世界纪录。2012 年 7 月，法国轮滑大师让·伊夫·布朗杜演绎疯狂轮滑版"生死时速"，成功挑战"99 通天大道"。2013 年 8 月，中、意漂移车王对决"99 通天大道"，这场世界难度最大的山路漂移大战令人感到惊心动魄。2015 年 5 月，世界上难度最大最惊险的山地自行车天梯速降国际精英赛在天门洞 999 级陡险天梯上演。2016 年 9 月，国内首次悬崖舞蹈秀在天门山惊艳上演。2017 年 5 月，"移步登天"卡拉宝世界跑酷大赛在天门山开幕，比赛在质量、难度、创意等方面都可谓前所未有。2018 年 5 月，天门山上演女子高跟鞋高空走扁带巅峰对决。2019 年 6 月，动力伞特技国际大师赛在天门山举行，全球顶尖动力伞大师在天门山展开花式技巧赛的角逐……

（四）传播故事：立体化的营销体系

营销活动能否成功，媒体力量是其中关键。田辉林也表示，天门山每次的活动策划，都绝不打"无准备之仗"。这个活动是否前所未有？活动主题是否积极向上？在天门山举办这个活动，有何独一无二之处？它的看点是什么？要设置什么悬念？活动最终如何收尾？这场活动是否值得人们不断回忆？…… 每次举办活动前，天门山的营销策划团队都会围绕这些问题反复推敲、斟酌，直到把这场活动的传播价值研究透彻。从活动主角的背景，到活动过程中的高潮点和悬念点，再到活动的结论和核心点，天门山都会在活动策划阶段就全部思考好——提前替媒体把故事情节写好，自然就能吸引媒体主动参与到活动的宣传报道中来。多年经验积累下来，天门山早已明白媒体关注什么、游客想看什么，在相应的管理手段方面，也积攒下了深厚的功力。"我们在做活动前，就会替媒体提前准备好一切，"对于如何提升景区在媒体传播过程中的话语权这一问题，田辉林打了个十分形象的比喻："其实我们就是导演，只要我们的戏够精彩，就不愁没有媒体帮我们传播。"

另外，对于某些特定的赛事活动，或许在普通游客眼里并不具备吸引力，也无法构成太大的媒体爆点，但再小众的项目，也会有自己专属的"粉丝社群"，也会引得活动爱好者持续关注。"比如我们 2015 年举办的山地自行车天梯速降国际精英赛，挑战结束了，新闻报道完，来看热闹的观众可能就散了。但是自行车的爱好者们就会不断回顾：当时的活动哪个大神来了？大神的动作有多牛？最后拿了几等奖？"正如田辉林所言，一场活动的影响力并不会随着赛事结束而彻底散去，也绝非停留在大众看到的新闻报道中，而是会在这群"发烧友"社群之间不断地传播下去，具有长期性和延续性。

大众的视线更多聚焦于天门山的赛事营销，实际上，天门山景区在其他营销渠道上也做得十分出色，构建起了完整的立体化营销体系。随着新媒体时代的到来，天门山景区则是凭借独出机杼的广告选题，赢得了中央电视台等主流媒体的青睐。即便是在没有举办极限运动的时候，天门山景区也会结合自己的品牌特色，来构造夺人眼球的新闻故事。"我们的'保洁化身蜘蛛人，千米崖壁捡拾垃圾'，岂不比'××景区最美清洁工'之类的新闻主题有意思多了？"田辉林笑道。此外，一则成功的新闻，既要内容好，也要时机好，天门山景区便十分擅长把握时机，通过"从常态里挖新闻"的方式来登上各大媒体——如跟随季节变迁，适时而动推出景区四季景象的新闻报道。正如田辉林所言："比如，在五一劳动节期间，相比于'景区××索道正式开通'之类的常规新闻标题而言，媒体肯定更愿意报道与景区劳动者主题相关的新闻。"

（五）好戏登场："传奇天门山"名扬四海

2007年至今，天门山已经陆陆续续举办了近30场不同类型的极限活动，这些活动在规模、形式、选手等方面都各有所异，但它们都有一个同样的特点，那就是足够惊险、刺激。也正因如此，这些极限运动不但为天门山景区带来了庞大的关注度和客流量，也在不知不觉中成为天门山品牌内涵的重要构成。提起天门山，没有人不会联想到这些极限赛事。

2018年11月，天门山景区的年接待游客量突破400万人，是开业当年游客量的约200倍。2019年，湖南张家界天门山旅游股份有限公司荣获堪称"中国旅游奥斯卡"的中国最佳旅游运营机构奖。一路至今，天门山景区早已不再只是"美丽张家界的新传奇"。凭借以极限运动为核心的赛事营销，天门山景区成功树立起了"传奇天门山"的品牌形象，终于让属于自己的传奇故事名扬四海。

▲▲ 五、未完待续

开业十几年来，凭借创新出众的营销运营能力，天门山景区的品牌影响力和市场吸引力与日俱增，已跻身中国山岳型旅游景区前列，成为张家界旅游的明星景区。

然而，面对愈演愈烈的旅游市场竞争，田辉林心中的担忧也是日益增长。一方面，极限运动的影响力虽大，但天门山景区缺少常态活动、游客参与度和体验感低的痛点一直存在，亟待解决。另一方面，旅游业早已不是观光游的天下，但天门山景区在休闲度假、文化体验等业态的打造上迟迟未有起色。看来，天门山景区从观光景区到复合型景区的转型之路还很漫长。

从打造旅游目的地新品牌，到引领旅游目的地发展，天门山书写了属于自己的传奇故事。在未来，天门山是否会开启又一段转型升级的新传奇？我们拭目以待。

? 启发思考题

1. 天门山的赛事营销策略是如何演变的？采用了哪些方式？分别具有哪些特征？

2. 赛事营销的策划与实施，需要考虑哪些要素？结合天门山的经验，谈谈你的看法。

3. 极限运动是如何帮助天门山塑造品牌形象的？

关于天门山景区更多资料，请扫描相关二维码了解。

目拓展资料　　　　　天门山极限挑战 30 载

CHAPTER 9

从三流资源到一流景区：呀诺达雨林文化旅游区的服务创新探索之路 ①

摘要： 本案例描述了海南呀诺达雨林文化旅游区在文旅行业高质量发展的背景下，围绕顾客体验进行服务创新的探索过程和内容。呀诺达旅游区以服务大于经营的理念发展景区二次消费，以"双体系"和"人人五员"的管理标准来保障服务质量，成功打造"乘兴而来，尽兴而归"的优质服务品牌，在竞争激烈的海南旅游市场占据了一席之地。在后续发展中，又继续通过构建智慧服务体系、联盟金钥匙品牌、践行善行旅游等方式，全面升级服务品牌。而呀诺达旅游区优质服务背后的支撑则是其准军事化管理体系和员工培训体系。本案例为旅游景区通过服务创新实现新的价值创造带来了全新的思考。

关键词： 呀诺达旅游区；服务创新；顾客体验；旅游服务

▲▲ 一、引言

又是一个熟悉的清晨，天刚蒙蒙亮，呀诺达雨林文化旅游区的常务副总经理聂世军已经开启了每日工作的第一项——景区营业前的日常巡查。海南地区的雨季已经到了，景区的山坡植被都存在被雨水冲刷倒塌的安全隐患，因此，聂世军的巡查工作开始得比往常更早，也进行得比往常更加仔细。

早上8点整，呀诺达旅游区准时营业。旅游区内导游们身着雨林印花的工作服站成整齐的一排，含笑着比画"V"字手势，热情地向每一位来到景区的游客打招呼："呀诺达！"

这幅画面每天都会在呀诺达旅游区上演，对此，聂世军再熟悉不过。他从呀诺达创立之初就一直在这里工作，十年如一日地早起巡查、定期复盘，不断完善游客服务工作。因为，聂世军心里十分清楚，呀诺达旅游区能够从一座毫不起眼的小山谷逐渐成长为广受游客好评的5A级景区，离不开"优质服务"这项"独家法宝"。

---

① 本案例由浙江大学管理学院的吕佳颖、黄易和杭州佳米商务咨询服务有限公司的叶科共同撰写，版权归作者所有。未经允许，本案例的所有部分都不得以任何方式与手段擅自复制或传播。由于企业保密的要求，对本案例中的有关名称、数据等做了必要的掩饰性处理。本案例只供课堂讨论之用，并无意暗示或说明某种管理行为是否有效。

⛰⛰ 二、先天不足，另辟蹊径

呀诺达雨林文化旅游区位于海南省保亭黎族苗族自治县三道镇，于2006年正式动工兴建，并在两年后的2008年开始试营业。在当时，海南地区的"蓝海旅游"市场已经十分火热，大东海、亚龙湾、天涯海角等海滨旅游景区早已享誉全国，占据了海南旅游市场的大半边天。而呀诺达的旅游资源则以热带雨林为主，属于"绿海旅游"，相较"蓝海"市场来说具备更大的发展空间。作为呀诺达旅游区创始团队成员之一，聂世军清楚地记得，在项目启动之前，为了摸清项目所在山谷的具体情况，大家冒着被蛇蚁蚊虫和有毒植物侵袭的风险，展开了长达一年之久的雨林资源考察，其间不知蹭破了多少件军用服、磨破了多少双爬山鞋。然而，考察结果却与预期大相径庭——虽然热带雨林该有的物种和元素这座山谷里都有，景色也还算优美，但是相比于隔壁的五指山、尖峰岭等层峦叠嶂、物种丰富的优质雨林景区来说，这里的资源实属平平，在"绿海旅游"市场中完全不具备任何的竞争优势。

尽管被狠狠地泼了一盆冷水，但团队成员并没有要放弃的意思。既然自然资源上不占优势，那么，能否从其他方面另寻突破口呢？聂世军和其他创始团队的伙伴们连着开了好几天的会，对国内的旅游市场现状和项目自身所具备的优势进行了详尽透彻的分析。峰回路转，大家找到了机遇所在。一方面，从当时全国旅游业现状观察，大多数景区都属于观光型旅游景区，还是圈山水收门票的经营方式，缺乏优质的度假产品与休闲互动元素。因此，休闲度假型景区具有可观的发展前景；另一方面，当时国内景区的服务意识普遍较为落后，旅游业从业人员素质不高，泛滥的欺客宰客现象也引起了无数声讨，旅游市场存在着"美景有余、服务欠佳"的痛点。而景区创始团队对于景区建设管理有着丰富的经验，服务管理理念优于同行。基于这两方面的思考，大家一致同意将项目定位为"休闲度假型旅游景区"——既然雨林景观条件有限，就围绕雨林文化来打造休闲互动类旅游项目，弱化"可看性"、突出"可玩性"；同时，充分发挥项目团队在旅游服务方面的优势，来补齐旅游市场的现存短板，让"优质服务"成为自身的核心竞争力。

⛰⛰ 三、打造"乘兴而来，感动而归"的体验

（一）定名"呀诺达"，凸显服务文化

景区的定位已经明确，但还缺个合适的名字。直接以项目所在地为名，似乎略显平庸；结合景区内的核心景观来命名，可是"观光旅游"又并非项目的主打牌。讨论间，有位同事提出，如果要围绕当地的雨林文化来做旅游产品，那么，景区的名字是否也可以融入本地文化的元素？他的观点得到了大家一致的认可，大家围绕本地文化展开头脑

风暴，最终敲定了"呀诺达"三字。

"呀诺达"由海南黎族方言音译而来，原来的意思是"一、二、三"，念起来朗朗上口，颇具海南地域风情。单单取其字面作为景区名字还不够，为了突出项目"优质服务"的特色，"呀诺达"这三个字还被赋予了新的内涵——"呀"表示创新，"诺"表示承诺，"达"表示践行，用以表达景区所秉承的服务理念和态度。

当时团队的一位负责人回想起自己在夏威夷旅游时，曾看到当地的黑人一边跳着舞，一边用当地语言热情地向游客打招呼的情景，这给他留下了极为深刻的印象。后来每当想起夏威夷，这幅画面都会浮现在他的眼前。于是，他向大家提议："是不是可以参考这种模式，让游客对我们的呀诺达留下更深刻的印象？"因此，就有了呀诺达景区如今最为突出的一张文化名片——呀诺达"V"字礼。在景区里，"呀诺达"包含"你好""欢迎光临""再见"3种含义，是一句用以表达欢迎和祝福之情的问候语。所有景区工作人员在与游客相遇的时候，都会带着友好的笑容向游客挥动"V"手势，并热情问候一句"呀诺达"。每一位来到呀诺达旅游区的游客，一天游玩下来都会遇到不下40次的呀诺达"V"字礼。在这种氛围的感染下，许多游客都很快学会并喜欢上了这种问候方式，在遇到其他游客和工作人员的时候，也主动用这种方式来打招呼。呀诺达"V"字礼就好似一件无形的景区"特产"，连同景区热情友好的文化形象一起，被每一位前来游玩的游客装进心中带回了家（见图9-1）。

图 9-1　无处不在的呀诺达"V"字礼

资料来源："三亚旅联"微信公众号。

（二）雨林体验，面面俱到

在景区定位上，呀诺达已经确定了不打观光牌，而是重点从游客体验出发，来打造以雨林文化为主题的休闲度假景区。多元化的旅游产品和全方位的旅游服务，是保证游客收获满意体验的基础。因此，在旅游开发过程中，呀诺达旅游区设计了观光娱乐、文化风情、休闲体验、健康养生 4 条不同的产品线，并围绕不同的游客需求来全面完善景区内的产品服务。每当接受采访时，聂世军都会引以为傲地向大家介绍道："我们呀诺达为游客们备齐了旅游六要素。你们看，在这儿，'吃'有南药养生药膳，'住'有露营酒店，'行'有大巴车、电瓶车，'游'有三大景区，'购'有专门区域，'娱'有三大特色体验娱乐项目。"

确如聂世军所言，呀诺达所提供的旅游产品和服务可谓是面面俱到，满足了不同类型的游客需求——对大自然充满好奇的儿童们可以在这里上一堂最贴近雨林的自然课，追求新奇刺激的年轻群体可以在高空滑索、观海秋千等项目中收获最惊、奇、险的体验和景观，偏好休闲养生的长者可以在天然健康氧吧中享受悠然自得的雨林时光……这些丰富的业态同时也能够带动营收和利润的多元化，帮助呀诺达旅游区摆脱门票经济，构建起集"吃、住、行、游、购、娱"于一体的旅游产业链。据统计，呀诺达旅游区如今的二次消费收入占总收入的比重已达 50% 以上。

（三）二次消费，服务为先

促进二次消费无疑是景区提高收益的法宝，但同时也是经营与服务间产生矛盾的重要诱因。国人对旅游的认知很长一段时间都是停留在观光的层面，对于景区的二次消费普遍比较排斥。在当时的旅游市场里，由于景区过度关注经济效益而忽视服务，从而降低了游客满意度，游客投诉、抱怨频繁的现象常有发生。对此，呀诺达旅游区以游客体验为先，坚持"管理不能大于经营，经营不能大于服务"的原则。

在后续的实际运营中，呀诺达管理团队的种种举措也充分体现了这个原则。呀诺达的二次消费项目主要集中在观海台到主游览区之间的区域，例如景区主打的高空滑索就位于从观海台步行至主游览区的必经之路上，但观海台本身并非景区的主要游览区。从景区经营收益的角度看，如果不提供接送服务、让游客统一从观海台步行至主游览区，一来可以节约车辆转运成本，二来可以提高其间各个二次消费项目的成交率，对于位处半山腰的高空滑索项目来说尤为有利。然而，从游客服务的角度出发，对于工作劳累的都市工作白领和行动不便的弱势群体来说，从观海台步行到主游览区并非一段轻松的路程。究竟是提供观光车接送，还是让游客步行走完？面对这道选择题，聂世军和同事们在项目开发之初也围坐在一起讨论过，不过，大家的意见却是出奇地一致——游客体验大于一切。因此，呀诺达旅游区努力在宣传和营销上下功夫，尽量让每位来到景区的游客都能提前了解到景区的游玩攻略。针对不同偏好的游客，呀诺达旅游区也提供了不同的服务：乐于参与二次消费项目的游客，可以从观海台步行至主游览区；对二次消费项目不感兴趣的游客，可以乘坐景区观光车直接前往主游览区；已经位于主游览区但又想返回体验更多项目的游客，旅游区也提供相应的接送服务。

（四）双体系下的服务标准化

"优质服务"是呀诺达旅游区的主打牌，当然不只体现在二次消费项目经营这一个方面。早在 2008 年开业之初，呀诺达旅游区就已经意识到了国内旅游服务业管理经验薄弱的问题，于是选择吸取生产制造业的管理经验，引入 ISO 9001 质量管理体系和 ISO 14001 环境管理体系作为景区的管理标准，以双体系管理标准来为景区优质服务品牌保驾护航。在接下来的运营中，呀诺达旅游区结合景区实际情况，不断与两套管理体系磨合，改善或剔除影响景区服务质量与服务环境的重要因素，最终总结出了具有呀诺达旅游区特色的景区管理模式，提高了景区双体系管理工作的实施效率。2010 年，呀诺达旅游区正式被国家旅游局确定为首批全国旅游标准化试点单位。

要打造"优质服务"，标准体系只是一道基准线，而服务人员才是将这一条条标准落实到游客体验上的关键。在具体的服务场景中，呀诺达旅游区贯彻"人人五员"的培养模式。"人人五员"包括 5 个方面：（1）人人都是讲解员：在景区的员工入职的过程中，就包括对景区游览线路植物知识的培训，以确保所有员工都能在工作过程中随时为需要的游客提供咨询讲解；（2）人人都是服务员：在游客高峰期时段，景区后勤人员应积极协助一线服务人员，在游客需要时，现场工作人员均有责任为游客提供带路、介绍等服务；（3）人人都是驾驶员：景区观光车驾驶有专门的培训课程，在游客需要时，通过观光车驾驶考核的非专职观光车驾驶员也需要保障观光车驾驶工作，以做好服务保障；（4）人人都是清洁员：在景区内，员工视线范围内的垃圾均要求随时处理，以确保游客视线所及之处的干净整洁；（5）人人都是安全员：景区各岗位的员工都能够准确识别岗位危险源，并熟悉相应的控制处理措施，也能够掌握实施景区各个安全应急处置预案，全面保障游客的旅游安全。

正是有了这种"人人五员"模式，呀诺达旅游区才能保证即便是在客流高峰期，也能一直保持高品质、全方位的服务。在新冠肺炎疫情暴发之前，每个春节呀诺达旅游区都会迎来旅游的小高峰。2019 年的春节旅游黄金周，呀诺达旅游区的游客络绎不绝，来自全国各地的车辆泊满了景区的停车场。为保证在春节期间也能够保持一如既往的服务质量，呀诺达旅游区除了负责导游、安保员、保洁员、销售员、驾驶员等直接服务游客的一线员工全勤到岗外，所有的二线员工，上至总经理、总监，下至普通员工，也纷纷前往一线服务。"为了确保进出园游客的顺畅通行，不耽误游客进出园时间，我们不仅安排所有驾驶员上班，还从别的部门'借'了好几位接受过驾驶培训的员工来帮忙。那几天，驾驶员们都不去员工食堂用餐了，直接把'食堂'搬到离停车场就近的车辆调度办公室里了。"提及景区员工是如何齐心协力应对旅游旺季的服务考验，聂世军露出了欣慰的笑容，"只要游客们玩得开心，那我们再辛苦也是值得的。"作为景区的常务副总经理，他也常常"不务正业"地肩负起讲解员的职务，热情、细心地站在游步道上为游客服务。

呀诺达旅游区开业当年就被评为"游客喜爱的海南岛特色品牌景区"，荣登旅游金牌榜；开业4年便被评为国家级5A旅游景区，先于"绿海旅游"市场中的其他景区；在接下来的日子里，又陆续获评中国最具影响力景区、全国游客满意优质服务示范景区、海南省重点文化产业园区、海南省低碳示范景区等诸多荣誉。不过，在聂世军的心里，再多的荣誉和头衔，都比不上游客们一个满意的笑容、一句由衷的称赞。

"这是一次我们印象很深刻的旅游，很开心，从一进景区我老妈就很高兴，她行动不是很方便，但游览的过程中都有呀诺达旅游区的工作人员搀扶和帮助，每位员工都会跟我们问候一声'呀诺达'，上车的时候司机师傅还帮我们抬轮椅，很暖心。"

"呀诺达旅游区的服务是我遇到过的最好的服务之一，所有景区的工作人员都很热情耐心，有几次我们对道路选择有些迷茫时，马上就有工作人员主动来提供帮助，而且会提出一些很好的游玩建议。"

像这样的游后感，各大在线旅游平台上还有很多。"我们呀诺达，确实是让游客'乘兴而来，感动而归'了啊！"聂世军觉得，这些饱含真情实感的游客评价，才是对呀诺达旅游区最大的肯定。

▲▲ 四、持续叫响优质服务品牌

（一）智慧服务，先于同行

在2015年以前，智慧化、数字化的呼声还没有如今这么强烈，但呀诺达旅游区早早地意识到将科技赋能管理服务的重要性，并开始着手探索智慧旅游。国家旅游局于2015年发布了《关于促进智慧旅游发展的指导意见》，全国各大景区迎来了智慧旅游转型升级的热潮。当同行们还在纷纷挠头思考如何打造智慧旅游时，呀诺达旅游区已经走在行业前列，其智慧旅游建设无论是在硬件设施还是软件体系方面，都已经粗具规模——预约、错峰、限流管理的智能化，大大提升了呀诺达旅游区的服务管理效率和质量；全旅游区覆盖的Wi-Fi，让游客无论是在旅游区的哪个角落都能自由地网上冲浪；自助购取票机、智慧无感验票系统，让游客不再为排队问题所困；智能语音导览、定向导航标识系统、植物二维码"身份证"等自助服务，为游客提供了更便捷、更丰富的旅游体验。

随着科技的不断发展，呀诺达旅游区也与时俱进地继续提升景区的智慧化建设。2018年，呀诺达旅游区推出智能机器人服务，让名为"小呀"的机器人引导、陪伴游客在呀诺达旅游区游玩。"小呀"集语音识别、语音识别、智慧情绪管理、触控传感、远端监控、视频通话等服务功能于一身，既能专业地为游客答疑解惑，又能风趣地与游客交谈互动。2019 年，呀诺达智慧票务及数据管控平台正式上线。该平台通过整合来自旅游区的业务管理系统、物联网、云端等各个渠道的数据，建立一站式数据库，全面提高旅游区精细化、智慧化管理水平，帮助呀诺达旅游区为游客提供更快、更好、更准的服务。最近，呀诺达旅游区还在游客大厅设置了 VR 互动区，并在全国范围内率先推出5G 无人车服务，在车内借助 AR 设备来对景区进行介绍。

（二）引入金钥匙，打响品牌

经过几年的苦心经营，呀诺达旅游区的服务质量已经得到了游客的肯定和喜爱，但要真正让呀诺达旅游区的优质服务具备知名度和影响力，却还需要一个契机。对呀诺达旅游区来说，这个契机就是与"金钥匙"品牌形成联盟。

"金钥匙"是一个国际化的品牌服务组织，1929 年起源于法国巴黎。作为企业内外综合服务的总代理，金钥匙专注于在酒店、物业、景区、会议等场景中为游客提供最专业、最极致的服务。金钥匙品牌于 1995 年进入中国，如今已覆盖全国 285 座城市、2300 多家高端企业，成为国内最大的服务品牌，在奥运会、世博会、G20 峰会等诸多大型国际活动上，都可以看到金钥匙的身影。

金钥匙以"用心极致，满意加惊喜"为其服务理念，这与呀诺达旅游区"让游客乘兴而来，感动而归"的理念可谓是一拍即合。于是，2015 年年底，呀诺达旅游区正式宣布联合金钥匙品牌，共同打响"优质服务"景区品牌。2016 年 5 月，呀诺达旅游区在国家 5A 级风景区标准化服务的基础上，推出了"金钥匙贵宾一日游""印象雨林金钥匙""雨林头等舱" 3 种呀诺达金钥匙之旅，为游客提供个性化、高质量的旅游服务产品，深化呀诺达旅游区的服务品牌形象。例如，在"金钥匙贵宾一日游"产品中，呀诺达旅游区为游客提供了金钥匙专职导游、金钥匙专用车场、金钥匙专用服务区、金钥匙专用餐位等呀诺达金钥匙十大尊享服务。游客还未到达景区，金钥匙导游员就已等候在停车场。待游客抵达后，一句亲切的"呀诺达！"便开启了游客在专属导游全程陪同下的金钥匙旅程。2019 年年初，呀诺达金钥匙服务还推出了"先出游，游览后满意再付费"的消费模式，开创了旅游景区先游后付模式的先河，备受游客青睐。"这样可以让我们的游客放心玩、安心玩，同时也可以督促我们景区不断优化自身服务品质。"聂世军也对这种模式表达了自己的理解与肯定："推出'先游后付'模式以来，游客好评率保持在100%，这也从侧面证明，我们的服务是受到认可的。"

联合金钥匙品牌以来，呀诺达旅游区通过结合金钥匙服务理念，融合呀诺达旅游区自然特色，不断完善服务品质、推进服务创新、打造服务 IP、提升品牌形象。2019 年年底，在第 24 届中国金钥匙年会上，呀诺达旅游区凭借自身在景区服务领域的优秀表现，获得了中国服务贡献奖、中国服务优秀团队等 4 项殊荣，成为旅游区的服务标杆。

"来呀诺达值得体验的不仅是雨林，还有旅游区的服务。"金钥匙的引入，不但为呀诺达带来了更多游客的赞誉和喜爱，更使其"优质服务"具备独立的吸引力，而不再仅仅是锦上添花的附加品，让呀诺达的服务品牌成功地走出旅游区、走向市场。

（三）善行旅游，升华形象

2011 年，呀诺达旅游区因助推当地黎族织锦申报世界文化遗产，意外结缘联合国教科文组织的"善行旅游"项目，并被选定为项目的基础调研点和启动点。"善行旅游"项目为期两年，旨在就中国文化和旅游背景下的"善行旅游"这一理念进行探讨、论证，最终制定并发布了《善行旅游实施操作指南》，引导景区和游客关注自然生态保护、文明服务和文明旅游。

"善行旅游"项目已于 2013 年年底结项，但呀诺达旅游区对于这一理念的践行从未停止。结合中国传统文化和景区特色，呀诺达旅游区编制了"善行旅游三字经"："国际岛，生态窗，呀诺达，养生吧，禁烟火，勿砍伐，禁捕猎，不丢杂，减噪声，节能耗，宣环保，弘文化，林涧道，安全行，礼谦让，和谐美，善行游，你我他，欢乐行，呀诺达！"每一位前来游玩的游客，都会在工作人员的带领下宣读这篇朗朗上口的"善行旅游三字经"。这项固定活动不但向游客宣扬了"善行旅游"的理念，同时也创造了和谐欢乐的文明旅游氛围，成为呀诺达特有的互动体验。

呀诺达旅游区的员工也会在自己的工作过程中以身作则地践行"善行旅游三字经"——每位导游身上都会随身携带小竹篓，作为移动的垃圾桶，提醒游客"不丢杂"；导游在进入雨林前，都会关掉自己身上的扩音喇叭，做到"减噪声"；遇到在景区内抽烟的游客，员工会礼貌制止，并及时处理烟灰烟头，严格落实"禁烟火"。此外，呀诺达旅游区还面向游客推出了植物认养等活动，让游客更有参与感地加入环保行动中。

对于这些"善行旅游"的举措，聂世军是这么解释的："我们不仅希望能通过这些行为来为游客打造一个原始、干净的旅游环境，更希望游客能够在旅游过程中充分理解并接受'善行旅游'的理念，并把这个理念带出景区，在自己的生活中继续发扬下去。"

⛰️⛰️ 五、优质服务背后的秘密

开业十余年，呀诺达旅游区已经从一个名不见经传的小山谷摇身一变成为旅游界服务管理的标杆。呀诺达旅游区"优质服务"品牌的塑造，离不开每一位在岗员工的努力，也离不开景区独特的团队管理模式。"呀诺达究竟是如何打造运营服务团队的？"每每被问及这类问题，军人出身的聂世军都会大方地与大家分享呀诺达优质服务背后的秘密。

旅游区的服务质量往往与服务人员的执行力和响应速度相挂钩，呀诺达旅游区要把服务做到极致，首先需要一支高水准的运营服务团队。考虑到当时旅游业从业人员普遍

素质不高的问题，呀诺达旅游区决定通过准军事化管理来弥补这个短板。

为确保每名入职员工均符合旅游区团队管理的基本要求，呀诺达准军事化管理的第一步就是闭环培训。呀诺达旅游区的员工闭环培训包括以下 3 个阶段。

（1）新员工一级培训：新员工入职前必须进行为期 1 周的脱产军训，并参加新员工军事会演。只有会演未出现错误，且经过公司领导的观摩并获得认可的员工才能被视为军训合格。同时，呀诺达旅游区也对员工开展企业文化、企业特色服务礼仪培训及考核。考核不合格的新员工需要参与复训，并推迟转正直至考核合格。在此期间，通过军训、实操及企业文化的培训考核，呀诺达将淘汰一批不能坚持军训或不能接受呀诺达管理文化的员工。

（2）新员工二级培训：除开展一级培训外，新员工入职前还需同时开展岗位技能培训（即新员工二级培训），对岗位职责、岗位工作内容、技能要求、服务标准开展岗位技能培训考核，考核不合格者也将推迟转正，重新培训并考核。

（3）在职培训：对在职人员，由人力资源部针对其职务级别、技能岗位制定年度培训计划，其中包括团队拓展、年度骨干军训、外聘培训、每日晨会军事队列培训及服务礼仪培训等。

这套完整的培训体系，为呀诺达旅游区培养训练出一支高执行力、高响应速度的团队。不过，呀诺达的准军事化管理并不止于此，而是贯穿了员工在呀诺达旅游区任职生涯的全过程，融入旅游区团建、会议、学习等方方面面中，从而持续培养贯彻员工"令行禁止"的工作作风和"快速反应"的执行能力。每天清晨，呀诺达旅游区的员工团队都会排列整齐地在广场开展例行早操，这已成为呀诺达深入人心的一种企业文化。在每天的早例会上，员工也会统一开展前一天的工作回顾与当天的礼仪训练。

为了激发员工的服务热情、促进游客满意度的提升，呀诺达旅游区实施全员绩效管理模式。根据国家 5A 级风景区标准，呀诺达设计了旅游区游客满意度测评体系，结合游客往年满意度情况来制定未来满意度目标，并根据实际满意度数据与计划满意度目标之间的差异情况来对员工进行绩效考评，然后根据考评标准来核算薪资绩效。此外，旅游区也会定期展开员工的自我测评和第三方测评。奖励好的、处罚不认真的、淘汰差的——这种激励机制有效地保证了员工的工作积极性，促使员工化被动服务为主动服务。

在双体系管理标准的基础上，呀诺达旅游区通过准军事化管理模式和全员绩效考核机制，来提升员工的专业素养和服务意识，打造出"令行禁止、快速反应"的高效能管理团队，这便是呀诺达旅游区稳定输出优质服务的"秘诀"。

▲▲ 六、尾声

夜幕降临，一天的工作也进入了尾声，聂世军站在景区门口，挥动着呀诺达"V"

字礼送别一批又一批带着笑容尽兴而归的游客。白天充满欢声笑语的旅游区慢慢变得安宁，聂世军的心绪却未能随之平静。

从观光游到休闲游，从享受大海到体验雨林，呀诺达旅游区推动了海南旅游格局的转变，也在激烈的市场竞争中凭借自身的优质服务开拓了一条新路，成功实现了从三流资源到一流景区的蜕变。然而，这两年来，受疫情等因素影响，海南地区整体客流量呈下降趋势，呀诺达旅游区也受到一定影响。与此同时，随着国人对美好生活需求的不断上升，旅游业已经全面从观光游向休闲游转型，各大景区的服务质量和管理水平也都已远超当年。面对愈演愈烈的同质化竞争，呀诺达这张"优质服务"牌还能打多久？想到这儿，聂世军不禁皱起了眉头——看来，在未来的日子里，呀诺达还有很长一段路要走。

❓ 启发思考题

1. 为什么呀诺达旅游区会选择服务创新的战略？什么样的服务才能感动顾客？

2. 呀诺达旅游区是如何围绕顾客体验来进行服务创新的？

3. 你认为呀诺达旅游区的优质服务靠什么支撑？

4. 你如何看待品牌建设与优质服务的关系？如果你是聂世军，未来你还会从哪些方面来塑造呀诺达旅游区的服务品牌？

关于呀诺达旅游区的更多资料，请扫描相关二维码了解。

目 拓展资料

👥 呀诺达雨林文化旅游区金钥匙服务

第十章

CHAPTER 10

一城看遍天下秀：横店影视城的文旅融合之路 ①

摘要： 在"文化+"和"旅游+"的战略背景下，旅游演艺作为休闲旅游业的一个重要细分行业，正不断助推文旅深度融合发展。本案例描述了横店影视城在国内大量影视城败北的情况下，如何一枝独秀，建立起多元化旅游演艺体系的发展历程。案例内容包括横店影视城如何围绕不同景区的主题定位来打造各具特色的演艺秀，通过引入影视表现手法和现代科技手段不断丰富表演形式，打造沉浸式体验，并建立演艺服务规范推进标准化管理。实施这一系列创新举措后，横店影视城跳出传统影视基地的固有发展模式，走出了一条"影视为表、文化为魂、模式为王"的文旅融合发展新路。

关键词： 文旅融合；横店影视城；影视旅游；旅游演艺

▲▲ 一、引言

作为《英雄》《鸦片战争》《无极》《汉武大帝》《甄嬛传》《潜伏》等著名电影和电视剧拍摄地的横店影视城，是一个可以让你"穿越时空"的地方。自建成以来，横店影视城吸引了 27 个国家和地区的 1200 余部影视剧前来取景拍摄，被美国《好莱坞》杂志称誉为"中国好莱坞"，但其旅游业的发展却不尽如人意。横店影视城本身没有厚重的历史文化积淀，也没有大自然赋予的得天独厚的山水风光，光靠影视基地不足以吸引游客，而且剧组拍戏也不方便游客观赏。怎样才能让游客在感受影视基地魅力的同时又能得到旅游的愉悦呢？怎样充分利用影视文化及其背后所关联的历史文化，将横店打造成观光与休闲相复合的中国式主题乐园？这些问题一直盘桓在横店影视城董事长殷旭的心头。

---

① 本案例由浙江大学管理学院的吕佳颖、王雪羽和杭州佳米商务咨询服务有限公司的叶科共同撰写，版权归作者所有。未经允许，本案例的所有部分都不得以任何方式与手段擅自复制或传播。由于企业保密的要求，对本案例中的有关名称、数据等做了必要的掩饰性处理。本案例只供课堂讨论之用，并无意暗示或说明某种管理行为是否有效。

▲▲ 二、影视为表：建设初探

（一）泾渭分明：影视业与旅游业

横店影视城位于浙江省金华市东阳市横店镇，处于江、浙、沪、闽、赣4小时交通旅游经济圈内。1996年，为配合著名导演谢晋拍摄历史巨片《鸦片战争》，横店影视城建造了第一个影视拍摄基地——广州街景区；1997年为拍摄历史巨片《荆轲刺秦王》，横店影视城又增建了秦王宫景区；1998年起，随着香港街、清明上河图景区、明清宫苑景区的建成，越来越多影视剧组前来拍摄，可以说，横店影视城是因影视发展应运而生的。同时，随着横店影视城对社会的正式开放，怎样将目前看似泾渭分明的影视产业和旅游产业相结合，这对于横店来说，是一个全新的探索。横店集团创始人徐文荣慧眼识宝，向时任浙江省桐庐县风景旅游管理局局长的殷旭抛出了橄榄枝，希望请他来坐镇横店，开发影视旅游。

上任之前，殷旭决定亲自去横店影视城考察一番。2001年的五一黄金周，风和日丽，碧空如洗，但殷旭在横店逛了一上午，只看到零星几个游客，他问了问门口的保安，得到的回答是："工作日更是一个游客都没有。"在横店走了这一遭，殷旭下定了决心：要生存，首先就要先把游客量做起来。当年12月，殷旭整合横店集团属下所有影视拍摄基地、星级宾馆，以及与影视拍摄、旅游接待服务相关的20余家企业，成立横店集团浙江影视旅业有限公司并出任董事长兼总经理。上任后，殷旭针对杭州20余家有代表性的旅行社，展开了不少市场调研。调研发现，其中50%的旅行社在这一年中没有对横店组过一次团，20%的组团社中一年仅仅只组织过一次横店旅游团，总人数加起来也不超过500人次。问及原因，旅行社的老总们则一致认为，横店只不过是建了一群没太多旅游价值的"空房子"：仿宋代建筑也好，仿明代建筑也罢，反正都是些"假古董"。换句话说，在他们心中，横店影视城算不上旅游景点，既然不是景点，自然没必要掏腰包。听到对方如此回答，殷旭只能尴尬地笑笑，没有正面回答，心中却悄悄思考起如何解决"横店影视城没有旅游卖点"这一痛点。

（二）上菜留人：演艺秀赢得头彩

一日，殷旭照常巡视影视城内剧组的拍摄现场，看到有几位慕名而来的影迷正在"打卡"电影中的拍摄场景，他陡然意识到横店影视城与其他景区的区别就在于它所拥有的影视资源和影视文化。"我们不但要把自家房子装修得漂漂亮亮，请大家过来看，还要做顿美味的菜，把大家留下来吃饭。我们通过旅游＋影视演艺，将影视文化填充进空房子，不仅使得游客有内容可看，还能将频频来围观剧组拍戏的剧迷和粉丝引流到其他景点。"殷旭很传神地打了个比方，他说，横店呈上的第一道菜，叫"英雄比剑"。

2001年，张艺谋在横店拍摄电影《英雄》，可谓轰动一时。这给殷旭带来了灵感：

能不能借助电影的热度，来制造横店的旅游卖点？光靠影迷和粉丝的围观和"打卡"并不是长久之计，要怎样才能把在横店拍摄的影视作品价值最大化呢？在最后一场拍摄结束后，剧组原本应拆除临时搭建起来的场景，但殷旭把这些道具和设施保留了下来，期望能为己所用。《英雄》公映后，殷旭着手将影片中的重要场景"漏顶棋馆"予以恢复。当时整个横店在场景恢复方面没有经验，对于影视特技方面的了解更是一片空白，录音系统也不像现在这么专业，因此，只能硬着头皮往下干。为达到刀剑打斗的激烈音效，便找来菜刀、钢管反复敲打尝试；没有专门的封闭录音室，就只能在夜深人静时进行录音。场景恢复后，怎样巧妙地利用它，使其既能与电影有所联系，又可以吸引游客，这对横店来说又是一个难题。当时国内的演艺秀刚刚起步，但与影视作品相结合的却几乎没有，因此殷旭将剧中经典的"棋亭大战"等打斗场面浓缩在一起进行表演，形成了以影视作品为主题的演艺节目《英雄比剑》，还加入了当时还未普遍使用的"威亚手法"，走在了行业前端。此秀一推出，看得游客大呼过瘾，立马带动了景区旅游，作为主要场景所在的秦王宫人气迅速飙升，直到今天都是横店最热门的旅游景点。这正是殷旭"上菜留人"的真正用意和目的。殷旭接受采访时说道："《英雄》是中国电影正式步入商业电影阶段的一个转折点，我们的演艺秀从《英雄》起步，这也是横店旅游发展的重要转折点。"

《英雄比剑》成功后，横店影视城一鼓作气，继续结合在横店拍摄的第一部影片《鸦片战争》中的虎门销烟及香港禁烟两个主题，在广州街、香港街景区推出了《大话飞鸿》和《怒海争风》两场秀，气势恢宏的表演与景点融为一体。这些节目出现后，横店的游客量更是开始成倍增长。

结合影视剧所打造旅游演艺，让横店旅游火了起来。而殷旭的目光，却不再只停留于影视剧内容，而是期望能通过对影视表现手法的运用，演绎更多新内容。但如何才能利用好各种影视表现手法，突出主题，使演艺秀不至于沦为技术秀呢？殷旭开始寻找这个问题的答案。

▲▲ 三、文化为魂：演艺破局

（一）科技＋文化：走出横店的专属风格

推出《英雄比剑》后的第二年，一切正如殷旭所料，横店影视城已悄然发生了变化，不再是最初那个游客罕至的无名景区了。当年数据显示，横店影视城接待游客已达到108万人次，接待的剧组数量也达到了38个，影视城内随处可见来自全国各地的导游挥着手中的小旗子走在旅游团的最前方。横店的演艺秀产业渐渐步入正轨，这一阶段是演艺秀的"1.0剧场时代"。但殷旭并没有沾沾自喜，相反，通过对经济、政策、市场等方面的调查和思考，他提出了自己的担忧：主题乐园即将面临一次在时间、数量、速度、广度诸方面的大竞争、大洗牌。具体而言，在当时，国内投资几亿的影视城项目已经超过 20 家。长春电影制片厂、上海电影制片厂和西安电影制片厂三大电影集团，都有建设影视主题公园的规划和行动；无锡的唐城、水浒城红极一时，独领风骚；预计投资 45 亿元的杭州世界休闲博览园也开始涉足演艺行业……中国市场就这么大，不可能允许众多影视公园扎堆出现，每家主题公园都有可能面临淘汰出局、无人问津的结局。

横店要摆脱出局，必须披荆斩棘，打造属于自己的风格。在一次外出学习中，深圳世界之窗的表演引起了横店影视城演艺团队的思考：演艺秀应该更具故事性和体验感。殷旭想打造一个有原始森林、沼泽地、高原和海洋等全世界地形地貌集合为一体的体验性主题乐园，围绕着不同的地貌展开不同的演艺秀，而其中最壮观、最具体验性的就是山洪。如何才能让游客在亲身体验到洪水暴发时的紧张的同时，又能看到与众不同的表演，这是横店演艺团队一直头痛的问题。一次和少数民族演员的交流给了殷旭启发：能否利用农耕时期崇拜自然、天人合一的部落求雨仪式作为整体的故事线，来支撑暴雨和山洪的表现形式呢？

这一设想给实际舞台的打造带来了难题：用水来达成的山洪效果并不如预期那样好。首先，因为技术有限，水流下的速度比较缓慢，不够壮观。同时，一场表演要消耗几百吨的水资源，这对于当时的横店来说也是一个较大的负担。演艺团队找到深圳的一家公司，希望利用光线的变换来呈现视觉上的山洪效果，但这又会在一定程度上损害演艺秀的真实性，给观众的体验感打折扣。在这两难的困境中，殷旭考虑到用真正的水流对于提高演艺秀"翻台率"是十分不利的，常常上一场表演留下来的垃圾还没来得及处理，下一场表演马上就要开始了，在横店演艺秀发展的上升期，最重要的不是每一场秀都追求完美，而是在不产生过多的资源浪费的同时提高效率。

经过近两年时间的筹备，2004 年 7 月，横店的第一台灾难实景演艺秀《暴雨山洪》首度和游客见面，市场给予了巨大的反响，也标志着横店主题演艺秀的"2.0 全景时代"来临了。不同于"1.0 剧场时代"，《暴雨山洪》打破了单一舞台化、平面式的表演空间，以及单调的观演模式，观众席不仅与舞美设计紧密结合，甚至还延伸至表演区，观众不再只是"旁观者"，而是舞台故事中的一员，在 30 分钟里如同部落的子民一般全程沉浸式参与到气势磅礴、险象环生的傩祭中，感受暴雨如注、山洪如兽的灾难场景。

《暴雨山洪》取得巨大成功之后，殷旭还想复制这一模式，继续推出以火山地貌为主题的演艺秀。在策划过程中，团队突破了层层技术瓶颈，还原了火山喷发时的壮观景象，但又遇到了一个新的问题：没有合适的文化内核。殷旭说道："当时火山都已经搭建完成了，演艺形式却还不知道如何呈现，我陷入了迷茫，差不多一年的时间里都在苦恼。有天早上，我醒来后随手拿起床头放着的《易经》，忽然灵感就来了。我想到，是不是可以把易经中'和'文化内涵引进演艺秀中去，通过春、夏、秋、冬四季轮回进行阐述，将中华传统文化和现代的旅游演艺相结合？于是就有了我们的《梦幻太极》。"演艺团队在殷旭提出的突出"和"文化的主题基础上加入剧情，引入中国上古神话，通过老百姓耳熟能详的故事，来展现天地间万象变化的规律，体现人与自然的相生相依。表演分为春、夏、秋、冬4个篇章。在春篇章中，盘古开天、混沌初始、女娲造人，象征着生命的繁衍；夏篇章中，夸父追日、后羿射日，喻示着勃勃的生机；秋篇章中，共工、祝融水火大战，共工触怒不周山，引得天崩地裂，火山爆发，展现人与自然的冲突；而后冬篇章中，女娲补天，伏羲推演出伏羲图，演化成易经，世界又将迎来新生（见图10-1）。

图 10-1　2007 年《梦幻太极》首演

资料来源："横店假期"微信公众号。

　　2007 年 10 月，故事变成了现实。横店影视城全球最大的火山实景舞台演艺秀——《梦幻太极》终于面世。这可谓是横店影视城演艺秀集大成之作，也标志着横店演艺"2.0 全景时代"迎来了高潮。该节目将《易经》中深奥的文化符号具象化，多媒体、舞台机械、舞蹈杂技、武术特效等多种现代演出手段交融在一起，令游客叹为观止。2012年国庆节这一天，《梦幻太极》一个晚上连演 9 场，创造了观众 4 万多人的演出奇迹。那晚，殷旭激动得一夜无眠。

　　殷旭和他的演艺团队还会不断地对表演内容进行丰富和改进，每年到横店的游客，看到《梦幻太极》都是新的版本，每次都会感受到新的震撼。改到第 6 版时，已经演出 2560 多场。殷旭说，目前《梦幻太极》第 7 版已开始策划了，为保证演艺秀的"原创性"，每一版的策划都是他自己亲力亲为。

　　当被问及为什么会有层出不穷的好点子时，殷旭笑言自己没什么爱好，就是喜欢看书，从小翻阅父亲的藏书，看的书种类虽杂，却有一定的系统性，"我在一个时期，把世界名著全部看了，包括巴尔扎克、雨果、契诃夫等作家的作品。后来我又看中国古典文学，比如诗经、唐诗宋词、明清诗选、《古文观止》等，很多诗词文章还背诵下来，到现在都印象颇深。这些阅读丰富了我的思想，为我现在的事业打下了基础"。

（二）规范管理：开启演艺秀全盛时期

横店特有的演艺秀风格基本形成，演艺秀的规模也越做越大，这个时候，就需要转手重点抓管理了。在管理方面，殷旭感到很自豪，他说道："横店影视城很注重标准管理、制度管理和文化管理，以标准管理为例，我们是全国最早的旅游化标准示范单位，也是其中唯一的民营企业。"为了响应国家提倡标准化管理的要求，横店早在2003年就建立了浙江省第一套景区标准化的方案，后续又作为第一起草单位主导了《主题公园演艺服务规范》国家标准的落地，而这正是横店影视城特色旅游演艺多年经验的浓缩体现。

在制度管理方面，横店影视城艺术团目前共有演职人员1000余名，强大的演员队伍为演艺秀的顺利进行提供了保障。殷旭对于艺术团的管理也有自己独到的心得。2007年演艺秀逐渐步入正轨后，横店影视城旅游演艺标准手册也初步成型，每位艺术团的成员都要经过至少3个月的培训磨合期，演员的一句台词、工作人员的一个操作手势，在手册里都有着明确的规定。显然，这正是横店影视城演艺秀能够长盛不衰，多年来始终保持演出水平和质量的关键。当谈到横店是怎样将运营团队和演艺团队完美融合时，殷旭坦然说道："我们坚持一点，那就是主要表演团队从不外包。"在日常的管控中，为了强调演艺的稳定性，横店在员工培养模式上也有其独创性——主力演员自己培养和培训，特型演员整团外包，这样的模式不仅能够保障整体演艺秀的品质，也能使运营团队的管理更为聚焦、高效。除了演员培训之外，横店影视城无意中也形成了一个"工匠"群体，现在全中国影视行业的美工、剪辑、配音、道具等领域内的工匠队伍，大多是从横店影视城走出来的。下一步，横店影视城也想顺势而行，继续提高整个演艺团队和工匠团队的技能和地位，将横店影视城特有的工匠体系发展起来，让年轻人不仅愿意看，还愿意演、愿意学。

在文化管理方面，殷旭的用意很明确，他要将以文化做就的演艺秀这道"好菜"充实进影视城的空房子中，形成独具一格的旅游演艺产品。这种文化不仅包括影视文化，还包括地域文化和历史文化。"为了让不同的演艺秀呈现出差异化的文化内容，我们当时对横店的几个代表性的景区进行区别定位，同时保证演艺秀和景区整体的建筑风格、历史底蕴都是一脉相承的，确保游客不会有任何'出戏'的感受。"殷旭说道。他首先给秦王宫景区确定了一个通俗易懂的定位符号，那就是"正气"。也就是说，秦王宫里面所有的演艺一定都要严格遵守正史，尽可能地还原真实的历史原状，坚决不出现任何搞笑、戏说野史的成分。以秦王宫的多媒体情景剧《梦回秦汉》为例，故事起源于一个现代青年对秦汉历史的好奇及迷惑，并从参与者的角度，来叙述秦始皇和汉武帝对于匈奴问题的不同认知。故事中虽有穿越的情节和现代技术的运用，但其涉及的史实基本能够做到"无一处无有来处"，每一个故事中的每一句话都能找到考据的原型。"新华社副社长来横店影视城视察，看了《梦回秦汉》，都给予了赞许，说"你们对这个史实尺度把握很好。这就达到我们对秦王宫的'正气'这一定位的目的了。"殷旭笑谈，横店影视城不仅仅有"正气"，还有"王气""俗气"和"洋气"。

明清宫景区的定位是"王气"，景区内涉及的所有演艺秀一定都是跟明清皇家文化有关的。以皇家马战表演《八旗马战》和影视揭秘互动情景秀《清宫秘戏》为例，前者将马术特技、影视表演、影视特技有机结合，重现当年康熙大帝威慑三藩时那惊心动魄的一幕，后者则让游客对电影特效制作不再感到神秘，虚实之间，将游客带入影视拍摄的真实环境中。

相较于明清宫苑，清明上河图景区就显露出了更多的民间烟火气，也正是因此，殷旭将其定位为"俗气"，此中之俗乃是指通俗、民俗。以清明上河图景区的古彩戏法《汴梁一梦》为例，这一演艺秀是由来自中国杂技之乡河北吴桥杂技团的专业演员现场演绎的，以杂耍、魔术交融的呈现形式将昔日大宋汴梁古都的繁荣及民生百态展现得淋漓尽致。殷旭说道："相比于'正气''王气'来说，'俗气'里面的表现手法就可以更多彩，有杂技、杂耍和戏曲，还穿插了张择端创作这一幅《清明上河图》的过程，并以它作为一条线索，以多种形式引领观众走入北宋风俗长卷。"

而在"洋气"的演艺秀中，时间则要切回到近现代，地点也转移到了广州和香港这两座吸收了大量欧美文化、开我国"洋气"之先的城市，在这里，一切皆有可能。殷旭打破了传统影视演艺的格局，将时空倒错、搞笑等当下的流行元素大量融入演艺秀中，且每一年都会及时改版升级，有时候半年就更新一次，为的就是紧跟时尚的脚步，与时俱进。以《大话飞鸿》为例，凭借夸张的情节、乱串的笑剧、雷人的台词、给力的表演，这场老少皆宜的演出能够征服不少游客，能让他们留下掌声、载乐而归。观众互动，欢笑满场，这是打造演艺秀的初衷，也是每一个横店影视城表演者的愿景。与无厘头的《大话飞鸿》不同，同样在广州街、香港街景区上演的大型影视特技水战演艺《怒海争风》则是用爆炸、快艇、枪械等影视特技手法，在6万多立方米的"维多利亚港"水域空间展开立体表演，其中以身手和绝技极具观赏性的水上特技表演最是令人震撼，这都是广州街、香港街景区"洋气"的体现。迄今为止，《怒海争风》演出场次已有5600余场。

🔺🔺 四、模式为王：体系落成

殷旭把曾经不被看好的"空房子"运作到了极致，为世人呈上了一道道"好菜"，但他的眼光不止于此。相反，他笑称，目前横店的演艺秀和设备秀都是针对不同景区打造的"快餐"，一般时长都控制在40分钟左右；而各种小型快闪、街头秀和行为秀是"大排档"，风格迥异，形式丰富，大多穿插在各个景区之中；现在横店要打造的，则是能够经典流传的"大餐"。这个"大餐"要像百老汇的剧目一般，可以10年、20年地演下去，成为演艺行业甚至整个影视界的标杆和经典。横店影视城不仅要有景区，而且要背靠整个横店镇的一系列产业，打造一个多元的演艺体系："有'快餐'，有街头'大排档'，也有正规的宴席'大餐'"。

横店影视城的演艺秀从1.0时代的传统剧场起步，经过发展逐步迈入2.0的全景式演出阶段，如今迈入了结合传统剧场和全景展示的3.0阶段，通过多表演空间来营造更为浓厚的互动感和代入感。2019年，横店演艺秀"3.0融合时代"的代表作——水舞秀《百老舞汇》亮相，多场景的、行进式的表演，带领观众体验20世纪三四十年代老上海的多样文化。节目背景设定在抗战前夕的远东第一歌舞厅百乐门的"最后一夜"，主要人物是当时的歌舞皇后红玫瑰和上海滩帮派老大强哥。整个表演共有3个剧场：第一剧场是石库门场景，有算命的、唱戏的、剃头匠、卖报童、遛鸟的老人、晒衣服的大婶等等形形色色的底层市民，营造出一个浓厚而真实的老上海市井生活场景。观众从进入剧院的一瞬间，就被带入到了剧情氛围中。第二剧场为码头场景，两大黑帮势力在此争抢地盘，用影视表现的方式展现沉重的黑帮故事，借助多层次的多媒体技术将黑帮斗争中的血腥打斗、战争中飞机轰炸等画面呈现在观众面前，让人分不清虚实。第三剧场则是整台节目的高潮——百乐门歌舞厅。这里是乱世中人们最后的欢娱之所，舞池中的人们都心知肚明，明日之后，大家将奔赴各方，共赴国难。作为整场秀最核心的部分，《百老舞汇》通过华丽的歌舞秀和水舞秀极尽地展现老上海歌舞娱乐业的繁华与时代特色。《百老舞汇》整台节目通过3个剧场的层层铺垫和递进的演绎，全方位、全景式地展现了老上海的风貌。"观众从走着看、站着看，到最后坐着看，一路通过不同的观看方式，感受这种全过程的沉浸体验。"殷旭认为，全新的节目表现方式和观众观看方式刷新了横店现有的演艺秀模式。

横店影视城演艺秀在一地集聚了几乎所有能采用的表演形式，打造出不同年代不同形式的剧情，在演艺秀的全面性上是独一无二的，这种整体性战略正是其竞争优势所在。殷旭自豪地说道："这种模式在全国找不到第二个。"要保证演艺秀的整体性，就需要业主方在策划过程中充分发挥其主导性，殷旭常常强调的六字箴言便是"业主不可缺位"。具体来说，在整个横店演艺产业中，业主需要主导项目的内容选材、创编导向、投入资金和运行成本。在横店影视城的发展中，业主是集策划、编创、运营和管理为一体，把握基准、制定大纲的重要角色，充分掌握主导权，才能够保证旅游演艺的剧情不会走偏，演艺的文化不会走偏，还能留下改动升级的契机，从而在竞争激烈的当下走好横店特色之路。"我是横店影视城的操盘手，我知道它未来的走向，我了解我的游客群，关注他们的需要，我也清楚自己的优势和短板，对项目在此地的可操作性我更是有明确的认识。这些，是外人无法考虑到的。"殷旭强调说。

横店演艺秀成功之后，国内相继出现了很多不同的旅游演艺项目，但大多数演艺项目都有一个共同点，即策划者、导演者和管理运营班子不是一个整体，策划者创编完成就走了，实际运营者很难来完成和管控演艺的后续升级，有些旅游演艺作品的艺术品质是很不错的，但效果很不如人意，就是因为创编和运营的脱节。殷旭表示，"旅游演艺的趋势一定是这样一种模式：业主投资方既是自主的，又是懂行的，自己全权掌控，然后再利用行业内各方面力量的协助来进行完善，只有这样，演艺产业才会越做越好"。

到目前为止，横店影视城共推出旅游演艺秀120台（个），其中主题表演秀23台，设备秀3台，行为秀94个。演艺秀以大型主题秀为主、小型表演秀为辅，每个景区都采取"大中小""多样化"的演艺秀搭配策略，在各个景区穿插不同规模、不同形式的行为秀，让游客无论何时何地都能有新鲜感、参与感。至于为何要这样安排，殷旭慷慨地分享了他的理念："这是有科学依据的，人高度集中的注意力只有40分钟左右，合理利用游客的注意力，松弛有度地安排各类演艺秀，才能最大化地吸引游客的注意力"。横店影视城打造的演艺秀几乎囊括了目前为止旅游演艺可能出现的所有技术手段，不仅有传统的杂技、魔术、歌舞、舞蹈，而且有大量的新设备新技术的应用。演艺秀的更新也是循序渐进的，每一场表演都留有足够的余地，遵循着"三年一大改，一年一小改"的更新周期，从而不断把演艺秀推上新的高度，"我们做演艺秀一定要高于市场对我们的期待，"殷旭说，"演艺是促进景区逐渐转型的推手，原来的横店影视城是观光型的景区，到现在则是观光休闲复合型的景区，让游客在原来不断走动的快速情景中慢下来、静下来、坐下来，通过旅游演艺和沉浸式的体验，感受高度的影视文旅融合。"

演艺秀从无到有，从初生到成熟，随着一台（个）又一台（个）节目的相继推出，横店影视城的游客量也随之高速增长。其实，横店影视城的演艺秀也正是中国旅游演艺的发展史。"多年来，在不断对现有经典演艺秀进行改版和调整的同时，我们也从未停下创新的脚步。"殷旭透露，横店演艺秀的"4.0体验时代"很快就会来临，打破固有的观看模式，由观众创造剧情甚至直接参与剧情的体验秀也已经在谋划中。不断探索、不断创新、不断前行，横店的演艺秀有无限可能。横店影视城主要演艺秀节目如表10-1所示。

表10-1　横店影视城主要演艺秀节目

景区地点	演艺秀名称
秦王宫	《秦王迎宾》《龙帝惊临》《帝国江山》《英雄比剑》《梦回秦汉》《始皇等级》《秦汉婚礼》
明清宫苑	《紫金大典》《八旗马战》《花车巡游》《百官朝贺》《清宫秘戏》
清明上河图	《汴梁一梦》《游龙戏凤》《笑破天门阵》《我在横店当群演》《聊斋惊梦》
广州街·香港街	《大话飞鸿》《怒海争风》《走进电影》《魔幻风情》《枪战》

景区地点	演艺秀名称
梦幻谷	《梦幻太极》《暴雨山洪》《海豚表演》《小鸟加油》
梦外滩	《百老舞汇》《啼笑洋戏》
横店圆明新园	《天下同乐》《戏游百姓街》《音乐喷泉》《乾隆西游》《宫廷献技》

资料来源：根据网络相关资料整理。

▲▲ 五、尾声

从一无所有的"空房子""假古董"，到如今完整的旅游演艺体系，横店影视城走出了一条文旅融合的发展新路，为游客呈上一道道演艺"好菜"。对被冠以"影视演艺秀之父"的殷旭来说，他所要缔造的演艺秀王国，绝不可能止步于现有这一切，他清醒地认识到，"旅游发展到最后，必然得建立起观光、休闲和体验复合型旅游目的地的整体构架。要达到这样的目标，目前横店影视城在景区的品质、服务体系的升级、住宿的精品化和主题化，以及文创产业链的形成等方面还有待继续提高。面对新问题和新挑战，横店影视城如何继续推动文化和旅游深度融合发展，不断用新的技术手段、新的创新思维、新的表现手法来实现演艺秀的升级，并创造出更多文旅融合的新业态，这对殷旭来说还有很长的路要走。

？ 启发思考题

1.横店影视城打造演艺秀，经历了哪些阶段？每个阶段的特点是什么？

2.从"空房子""假古董"到如今形成完整的旅游演艺体系，横店影视城是怎样实现影视和旅游之间的良性互动的？

3.横店影视城的演艺秀体系打造对其他景区文旅产业的融合和延伸有哪些启发和可借鉴之处？

关于横店影视城的更多资料，请扫描相关二维码了解。

目 拓展资料

横店影视城让你一城看遍天下秀

第十一章

CHAPTER 11

城郊融合型乡村振兴：浔龙河生态艺术小镇 [①]

摘要：中国的城镇化发展历经 60 余年，已步入新常态下的特色新型城镇发展轨道，但城乡融合在发展实践中仍受制于传统城乡二元结构，缺乏可借鉴的成功模式。浔龙河生态艺术小镇是一座城市近郊型特色小镇，项目始于 2009 年，在不到 10 年的时间里，浔龙河生态艺术小镇实现了"产业兴旺、生态宜居、乡风文明、治理有效、生活富裕"的总目标，成为我国乡村振兴的标杆项目。本案例介绍了浔龙河生态艺术小镇如何通过土地改革、民生发展、体制创新、金融路径等方面来激活乡村资源，化"绿水青山"为"金山银山"，以及在这个过程中所遇到的挑战，提炼出城郊融合型乡村振兴的新模式。本案例对于我国的城乡融合和乡村振兴有重要的借鉴价值。

关键词：浔龙河；乡村振兴；城乡融合；土地改革；特色小镇

🏔 一、引言

2019 年 5 月，中央一台的《朝闻天下》栏目专题报道了这样一座特色小镇：它从省级贫困村摇身一变，成为举国闻名的生态艺术小镇，冲进了中国乡村振兴先锋榜——它就是被称为"丘陵地上改革排头兵"的浔龙河。这一非同寻常的变化，是在柳中辉手上实现的。

40 多年前，柳中辉在浔龙河村出生。20 世纪 90 年代，不到 20 岁的柳中辉走出山村，从推销员做起，辗转深圳、珠海……经过十多年的摸爬滚打，个人资产积累到数亿元，成为当地有名的民营企业家。2009 年，由于父亲的去世，柳中辉想把落单的母亲接到城里住，但母亲坚决不肯离乡，他只得暂时放下生意回乡陪伴母亲。在那段时间里，柳中辉晚上陪母亲说话，白天到乡亲们家串门。这次回老家，柳中辉发现，贫困村依旧是贫困村的样子：出门是泥巴路，到处猪粪臭；乡亲们的房屋，大多低矮破烂，椅子坐上去满是灰尘；洗澡还是原始的木盆和木桶……

看着眼前这座乡村，柳中辉开始苦苦思索一个问题："这是生我养我的地方，是父

母亲永远不愿离开的地方，这么多年过去了，我已经长大成人，而老家却还是像儿时一样贫困落后。该如何寻找到一个突破口，为老家做点事情，帮助乡亲们走向富裕？"

▲▲ 二、浔龙河之梦

"我有一个浔龙河之梦，就是要把这里打造成城镇化的农村、乡村式的城镇。"说这句话的，正是柳中辉。经过十几年的探索和努力，如今，他的这个梦想，已经一步步实现……

2009 年，彼时的浔龙河村还未被开发，其产业结构以农村传统的水稻种植业和生猪养殖业为主，生产方式也多以小规模的家庭为单位。这种单一的"粮猪型"农村经济模式，使浔龙河村的经济发展多年来一直处于落后状态。统计资料显示，浔龙河村2009 年的总产值仅为 700.8 万元，其中农业总产值 200.6 万元，工业总产值 20 万元，其他产值 480.2 万元，人均年收入只有 4500 元，这一数据远远低于当年长沙市的平均水平。当时的浔龙河村，是一个实打实的贫困村。

浔龙河村的自身劣势十分明显：地广人稀，山多田少，1 万多亩土地中只有 1/10 是耕地，农业产值低下，也没有其他产业支撑。正是因为长年以来的贫困落后，浔龙河村当地的年轻劳动力大多外出务工，留在村子里的居民仅有 1800 余名，且几乎都是没有劳动能力的老人和孩子。然而，在柳中辉的眼中，浔龙河村的这些劣势虽然显著，但从另一个角度看，它们也正像是有待雕琢的玉石，看似暗淡粗糙，却能通过精心打磨成为独特的亮点——耕地面积小，就意味着土地多样性更丰富；常住人口少，就更易于居民的集中安置；资源开发率低，就有更多的山水用作开发。经过一番实地考察研究，柳中辉又进一步发现了浔龙河村的其他亮点：村子距离长沙市仅 30 千米，具备良好的区位资源；当地的山多水多、风景优美，具备丰富的自然资源；村落的历史文明悠久，具备特色的文化资源。放眼望去，长沙市周边的所有村落里，只有浔龙河村同时具备上述三大优势。

既然已经找到了浔龙河村的优势，下一步要做的，就是将这些优势同自身的建设结合起来，找到一条最合适浔龙河村的发展道路。浔龙河村距离长沙市区、机场、高铁站都只有半小时不到的车程，那么，是不是可以利用城市近郊的区位优势，从城乡融合的角度做文章？基于这一思考，柳中辉翻遍了农村改革有关的各项政策和资料，四处请教有相关经验的朋友和同行，并充分学习华西村、小岗村等改革名村的成功经验。一番努力下来，问题的答案逐渐变得清晰，柳中辉终于明确了浔龙河村的发展定位——城镇化的乡村、乡村式的城镇。"我想要将浔龙河建设成为一座城乡融合的新型生态小镇，既能让咱们当地村民能够拥有城市的生活品质，又能让周边市民感受到乡村的生活风貌！"谈到对浔龙河村的规划和期待，柳中辉兴奋不已，眼神里充满了希望和信念。

三、土地改革，盘活资源

土地资源是农村地区最宝贵的资源，土地改革是乡村振兴过程中最关键的环节。然而，随着越来越多农民外出务工，浔龙河村的土地农田大多处于荒置状态，产权也渐渐变得模糊不清。"工商资本追求的是规模效益，分散的土地经营权就是资本下乡的最大障碍。"柳中辉清楚地明白，要盘活浔龙河村的沉睡资源，解决土地问题是首要任务。

（一）土地确权

2010 年 3 月，浔龙河村委会成立土地确权调查小组，分阶段组织实施了农村集体土地产权调查工作。调查小组由当地德高望重的老同志组成，每个村民小组也派出代表，与专业的勘测人员共同完成土地确权工作。调查期间，浔龙河村对各户土地使用共有人、宅基地、耕地、林地情况进行了统计，对各组范围内塘坝、河流、道路等公共用地面积进行了测量，并由各户各组确认核实。

调查工作持续了两个月，2010 年 5 月，浔龙河村的《土地调查报告》正式出炉。在这份调查报告中，村内各组各户的土地承包经营权、集体土地所有权和宅基地永久使用权都得到了一一确认，原先模糊的土地产权关系和土地经营状况终于清晰了起来。

这次土地确权调查，暴露出了浔龙河村在土地管理上存在的两个突出问题：土地权属混乱、使用效益低下。看来，土地改革势在必行。

（二）增减挂钩，集中居住

长期以来，由于年轻劳动力外出、村民分散居住、土地粗放管理等因素，浔龙河村当地多数宅基地处于规划混乱、闲置浪费的状态，配套的公共设施建设也难以跟上。为解决这个问题，浔龙河村决定实施增减挂钩、异地置换的方式，大力推进集中居住工作的实施。

实施集中居住的过程并不顺利。为了说服村民们放弃原有的住宅，搬到重新规划的区域去集中居住，柳中辉和他的团队一共组织设计了几十套方案。"一开始我们想盖高楼大厦，但是老百姓不愿意，他们还是习惯独门独户，所以后来我们就设计成了每家都有一个前院，一个车库，一条 5.6 米的后街。大家说还是想吃自己种的菜，我们就在住宅旁边规划了 50 亩耕地作为景观菜园……"一年里，柳中辉一共组织召开了 163 个大大小小的村民代表大会，倾听村民们的意见，不断地调整和修改方案。2010 年底，浔龙河村对村民集中居住及选房选址方案进行民主决策，支持率终于达到了 98.14%。

通过增减挂钩宅基地置换，浔龙河村平均每户节约建设用地 0.56 亩，总共节约建设用地约 340 亩。这些节约下来的宅基地都被复垦成为耕地。拆除旧房后，每户村民可以得到 50 万到 60 万元的补偿金。集中居住后，每户村民都可以获得一栋别墅、一个门面，还有菜园、院子和车库。更重要的是，百姓们在保留农民权利和习惯的同时，还享受到了水、电、路、气、网，以及医院、学校、文体中心等与城市相同的配套设施。

同时，浔龙河村当地原有的宅基地具有不可转让、出让的性质，因此导致村内多数的"不动产"变成了"呆资产"，造成大量的资源浪费和贬值。而集中居住后，由于村民们的居住用房建设在小城镇中，其房屋所有权证和集体土地使用权证都具有资产价值，便可用作抵押贷款。同时，这些商铺和住房都可以进行出租，租金为商铺每月 18 元/平方米、住房每月 10 元/平方米。光靠出租商铺，村民们每年就可以收入 2 万多元。这样一来，原有的"呆资产"就能够得到灵活运用，给村民带来致富增收的资本与机会。

此外，实施集中居住后的浔龙河村，既保留了乡村自然美景，又提供了便利的城市服务，因此吸引了越来越多周边城市的居民来到浔龙河村游玩、置业，带动了城乡一体化发展（见图 11-1）。

图 11-1 浔龙河村集中居住区

资料来源：浔龙河村生态艺术小镇官网（http://www.xunlonghe.net）。

（三）土地流转：确权不确地

开展土地确权调查工作后，浔龙河村土地分配不公、效益低下的问题浮出水面。以林地分配为例，调查数据显示，以户为单位来看，浔龙河村里林地最多的一户有 42.1 亩，而最少的只有 0.2 亩。从人均拥有面积来看，最多的每人拥有 27.2 亩林地，而最少的仅有 0.04 亩。分配不均之余，土地使用效益的低下更是限制了浔龙河村的发展。据统计，浔龙河村当时每亩农田的毛收入仅有 788 元，计入劳动力成本后，每亩地居然还净亏损 112 元。也正是因此，越来越多的年轻劳动力不再留在家乡务农，而是选择外出务工。这又进一步加剧了浔龙河村"空心化"的现象，使得这座本来就贫穷的村子愈加落后。

柳中辉深知，家乡的这些土地不是没有价值。关键问题在于，应该如何把这些价值给利用起来？针对浔龙河村多年以来的土地经营问题，柳中辉采取的办法是：一改以往的管理制度，将土地由村集体所有确权到组集体所有，推行"统一流转、规模经营"的新模式。

然而，这个方案刚一提出，就遭到了许多村民的强烈反对。他们认为，柳中辉和他的团队纯粹是在变相圈地做房地产。为此，柳中辉专门挨家挨户地上门沟通，一点点向乡亲们解读自己关于新型城镇化的构想，努力征求村民的理解和支持。浔龙河村的村民说："大家通过投票来表决意见，到现在为止，我们一共投了3次票，全村18岁以上的老百姓全部回来参加投票。"功夫不负有心人，在2012年5月的第三次村民公投大会上，关于土地流转事项的支持率达到了100%。

经过村民大会的商议，浔龙河村通过了"确权不确地"的土地管理模式，将土地的经营权收回到组。虽然村民依然拥有土地的承包权，但这种承包权不再针对某块具体的土地，而是需要村民们以小组为单位，通过自主申请的方式来开展土地流转工作。其中，流转价格标准为：耕地600斤谷/每亩每年、林地150斤谷/每亩每年、水塘坡土200斤谷/每亩每年。村民小组根据组内可分配人口的数量，来对流转收入进行平均分配，保证小组内人人有份。按照当年的国家粮食保护收购价进行折算，每人每年可获得2000元左右的收入。这样一来，原先土地资源分配不公的问题就得到了有效解决。

土地流转收入是村民的"保底"收入。在此基础上，他们还能够得到土地经营所带来的利润"分红"。为了更好地管理土地，浔龙河村13个村民小组作为股东，共同成立了资产管理中心，并根据村民小组所持有的土地面积占比来确定股份比例。集体资产管理中心统一负责土地的开发、利用和经营活动。

（四）混合运营创收益

经过置换、流转后，浔龙河村的土地情况如下：项目总占地面积为14500亩，其中，4500亩为建设用地，10000亩为农业用地。在4500亩建设用地中，有3500亩是国有出让用地。对于国有出让用地，由企业通过原国土资源部门征地后招拍挂获得土地，并开展乡村地产、度假农庄、农产品加工厂等项目的建设。剩下的1000亩则是集体建设用地。集体建设用地又分为宅基地、公益性用地和集体经营性建设用地3类。其中，宅基地作为农民集中居住的空间；公益性建设用地用作道路、交通、公园等基础设施配套；集体经营性建设用地面积最大，有300亩，用来建设超市、加油站、停车场等公共经营性项目。按照村民小组所持有的股份比例及组内可分配人口数量，村民可以对这些公共经营性项目所得收益进行分红。这样的土地政策能够有效地调动村民的生产积极性，在保障村民财产收入性收益的同时，也壮大了集体经济。

对于10000亩农业用地，浔龙河村通过集中流转的方式开展规模经营。为提高农业生产的效率和质量，浔龙河村大力推进现代农业科学技术在土地经营中的应用。在基本农田上，发展绿色蔬菜和优质稻的种植；在旱土、坡地等一般农田上，则种植花卉、水果等。现代农业生产要素的引入，使浔龙河村实现了前所未有的提质增收。同时，浔龙河村还积极促进当地农业与其他相关产业的融合共进：开办农产品加工厂，对来自本地和周边的优质农产品进行加工、整合，打造特色农产品品牌；结合农业基地和当地秀美的山水人文资源，大力发展乡村休闲旅游产业。

这种混合经营模式唤醒了浔龙河村的沉睡资产，使它们终于发挥出了自己应有的价值。农旅产业的融合，则进一步完善了乡村产业链。这一系列的土地改革工作，不仅改善了当地的生产、生活水平，也为浔龙河村从传统农耕乡村到新型生态小城镇的蜕变奠定了基础。

▲▲四、村企联合，振兴产业

（一）遇见棕榈

经过两年多的努力，浔龙河村的土地改革、政策申请等前期工作已经基本完成，项目逐渐走上了正轨。2012 年 9 月，浔龙河村生态艺术小镇项目被列入长沙县城乡一体化试点示范目录。2013 年，湖南省发改委、住房和城乡建设厅将浔龙河生态艺术小镇列为湖南省 2013 年重点建设工程。

2013 年 11 月，在长沙市政府举办的全市小城市投资洽谈会上，浔龙河生态艺术小镇与广州棕榈园林股份有限公司（以下简称棕榈股份）顺利完成战略合作签约。棕榈股份是当时我国园林行业的龙头企业，且正在向生态城镇领域进军。棕榈股份有资本和经验，浔龙河村有资源和空间，二者一拍即合，决定共同成立湖南棕榈浔龙河生态城镇发展有限公司，专门负责浔龙河项目的开发和管理。围绕"城镇化的乡村、乡村式的城镇"这一定位，双方共同制定了浔龙河生态艺术小镇的战略发展规划，浔龙河生态艺术小镇的建设正式拉开帷幕。

（二）政府搭台，企业唱戏

特色小镇的开发是一个高投资、长周期的过程，涉及政府、企业、集体组织、当地民众等多方利益。作为生态城镇的试点村，在打造特色小镇的道路上，有许多未知的问题等待浔龙河村的解决：当地政府应该如何帮助社会资本扎根乡村？产业体系要怎么规划？不同主体之间的权责和利益如何分配？

政策能为乡村建设提供引导与保障，而村内的资本引进、产业部署，以及项目成型后的商业运营、组织管理、社区建设等工作，则少不了企业和村集体的共同参与。因此，浔龙河村选择了一条"政府搭台、村企唱戏"的道路，一改传统农村由政府投资为主的投资结构，转变为政府、村集体、企业多元主体的投资结构。2014 年年底，长沙县举办政府与社会资本合作模式（public-private partnership，PPP）示范项目推介会，会上，浔龙河生态艺术小镇等 5 个项目成功签订合作意向书，签约金额达 146 亿元。

从具体的合作分工方式上看，浔龙河村委会在土地改革工作中，通过推行增减挂钩、异地置换等土地政策，挖掘村内闲置资源的经济价值，并将其用于农村项目的基础设施建设和公共配套工程建设，包括水、电、路、网等公共基础，科、教、文、卫、体、商等公共服务配套设施。此举不但改善了村民的生产条件和生活水平，也为接下来集体经济的发展提供了支持。村集体则扮演着集体经济平台的角色，负责村民集中居住项目和村集体产业项目的投资。村集体大多是以土地资源的置换和入股作为投资方式，将村民手中的宅基地、承包地及产权未明晰的土地资源通过集中流转的方式流转到集体经济平台，并用于规模化、现代化的产业经营，如生态农业、旅游康养、文化教育等产业。企业作为乡村和社会资本之间的桥梁，扮演着项目建设主力军的角色。湖南棕榈浔龙河生态城镇发展有限公司从整体规划入手，对浔龙河当地的生态农文化、教育、旅游和乡村地产等项目进行投资、规划和运营，促进浔龙河的乡村资源朝着资产化、资本化的方向发展。

（三）五大产业，振兴乡村

通常来说，城市的发展模式是以工业和服务业为主，并将企业作为发展的核心，而乡村地区则应围绕生态来做文章。乡村开发既要践行"绿水青山就是金山银山"的理念，同时还肩负着城乡融合、乡村振兴的使命。

浔龙河村临近长沙市，既有山水资源又具文化底蕴。土地改革后，当地的现代农业也在蓬勃发展。基于这些条件，浔龙河确定了一条"生态产业为基础、文化产业为灵魂、教育产业为核心、康养产业为配套、旅游产业为抓手"的发展路径（见图 11-2）。

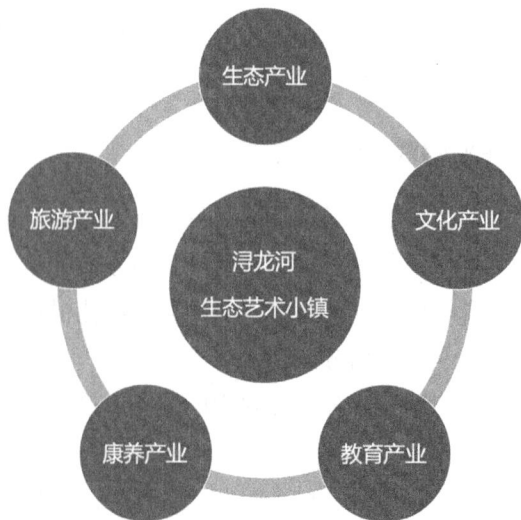

图 11-2　浔龙河生态艺术小镇五大产业

通过五大产业的有机结合，全力打造"农村人的现代家园、都市人的市民公园"。2015年5月，浔龙河生态艺术小镇首期产品正式动工。紧接着，浔龙河又陆续打造了乡村生态主题公园、亲子嘉年华、美食休闲街、樱花谷、田汉大剧院……随着越来越多项目的落地，浔龙河生态艺术小镇终于破茧成蝶。

1. 生态产业

浔龙河村立足于当地"七山二水一分田"的自然条件，首先大力发展绿色农业。2009年至今，浔龙河村生态农业板块已流转了1.2万多亩农田、果园和山地，建成了核心示范区1000亩、区域辐射范围1000亩的高标准种植基地。扩大规模之余，浔龙河村还投资7400余万元积极推广绿色农产品生产和种植技术，建成了一个生态农业基地和长沙县北部乡镇农产品展示平台，并与湖南农业大学建立产学研战略合作伙伴关系，与湖南省蔬菜研究所合作成为其成果转化基地和原生态品种培育基地。

为打造特色农产品品牌，浔龙河村整合基地内和周边的优质农产品资源，建立农产品加工厂，推出一系列具有浔龙河村特色的加工产品。目前，浔龙河村已经获得长沙市"农业产业龙头企业"称号和农业部"浔龙河村"牌绿色食品认证，浔龙河村名、优、特、精的品牌形象深入人心。2017年，为完善农副产品的流通渠道，浔龙河村还成立了湖南省首家标准化农村新型供销综合服务社，结合湖南省"农改超"项目建设销售渠道，完善线上线下双交易通道，打造全国范围内的农产品商业集成平台。除特色农产品外，农村基础生活用品和农业生产资料也都可以通过该平台购买，实现从室外农田到室内生活的无缝衔接。

除了生态农业外，浔龙河村还充分借助村内丰富的山水资源，积极开发生态景观。2015年10月，浔龙河村首期产品StarPark乡村生态主题公园（含童勋营、云田谷和牧歌山三大板块）正式开张。为提升景观价值，浔龙河村专门规划了1000亩土地，用来种植不同品种的樱花、紫薇花等。2017年3月，中南地区最大的赏樱胜地"浔龙河奇妙樱花谷"开园，吸引无数游客前来赏樱。

2. 文化产业

浔龙河村历史悠久，拥有深厚的文化底蕴。因此，浔龙河生态艺术小镇以"记得住乡愁"为主题，挖掘整理当地的民俗农耕文化和历史传说遗迹，打造了"田汉文化"和"湘中民俗文化"这两张浔龙河特色文化品牌。光有历史民俗还不够，为了丰富小镇的业态内容、小镇的经济动力，浔龙河村又聚焦亲子游乐和乡村创客，进一步打造了"亲子文化"和"创客文化"这两张文化品牌。

（1）田汉文化

浔龙河村是著名戏曲作家、《义勇军进行曲》词作者田汉先生的故乡，有着"田汉故里，国歌摇篮"的美誉。2017年1月，浔龙河生态艺术小镇田汉文化园启动建设，重点打造爱国主义教育基地、国家级戏剧教育研究基地、戏曲进校园实践活动，以及田汉戏剧艺术节、论坛四大核心产业内容。田汉文化园项目总投资 2.9 亿元，占地面积 352 亩，是国家 4A 级旅游景区。2018 年，浔龙河村宣布联手星光文化，合作开发占地 2000 余亩、总投资为 45 亿元的田汉国际戏剧艺术小镇和田汉艺术综合体，进一步挖掘、传播田汉文化。

（2）湘中民俗文化

浔龙河生态艺术小镇充分开发湘中地区的民俗文化，并将这些文化融入小镇的业态规划中。对于村内新建的农民集中居住区、主题民宿和商业街区，浔龙河生态艺术小镇都统一设计成怀旧、古朴的风格，充分植入湘中特色。2016 年 4 月，浔龙河生态艺术小镇推出了长沙首个乡村美食好呷休闲街，主打使用土食材、土工艺、土器具制作而成的"三土美食"，传播民间美食文化。与此同时，浔龙河生态艺术小镇还创作了一系列作品，作为地方文化的载体，如小说《浔龙河传奇》、电视剧《浔龙河》等。这些作品既对外输出了浔龙河村的民俗风情，也对内丰富了当地群众的精神生活。

（3）亲子文化

2016 年，浔龙河生态艺术小镇联手湖南卫视金鹰卡通频道，共同开发麦咭启蒙岛乐园。该乐园占地 2800 亩，是一座集"吃、住、行、玩、乐、学、养"等功能于一身的乡村田园亲子主题乐园，同时也是《疯狂的麦咭》等热点节目的拍摄基地。2017 年 10 月，浔龙河麦咭生态农场正式开业。麦咭生态农场包括 20 多亩欢乐草坪、15 亩大型素质拓展基地、40 个野炊灶台、32 座标准蔬菜大棚，以及可同时容纳 500 多人的多功能室内馆，具备亲子旅游、研学旅游、素质拓展等多项功能。

（4）创客文化

2015 年 12 月，长沙县农创天地暨创客大赛启动，长沙县农业创业枢纽落户浔龙河生态艺术小镇。同月，浔龙河生态艺术小镇内的创客街正式启用，成为长沙县创新创业的示范基地，吸引了无数艺术家、文化投资者、非遗传承人等创业者入驻。创客街还为许多本地居民提供了创业的机会，越来越多农家自产的花卉、土蜂蜜、葡萄酒通过这个平台走向市场。许多农民在创客街上进行自产自销，摇身一变成了"小老板"。

3. 教育产业

浔龙河生态艺术小镇将教育作为核心产业，打造全域教育产业的重要基地和全国最大的综合性研学教育基地。浔龙河生态艺术小镇的教育产业包括基础教育、研学教育和培训教育三大板块。

2016 年 12 月，为打造基础教育样板，浔龙河生态艺术小镇与北京师范大学附属学校合作，建设集幼儿园、小学和中学于一体的基础教育示范基地——北京师范大学长沙附属学校浔龙河校区。校区占地 353.9 亩，规划学生规模为 5200 名。

同时，依托 1.47 万亩原生山林资源和湖湘文化资源，浔龙河设计了各类研学体验教育产品，大力建设综合性研学教育基地。教育基地主要由七大园区构成：国防爱国主义文化园、农耕文化园、湖湘民俗文化园、田汉戏剧文化园、生态文化园、亲子文化园、科普文化园。截至目前，已获批湖南省国防教育基地、湖南省中小学生研学实践教育基地、长沙市中小学研学旅行基地等。

基于自身的党建引领经验和乡村建设经验，浔龙河还建立了党建培训和乡村振兴培训基地，开展乡村干部培训、党员培训、乡村创客培训、企业家培训等，全力打造中国特色"农业产业MBA"。

4. 康养产业

随着"大康养产业"的兴起，浔龙河生态艺术小镇也紧紧抓住了行业风向，开始了关于康养产业的思考和规划：村内有这么好的山水资源，不是正好可以用来打造休闲康养空间吗？

2018年，在浔龙河生态艺术小镇重大产业新闻发布会上，其康养产业正式"官宣"。泰禾集团宣布将与浔龙河合作打造占地695亩，计划投资59亿元的浔龙河康养生态圈。该生态圈集养老、养生、旅游等多功能于一体，包括康养社区、高端康养酒店、一站式健康管理中心等多个项目。康养社区的总建筑面积为21.2万平方米，商业配套约2280平方米，住宅约15.2万平方米，其中别墅面积约8万平方米，叠墅面积约7.2万平方米，预计可以容纳770户约2500名居民入住。在建筑设计上，浔龙河生态艺术小镇充分传承了传统东方文化，融入天人合一的哲学思想，主打端庄古典的中式风格。2019年成交的"长沙院子"便是浔龙河生态艺术小镇康养产业集群的首批项目之一，集康养社区、康养酒店、健康管理中心三类业态于一体。"长沙院子"的建筑以中式合院和复式洋房为主，旨在用一座"院子"来承载现代人心中的乡愁。

要做康养产业，如果只是围绕"住"来展开，那么就还是走了"地产化"的老路，没有实现真正的"产业化"。浔龙河生态艺术小镇在规划康养产业的过程中，也充分意识到了这一问题，因而精心设计了体检服务、医疗咨询服务、慢病管理服务、健康筛查服务、海外就医咨询等多项高质量康养服务，传递"医、疗、养、居"的全健康生活方式。

5. 旅游产业

浔龙河生态艺术小镇依山傍水，又有特色文化与现代农业加持，发展旅游产业再合适不过。为此，浔龙河生态艺术小镇投资1.82亿元，完善休闲旅游基础设施建设，并围绕"游、吃、住、行、娱、购"陆续开发了一系列休闲旅游项目。2015年10月，浔龙河生态艺术小镇首次开幕，十一假期共有10万多名游客前来游玩。2016年，浔龙河生态艺术小镇接待游客总量超过100万人次。2017年，浔龙河生态艺术小镇新春灯会、清明假期、五一假期分别接待游客20万人次、12万人次、9万人次。随着越来越多游客的到来，浔龙河生态艺术小镇的名字也逐渐从长沙市传向了湖南省乃至全国。2018

年，"中国特色小镇博览会"在长沙举行，浔龙河生态艺术小镇入选成为优秀示范案例，得到了百余名全国各地政商学精英的赞赏。同年9月，浔龙河在比利时布鲁塞尔欧洲议会大厦获得由世界绿色设计组织执委古斯·凯德颁发的2018世界绿色设计论坛"中欧绿色旅游城市/景区奖"，正式走出了国门，登上了国际大舞台。2019年，浔龙河生态艺术小镇继续推进旅游业态建设，举办了"2019《中国好声音》湖南赛区启动仪式暨首场集结赛""长沙樱花花海旅游文化节""长沙县文旅资源推介月"等一系列活动，也收获了更多的关注和荣誉。这一年，田汉文化园旅游景区成功获评国家4A级旅游景区，浔龙河村也被评为"全国乡村旅游重点村""中国美丽休闲乡村"，这些荣誉都标志着浔龙河生态艺术小镇正式驶入了旅游发展的快车道。2020年，在后疫情时期的旅游复苏工作上，浔龙河生态艺术小镇也取得了出色的表现。在2020年的五一假期，浔龙河生态艺术小镇开展"龙虾风暴"主题活动，邀请游客前来钓虾、吃虾，与麦咭、萌宠一同欢度假期。五一期间，浔龙河生态艺术小镇共接待游客3.7万人次，实现营业收入220.06万元。

截至目前，浔龙河生态艺术小镇入驻登记注册的文化旅游企业达百余家，累计接待游客近300万人次，旅游综合收入达10亿多元。在为浔龙河生态艺术小镇创造经济收入的同时，旅游产业的发展也给当地村民提供了许多就业的机会，让更多的农民走出农田，拥有更好的工作环境。如今，在旅游业的带动下，已有500多名村民在不同岗位就业，100多名村民开始自主创业，收入水平和生活质量都大大提高。

▲▲ 五、尾声

"老板娘，给我来杯擂茶！"浔龙河生态艺术小镇里，一家叫作"贺大姐擂茶"的小店生意火爆，即使烈日当头，店门前也聚集着不少排队购买的游客。看着这番热闹景象，柳中辉露出了满意的笑容。他知道，自己的家乡已经彻底摘下了"贫困村"这一标签。

贺大姐是1992年嫁来浔龙河村的。在以前，她和丈夫的日子过得十分艰苦，家里只有两间土房子，全靠养猪、种田和卖豆腐为生，全家一年的收入只有几千元。但现在不同了，随着浔龙河村的改革和发展，贺大姐一家的生活也越来越好。2010年，浔龙河村开始在全村推行宅基地置换工作，贺大姐一家从破旧土房子搬进了近300平方米的大别墅。2015年，在镇里的美食创客评选中，贺大姐凭借自己纯手工制作的特色擂茶，争取到了在美食好呷休闲街经营店铺的资格。装修店面、添置设备、采购原料……不久后，"贺大姐擂茶"正式开张，清润可口的擂茶受到了无数游客的喜爱。如今，5年过去了，贺大姐的擂茶店也已经有了3家分店，生意好的时候，一天能赚好几千元。"赚的钱多了，环境也变好了，还能和来玩的游客们聊天交朋友，日子比以前不知道好了多少倍！"谈起生活的改变，贺大姐开心得不得了。

　　在浔龙河村，还有无数像贺大姐一样的村民。随着浔龙河生态艺术小镇建设的步伐，他们都走出了农田，住进了别墅，过上了好日子。截至目前，浔龙河村已累计完成投资25亿元，引进各类商户200余家，全村人均年收入已经达到了4万多元，是2009年的十几倍。2020年6月，浔龙河生态艺术小镇获评湖南省消费扶贫联盟成员单位，将打造农旅互联乡村振兴消费扶贫示范基地。谁能想到，十几年前，这里也曾是个一穷二白的贫困村呢？

　　回望浔龙河生态艺术小镇一路走来的经验，可以总结出一套值得参考的城郊融合型乡村振兴模式：以土地改革为突破口，盘活农村资源；以村企联合为路径，带动资本下乡；以产业发展为动力，建立长效机制。正如柳中辉所说，现在的浔龙河生态艺术小镇，不仅是一个项目，更是一个连接城市与乡村的创新平台——当地百姓在浔龙河生态艺术小镇安居乐业，实现"就地城镇化"；周边居民在浔龙河生态艺术小镇游玩置业，感受"回得去的乡愁"。

❓ 启发思考题

　　1. 在近郊型特色小镇开发过程中，如何让土地效益最大化？浔龙河生态艺术小镇是怎么做的？

　　2. 结合产业融合理论，谈谈城市近郊型特色小镇的产业布局应该围绕哪些方面展开。

　　3. 你认为乡村振兴的核心是什么？结合浔龙河生态艺术小镇的经验，谈谈你的认识。

　　4. 在未来的发展中，浔龙河生态艺术小镇还可以从哪些方面入手来进行巩固和创新？

关于浔龙河生态艺术小镇的更多资料，请扫描相关二维码了解。

目 拓展资料　　　　👥 浔龙河深度报道

CHAPTER 12

让文化"活"起来：台儿庄古城文旅融合的特色之路 ①

摘要： 文旅融合是新时代旅游发展的必然之路。台儿庄古城立足自身特色文化，按照"留古、复古、扬古、用古"的原则，复活了本地大战文化、运河文化和鲁南民俗文化；又搭建了行业博物馆、主题遗址公园、沉浸式体验馆等平台，激活了沉睡已久的文化遗产；然后借助大型实景剧《乾隆巡游台儿庄》、鼓乐剧《台儿庄大捷》等旅游表演项目，做活了文化；并以大战文化之旅、古岸寻踪之旅、运河文化之旅、江北水乡之旅、宗教文化之旅等创新性旅游线路，盘活文化；为游客提供了主题深度游，最终实现游客理解并拥有目的地文化的效果。台儿庄古城以文化为"体"、旅游为"用"，探索出一条"让文化活起来"的文旅融合特色之路。

关键词： 台儿庄景区；文化遗产活化；文旅融合；山东

▲▲ 一、引言

文旅融合背景下，文化与旅游的关系更加密切，以文促旅、以旅护文成为新时代文化遗产旅游活化的方向与指导。随着人们旅游需求的不断提高，单纯的观光游览式旅游已不能满足游客需求，沉睡的文化遗产等待被呼唤，而经济和技术的不断发展，也让文化遗产"活"起来成为可能。台儿庄古城集大量物质文化遗产与非物质文化遗产于一体，通过科学合理的旅游规划设计，将历尽沧桑的古运河历史、以抗日战争为背景的台儿庄大捷、南北交融的古城特色文化鲜活地呈现出来，实现了文旅融合下的文化遗产"活化"。

台儿庄位于山东省枣庄市南部，是一座历史悠久的文化古镇，有"天下第一庄"美誉。台儿庄地处中原南北要冲，自古商旅云集，汇集了各种文化，加之天然的水乡特色，形成了独特的历史沉淀，遗留有北方大院、徽派建筑、闽南建筑、岭南建筑、鲁南民居、水乡建筑、欧式建筑、宗教建筑等8种建筑遗迹，拥有几百家商铺、客栈，70

---

① 本案例由山东大学的布乃鹏、王文文共同撰写，版权归作者所有。未经允许，本案例的所有部分都不得以任何方式与手段擅自复制或传播。由于企业保密的要求，对本案例中的有关名称、数据等做了必要的掩饰性处理。本案例只供课堂讨论之用，并无意暗示或说明某种管理行为是否有效。

多座庙宇，30 多家私塾，20 多家古酒楼，十几家世族大院等文化遗产，集中体现了文化融合性、多样性的特点。2008 年，枣庄市开始重修台儿庄古城，系统而全面地复原了古城原貌。2020 年台儿庄古城被文旅部命名为"国家级文化产业示范园区"，获得"2020 文化和旅游融合发展十大创新项目提名"。拥有如此得天独厚文化资源的台儿庄古城，是如何实现旅游与文化遗产相融合、探索文化遗产旅游活化之路的呢？

▲▲ 二、重修旅游古城，复活文化

以旅游为载体活化文化遗产，首先要让文化重新附着于具体物质，重修古城便是活化文化遗产的基础。活化文化就是要借助旅游载体让千年沉淀的历史重新以具象的形式展现出来，但在活化的过程中既不能凭空捏造，也不能肆意泛滥，要忠于原貌，主题突出。所以台儿庄古城在重修建构中紧紧抓住"古"字，突出了"运河""大战""鲁南民俗" 3 个文化主题。

（一）留古、复古、扬古、用古的原则

古城重修专家团队用了 3 年多时间，查阅了 30 余部地方史志、300 余部运河史料、2000 余件战地史料。在此基础上，他们还邀请一流的规划、古建、文化、旅游专家，博采众长，绘制出古城风貌图，详细和清晰地勾画出古城古貌。古城重修还强调"原"字，按照原空间、原风貌、原色彩，采用原来材料、原先工艺、原籍工匠，从老照片、旧资料及老人的回忆中挖掘历史基因，弄清每一栋建筑承载的故事及其用途，努力恢复到大战前的样子，保证整体面貌和历史氛围一致，具体建筑和历史影像一致，材料工艺与当年建筑一致，空间尺度和文献记载、老人记忆一致，使重修的古城保持原真性。例如扶风堂重修就是这一原则的真实体现，扶风堂是扶风万氏的府第，万家是清康乾时期台儿庄四大家族之一。在扶风堂的重建上，台儿庄古城首先以保留下来的墙基为基础，参考战地照片、万家后人和邻居的记忆，绘制出平面图，又请 80 岁以上老人根据当年的印象提出修改意见，再到现场确立边界，并以晋中民居规制的详细资料为蓝本，结合窑湾、韩庄、夏镇、鲁桥、南阳保存下来的清代晋派建筑特点，绘制主体建筑平面图和效果图，真实再现了扶风堂古貌，使游客可以身临其境地感受古城浓厚的历史气息。台儿庄古城既源于历史、忠于历史，又超越历史，不但恢复了被战火摧毁的古建筑，而且还把文化基因融入有形建筑，让古城在原有面貌、形态、规制等历史的基因上鲜活起来，延续千年的古城传统文化，使古城的形和神全面复活。

（二）运河文化、大战文化、鲁南民俗文化的主题

文化遗产的活化一定要主题鲜明，以免使旅游者陷入索然无味和审美疲劳的心理状态。台儿庄古城紧扣运河水都的地理优势、抗战名城的历史地位、鲁南民俗的文化基

因，着力向游客呈现大战文化、运河文化、鲁南民俗文化3个主题。

1. 运河文化

台儿庄自古是运河重要码头，其遗存的3千米古运河被文化遗产专家称为"活着的运河"。台儿庄古城规划建设有"运河街市""纤夫村""漕商大院""台儿庄闸遗址""运河文化公园"等特色功能区，通过风格建筑、主题展馆等配合设施，力求最大限度地复原运河古城文化繁盛的原貌，充分利用运河文化促动特色旅游的发展。

2. 大战文化

台儿庄在中国近代抗战史上写下了浓重的一笔，台儿庄大捷是体现中华民族不屈不挠抗战精神之典范，台儿庄也由此成为驰名中外的抗战历史名城，并被写入各级各类教材。现今台儿庄古城内保留了53处战争遗迹，其中原汁原味的胡家大院弹孔墙成为昭示战争与和平的见证，它不仅是文物，而且还上升为带有符号的人类文化遗产。大战文化成为台儿庄古城红色旅游的重要组成部分，为青少年研学旅行、爱国主义教育培训、海峡两岸交流等文化活动提供了重要主题平台。

3. 鲁南民俗文化

鲁南独特的地理位置成就了台儿庄地区民俗文化的多样性、开放性、兼容性、传播性和交流性特点。建筑方面既有中国古典传统建筑，又有西方哥特式建筑；餐饮方面有诸如"黄花牛肉面"类型的饮食品类，兼容了中国南北饮食习俗；音乐舞蹈方面则有融合了高腔、青阳、乱弹、昆曲、皮黄的柳琴戏，还有幽默、细腻，又不失粗犷、奔放的鲁南花鼓；民间艺术方面有高跷、旱船、竹马、黑驴、锣鼓、皮影等，集大众参与和娱乐于一体。这些富有灵魂的民俗文化为台儿庄旅游注入了内核，改变了"走马观花"式的简单游，以文化的丰富性拓展了旅游空间，成为文旅融合的新亮点。

▲▲ 三、搭建旅游平台，激活文化

文化是目的，旅游是手段，精致化的旅游平台可以更好地展示文化，激活文化。台儿庄古城为更好地让游客理解、沉浸、享受三大文化主题，努力将文化内涵融合到平台建设之中，搭建了诸如博物馆、展馆、遗址公园、体验馆等一系列平台，促进文旅融合。

（一）行业博物馆

文化的身份认同与旅游者的集体记忆有着密切关系，建构这种关系的价值情感链，是实现文旅融合的重要手段。台儿庄古城依靠地方文化，构建活态文化空间，创建了多个行业博物馆，如中华珠算博物馆、台儿庄邮政博物馆（中国邮政博物馆分馆）、中国运河招幌博物馆、运河酒文化馆等，其中招幌博物馆颇具特色，该行业博物馆对运河沿线的一些著名的中华老字号进行了场景复原，展陈了明清及民国时期的各式招幌 500 余件、招徕市声 60 余种，为游客激活了过去京杭运河沿线地区，特别是台儿庄绚丽多姿的商业文化风情，促动游客内心的无限感慨和情感共鸣。

（二）主题遗址公园

如何弘扬特有的历史文化，展现中华民族不屈不挠的抗战精神，一直是台儿庄古城肩负的旅游教育使命。台儿庄古城拥有特定的抗战文化主题，台儿庄大战遗址公园便是激活这一文化主题的重要平台。台儿庄大战遗址公园保存有完好的弹孔墙和部分断垣残壁，再现当年战争场景，同时配以雕塑展示、日记陈列、技术体验等方式，拓展叙事空间，激活文化内涵，对旅游者形成潜移默化的熏陶，实现文化在旅游过程中润物细无声的传播，爱国情感在游览过程中不断升华。

（三）沉浸式体验馆

成功的旅游是让游客参与其中，感知理解文化，沉浸体验文化。台儿庄古城结合自身主题文化，筹建了大量的专门体验馆，如军事体验馆、鲁班锁·中国传统建筑文化技艺体验馆、胡家大院扎染木版年画体验馆等。这些体验馆尽可能地激活静止的生活场景和固态的文化吸引物，并辅以 VR、AR 技术、数字媒体技术、3D 虚拟技术、灯光交互装置等手段，让游客参与其中，获得沉浸式体验，深度理解台儿庄古城蕴含的文化魅力，形成复合型体验旅游。

▲▲ 四、创新旅游项目，做活文化

旅游的目的就是让游客在不断观赏体验当地文化的过程中，最终接受并传播文化。台儿庄古城为了让自身文化符号嵌入游客的价值选择和情感归属中，精心设计开发了一系列包含鲁南传统民俗的项目，并借助柳琴戏、运河大鼓、皮影戏等特色形式做活文化，实现游客拥有并传播旅游目的地文化的文旅一体化效果。

（一）大型实景剧《乾隆巡游台儿庄》

大型实景剧《乾隆巡游台儿庄》是台儿庄古城重要的创新旅游项目，该剧自 2011 年开始上演，经久不衰。演员们从西门乘龙船出发，在天后宫小广场再现了当年乾隆亲赐"天下第一庄"时的盛况。整个实景剧以乾隆三十年（1765 年）乾隆皇帝第四次下江南之时巡游台儿庄为历史依据，边演边游，介绍了台儿庄的历史由来和沿途特色建筑，展现出台儿庄融汇南北的文化特质，有声有色。《乾隆巡游台儿庄》还配发系列皮影作品，由鲁南山花皮影第四代传承人陈守科亲自手作，作品展现了传统与现代、文化与旅游的融合，实现了皮影艺术文化性和市场性的共赢。这种大型实景剧是鲁南地域文化和台儿庄历史场景的直观再现，实现了文化、景观、演艺的完美融合。

（二）鼓乐剧《台儿庄大捷》

鼓乐剧《台儿庄大捷》是台儿庄古城另一部有代表性的旅游演出项目。它整合了大战文化主题和鲁南传统民俗表现形式，演员们身着红装，手持锣鼓等传统乐器，从"擂鼓"开始，活灵活现地展现了台儿庄大战场景。演出起伏相间，张弛结合，气势雄浑，运河大鼓队列整齐，威风凛凛，展示了中华儿女顶天立地、不屈不挠、英勇顽强的性格。该品牌剧目立足地方文化，取材与形式完全融合进旅游主题，运河大鼓所特有的冲击力持续在游客心中激荡，配合大战慷慨激昂的场景，成功地做活了大战文化，给游客以全感官触碰和心灵震撼。

此外，台儿庄古城还创新设计了大量融合鲁南民俗的旅游表演、旅游演艺项目，这些项目短小精悍，主题突出，富有浓郁的地方文化特色，例如船型街戏台的拉魂腔表演、谢裕大茶行的山东快书、台儿庄驿站的鲁南皮影等就是典型代表。这些小型的镜框式旅游演艺项目，呈现出写意风格和灵活空间，与大型实景剧相得益彰，立体真实地做活了台儿庄古城文化。

▲▲ 五、设计旅游线路，盘活文化

旅游线路作为串联游客和旅游景点的媒介，在旅游产业发展中发挥着相当重要的作用。为了最大可能地盘活非遗文化资源，台儿庄古城设计了五大主题旅游线路，分别是大战文化之旅、古岸寻踪之旅、运河文化之旅、江北水乡之旅、宗教文化之旅，为游客提供主题深度游，满足游客系统化、完整化的旅游观光需求。线路设计充分考虑了旅游景点结构、旅游节奏控制、游客时间约束和空间行为等要素，完美地把同一主题景观整合起来，使游客获得最大观赏效果。

（一）大战文化之旅

大战文化之旅是以台儿庄大战的历史文化为主题的旅游路线。重修后的台儿庄古城景区内，凡是台儿庄大战时遗留下来的战争遗址都完好地保存下来，当年经过惨烈的激战的地方都有战地图片与相应说明，让游客重温那段感人的历史、难忘的岁月。"大战文化之旅"集中展示了大战遗骸区、安澜门粮包防御工事、运河浮桥战地照片、颜省吾捂肠杀敌处、月河街巷战旧址、池峰城指挥部、弹孔墙等一系列大战遗迹。这些景点有宏观展示，有细节呈现，可凭吊真迹，可聆听事迹。中国古城虽多，但是因大战文化而彪炳史册的却独此一家。大战文化之旅将这些遗址串联起来，盘活了大战时的真实场景，也一步步地点燃了游客的爱国主义情感，让文化的教育功能在旅游线路上不断延伸。

（二）古岸寻踪之旅

古岸寻踪之旅是串联台儿庄运河沿岸的古驳岸、古码头、古船闸等遗址的旅游线路。明清时期台儿庄漕运繁忙，差不多每个大家族都有自己的私人码头，台儿庄古城景区这段运河是京杭大运河上保存最完整的古运河，台儿庄是京杭大运河上的重要中转站，城内河流水网遍布，桥梁更是数不胜数，驳岸、船闸星罗棋布，官修和私建码头比比皆是。古岸寻踪之旅将万家的四十万码头、骆家码头、赵家码头、兰婷书寓彭家码头、郁家码头、闸官署大夫第谢家码头等串联起来，配以展现码头驳岸文化的船形街、月河街、运河酒文化馆等，集中展示了运河古岸的繁华。游客漫步古码头，可寻踪市井古韵，感受旧日风情。

（三）运河文化之旅

台儿庄依运河而建，没有大运河，就没有漕运，更不会有今天的古城台儿庄。台儿庄古城的重修，保存了这一文化遗产，恢复了当年的各式建筑风格。台儿庄古城被誉为"运河文化的活化石""中国民居建筑的博物馆"。运河文化之旅串联了久和客栈、万家大院扶风堂、台庄驿、翠屏学馆、保寿堂中药展馆、道昇酒馆、运河漕帮镖局展馆等，充分展示了客旅驿站、学堂药馆、帮派世家等文化，再现了古运河沿岸的生活情态，盘活了古运河沿岸的社会景象，游客可在观览过程中体验古运河人家的生活方式。

（四）江北水乡之旅

江北水乡之旅串联起台儿庄古城整个景区的水街水巷，一叶扁舟可游遍整个古城，是中国唯一的一座摇桨即可游遍的中华古水城。古城内几条重要的水上通道都开发了摇桨水上旅游项目，游客可亲身体验水上古城的魅力风光。游客穿梭水乡古道，便可切身感受江北水文化的诗情画意。

（五）宗教文化之旅

台儿庄古城在康乾盛世时期，已有西方传教士已经在此开堂布道，更有中国本土宗教随商旅迁客汇集于此，逐渐形成多元化的宗教体系，8 种风格建筑融为一体，72 座庙宇汇于一城，成为南北交融、东西合璧的宗教文化名城。善男信女心怀虔诚敬拜观音庙、河神庙，观瞻扶风堂、天后宫，了解清真寺，许愿月老庙、天齐庙等。更多的游客则在游览过程中了解了不同的宗教文化及中国传统民间信仰，促进了宗教和谐。

▲▲ 六、尾声

总之，在文旅走向融合的新时代，台儿庄古城利用独特地理位置所孕育的特色文化，积极发展旅游业，以旅游为平台，逐步深挖遗产、拓展文化，在弘扬红色教育、继承传统文化、改善生态环境，促进经济发展等方面塑造了一个成功的范例。

❓ 启发思考题

1. 本案例中台儿庄采取了哪些措施让古城逐步"文化活起来"？这体现了遗产活化的哪些思路？

2. 台儿庄古城在非物质文化遗产的旅游规划上采用了哪些创新设计？

3. 通过对台儿庄古城案例的学习，你对"文旅融合"有什么新认识？

关于台儿庄古城的更多资料，请扫描相关二维码了解。

目 拓展资料

古城台儿庄：
一个寻梦的地方

CHAPTER 13

长江港口城市的涅槃重生：宜昌主题乐园打造水陆联动的度假坊①

摘要： 宜昌是成渝双城经济圈和武汉城市群之间的区域性中心城市，为湖北省鄂西生态文化圈"一江两山"等世界级生态文化旅游资源的集聚区，车程2小时经济圈辐射"宜荆荆恩"1200万居民的消费市场，建设成为世界旅游名城、世界旅游目的地的条件得天独厚。"十四五"期间是宜昌文旅发展的重要战略期，建设世界旅游名城是宜昌六大目标定位之首，通过打造国内首创的长江游轮漂移水上乐园和以长江沿岸陆地公园为主体的大型文化旅游聚集区，集中改造宜昌长江沿岸工业旧区，形成集游览、休闲、科普、研学、商业、居住、餐饮等多功能于一体的国际大型旅游贸易区和内河国际贸易港示范区。参照上海吴淞口国际邮轮港、海南国际旅游岛的模式，宜昌将打造中国长江黄金旅游带湖北内河国际旅游贸易港示范区（规划中），形成我国内陆口岸国际文化旅游贸易消费的新高地。宜昌市引进大型主题乐园，对带动"宜荆荆恩"片区高质量发展，具有可行性，且刻不容缓。

关键词： 宜昌主题乐园；长江内河旅游区；旅游目的地创新

一、引言

2021年6月的一天，华中师范大学中国旅游研究院武汉分院办公室接到宜昌交旅投资开发有限公司（以下简称宜昌交旅公司）的合作邮件。邮件中，宜昌交旅公司的项目经理表示，面对疫情冲击，湖北省客流量相比往年大幅减少，文旅产业遭受重大打击。历史名城宜昌市作为湖北省旅游文化的一张名片，其旅游产业因此深陷泥潭之中，亟须整合升级进一步扩大市场。对方在邮件中提到，希望凭借宜昌优越的地理位置、三峡大坝等工业旅游背景及宜昌市政府对宜昌文化旅游建设的重视，在宜昌曹家畈地区打造属于具有宜昌文化特色的水上主题乐园。在收到邮件后，武汉分院的常务副院长龚箭教授带领团队当即前往宜昌市曹家畈进行实地调研，对宜昌市引入大型主题乐园建设进

---

① 本案例由华中师范大学城市与环境科学学院的余子纯、龚箭共同撰写，版权归华中师范大学城市与环境科学学院所有。未经允许，本案例的所有部分都不得以任何方式与手段擅自复制或传播。由于企业保密的要求，对本案例中的有关名称、数据等做了必要的掩饰性处理。本案例只供课堂讨论之用，并无意暗示或说明某种管理行为是否有效。

行了可行性分析和概念性设计。

▲▲ 二、宜昌主题乐园建设必要性分析

（一）世界旅游名城建设的必然要求

长江三峡核心景点都在位于宜昌市，宜昌作为三峡游船旅游的核心枢纽港和目的地城市，龙头地位稳固。2021 年上半年长江游轮旅游数据显示，宜昌港游客占比为45.66%，高出重庆港 14%。引入国际特色的主题乐园一方面能够展示独具魅力的长江三峡文化、水电文化和宜昌历史文化，进一步丰富沿江城市文化旅游产品，完善水陆结合的长江旅游产品体系，打造三峡旅游发展精品项目；另一方面，也能以此为契机，统筹旅游发展与城市建设，实现"坝、城、人"深度融合，争创国家文化旅游消费转型升级的先行区和国家生态旅游示范区。

（二）活力港口城市发展的关键之举

作为长江黄金旅游带的重要节点城市，宜昌面临港口城市转型和高质量发展的难题，具体表现在产业转型升级任务艰巨、产业发展空间受限等，因此，宜昌亟须通过产业新区或"飞地经济"拓展城区产业空间。用国际化的视野和理念，以主题乐园大型文旅项目建设带动城市有机更新，构建主客共享的城市休闲空间，树立中国港口城市转型、港产城融合的新典范。

（三）文旅竞争优势提升的迫切需要

宜昌旅游资源丰富，但在大型文旅项目的引入上，与周边城市相比有待提升。目前，湖北多地已布局主题乐园，武汉周边扎堆；荆州异军突起，荆州方特二期"东方欲晓"已经开工，荆州政府还在与中华恐龙园、长隆欢乐世界等积极洽谈；襄阳华侨城奇幻谷 2020 年已开业，唐城二期箭在弦上；十堰中华传统文化园预计 2023 年开园；荆门投资 65 亿元的三国文化创意园已开工，同时还在积极对接其他项目；黄石投资 30 亿元的华侨城卡乐星球·恐龙水世界在 2021 年 7 月中旬试营业（见表 13-1）。2020 年，荆州方特"东方神画"高科技主题乐园有超过 5 成客源来自武汉，本地及江汉平原客源占 3成，宜昌客源占比 2 成。方特中华传统文化园预计 2023 年开园，鄂西圈将成为主题乐园最密集的红海区域。此外，由于这些城市离宜昌距离较近，如果宜昌仅是建设常规的主题乐园将会形成直接竞争局面。从核心吸引物来看，鄂西板块的方特、唐城等主题乐园后来居上，接待量、客单消费已反超宜昌本地的高品质景区，形成文旅消费新增长极。宜昌引进大型文旅项目（主题乐园），是提升城市形象、满足本地和周边县市居民娱乐需求的必要之举，更是落实湖北省"一主两翼"区域协调发展的关键举措。

表 13-1　湖北主题乐园建设情况

主题乐园	地点	开业时间	开发模式	主题乐园面积（亩）/ 总规划面积（亩）	总投资 金额 / 亿元
华侨城	武汉	2012 年	集旅游、地产、商业于一体的大型生态旅游度假区	515/10000	45
	襄阳	2022 年	打造集三园一镇、主题酒店群及智慧社区于一体的生态文化新区	1140/12720	700
	黄石	2021 年	对园博园、恐龙园进行提档升级改造	1767/6000	30
方特	荆州	2019 年	主推文化创意＋科技的电子科技新城	1009/10000	30
	十堰	预计 2023 年	主推生态科研新城，山水＋科技为其主要特色	1000/5000	51
海昌极地 海洋世界	武汉	2011 年	主推动物表演展示＋科普讲解	450/450	30
唐城影视 城与主题 文化公园	襄阳	2015 年	集影视拍摄、旅游度假、娱乐互动、休闲生活于一体的文化旅游综合体	600/600	16
三国文化 创意园	荆门	建设中	以三国文化为主题的文旅综合体	324/1254	65

资料来源：根据网络相关资料整理。

三、宜昌主题乐园建设可行性分析

（一）周边人口众多，近程客源远超门槛

宜昌市 2019 年年底常住人口为 413.79 万人，地区生产总值 4460.82 亿元，第三产业生产总值 1990.62 亿元，均位于湖北省前列。总体来看，宜昌市经济发展快于全国和湖北省平均水平，经济地位不断攀升，经济结构呈现不断优化的良好态势。宜昌周边 2 小时车程的"宜荆荆恩"等区域人口有 1200 多万，符合建设区域性主题乐园的市场人口基数 900 万的最小人口门槛。2020 年宜昌市 A 级旅游景区接待游 818.4 万人次，按照 30% 的游客赴主题乐园进行消费进行测算，约有 245.5 万游客，再加上宜昌本地和周边区域客源市场，显著超过主题乐园最小年门槛接待量 280 万人次。

（二）交通网络便捷，远程客源潜力巨大

宜昌地处中国西部、湖北西南部、长江上游和中游的分界处，"上控巴蜀，下引荆襄"，素有"川鄂咽喉""三峡门户"之称。境内的汉宜高速公路、汉宜高速铁路、宜

（昌）万（州）铁路、焦（作）柳（州）铁路、长江黄金水道和三峡机场所构成的现代水陆空立体交通网络在宜昌城区和周边区域形成连接点，构成铁路、公路、水运、航空等立体运输体系。宜昌港是我国内河 28 个主要港口之一，是长江沿线重要的水铁联运和水水中转枢纽港，2019 年宜昌市客运量为湖北省第二，旅客周转量为湖北省第一。宜昌市内基本形成"三纵五横"的普通公路干线骨架网，公交 BRT（bus rapid transit，快速公交系统）形成"1 走廊 +39 支线"的非对称"鱼骨式"线网运营结构，宜昌 5 区 3 市 5 县和 1 个国家级高新技术产业开发区全面融入宜昌 1 小时交通圈；并形成可达武汉、襄阳、岳阳等大中城市的 3 小时交通圈。

（三）气候条件舒适，适宜主题乐园落户

根据湖北省气象局数据显示，宜昌市年适宜风日数达 357.5 天，位列全省第一；气候宜居舒适期长，年均人体舒适日数达 267.5 天，超过全年天数的 70%；气候度假指数适宜月份基本覆盖全年，气候旅游指数达到舒适以上的月份近 8 个月，宜昌市具有旅游、休闲度假的独特优势，如引入主题乐园，适游营业时间长。近 30 年（1991—2020年）宜昌市年平均雨日 132.8 天，年平均雨量 1143.5 毫米。宜昌市年降水量大、降水次数频繁，且雨季主要集中在 6~8 月旅游旺季，对户外旅游场所会造成一定的不利影响。宜昌市主题乐园的建设可通过增加室内休闲游乐场所和设施，规避强对流天气、阴雨等气象可能造成的负面影响。

（四）旅游资源多元交融，适宜引入主题乐园

宜昌市现开放的 A 级旅游景区有 51 处，其中 5A 级旅游景区 3 处，4A 级景区 20 处，地文景观、建筑与设施、水域景观 3 类旅游资源较为丰富。2020 年湖北省全省 390 家 A 级旅游景区接待游客共 7440 万人次，宜昌市游客接待量占比 11%，位列湖北省各市（州）接待游客量前 3 位。湖北省各市（州）中，宜昌市累计接待团队游客 388.3 万人次，占宜昌市总游客接待量的 47.4%，远高于其他市（州）团队游客接待量，位列全省第 1 位。湖北省 A 级旅游景区具有较为明显的聚集区，主要聚集于以武汉为中心的鄂东片区及宜昌市、十堰市两市，可见，宜昌市旅游资源聚集性较强。

（五）各方政策利好，护驾主题乐园建设

2018 年国家发改委等 5 部委联合印发《关于规范主题乐园建设发展的指导意见》（发改社会规〔2018〕400 号），明确了严格控制主题乐园周边的房地产开发；园区内严禁进行房地产开发；用地应通过招拍挂等方式取得，严禁采取划拨方式等关键环节。这些措施有利于抑制主题乐园投资泡沫，避免盲目过热建设与同质化竞争，倒逼主题乐园企业的商业模式、盈利能力、产品组合、创新能力等各方面的提升，有利于引导主题乐

园行业健康、有序、规范、持续发展。

四、宜昌主题乐园建设差异化战略

目前，湖北多地已布局主题乐园，这些城市离宜昌距离较近，如果宜昌仍然采取建设常规的主题乐园的策略，将会形成直接竞争局面，不利于区域整体的协调发展。

同时，主题乐园投资巨大，选址时需综合考虑人口、市场、文化、政策等各项因素。人口因素是首要考虑的因素，庞大的人口能为主题乐园提供足够的客源，这是项目运营达到平衡点的基础和首要条件。主题乐园基本是围绕千万人口都市圈进行布局的，湖北只有武汉 1 个超大城市，而 500 万人口的中等城市只能容纳 1 所大型乐园，已建成的荆州方特"东方神画"高科技主题乐园距离宜昌仅 1 个小时车程。长隆欢乐世界的辐射范围虽可达 500 千米，但考虑到气候原因，其选址范围基本在长三角一带。按照目前欢乐谷、方特、长隆等主题乐园 230 元左右的标准门票水平，区域级主题乐园在 30 亿元投资下，年游客量至少要达到 280 万人次，才能实现盈亏平衡。此外，主题乐园的特点是人流量大，在节假日面临的交通组织压力巨大，区域交通便利意味着项目可达性好。但目前通往宜昌主题乐园项目选址地的主要交通方式是私家车，公共交通可达性较低，很大程度上限制了无车群体的进入。另外，主题乐园成功运营凭借的不仅是建筑和设备，更是其备受欢迎的深层次的文化体系，因此，主题乐园的打造必须与当地文化体系融合。

基于以上考量，宜昌主题乐园的差异化战略主要包括以下 3 个方面。

（1）坚持"水公园+陆公园"的总体开发思路，结合目标市场群体的需求特点，积极引入国际元素，充分挖掘潜在文化资源，打造巴楚IP，促进二次消费提升，拓展夜间经济。

（2）将主题乐园产品定位为宜昌城区旅游发展的引擎，开发多元业态和体验性项目，完善主题乐园休闲度假功能，以差异化、特色化推动旅游产业发展，进而实现与周边城市的差异化竞争。

（3）逐步完善自身实力，树立有别于其他旅游城市的魅力形象，通过三峡品牌组合带动其他旅游产品，同时全面做好营销推广工作，尤其重视节假日的旅游营销，形成良好的口碑效应。

五、宜昌主题乐园概念设计

（一）项目设计

作为长江黄金旅游带的核心节点城市和中国最著名国际旅游线路——长江三峡的所

在地，集中创意改造沿江工业旧区，形成集游览、休闲、科普、研学、商业、居住、餐饮等多功能于一体的国际大型旅游贸易区和内河港口——"奇梦工厂"与"回清码头"；打造多层客运的"绝伦号"游轮作为全国唯一的"长江内河漂移游乐场"，游轮甲板配套游乐设施，将游轮设计为"行走在长江上的内河游轮乐园"；港口沿线选址建设"悠悠乐园·巴楚特色主题乐园"，并以"楚水灵韵·水公园"和"巴楚原乡·陆公园"两大分区构成整个悠悠乐园的主体。参照上海吴淞口国际游轮港、海南国际旅游岛的模式，打造长江湖北内河国际旅游贸易港示范区，即进入港口和游船就进入综合保税区，园区内购物、娱乐都免税，成为国际旅游免税港的一部分。将主题乐园、游船、码头都融入和衔接到工业旧区改造后的旅游贸易港"奇梦工厂"中，建成全国现阶段唯一一个陆水相依、游轮与主题乐园、港口码头互动的既固定又可移动的水陆两栖文化欢乐园和休闲购物胜地——"淼漫·神奇水岸国际旅游度假区"。

（二）产品谱系

对于宜昌主题乐园的产品设计，主要有移动游轮水上乐园和主题文化陆地公园两大主体产品。移动邮轮水上乐园主要承载"科技体验＋游乐"的功能，主题文化陆地公园主要承载"文化体验＋游乐"的功能。产品设计对标国际级主题乐园，致力于打造高标准高品质的游乐产品，以"移动水上乐园＋陆地公园"双重体验模式区别于其他一般主题乐园，探索主题乐园发展的新模式。

移动邮轮水上乐园致力于打造国内首个行走在长江上的内河游轮主题乐园。邮轮水上乐园以"科技＋游乐＋观光"为主要功能，配备高规格国际标准的服务设施，打造国际化科技观光型移动乐园。邮轮设施包括水上摩天轮、水上过山车、互动式国际剧场、主题滑水道、飞行影院、全息投影之梦幻海洋世界、水上观景台等（见图13-1）。

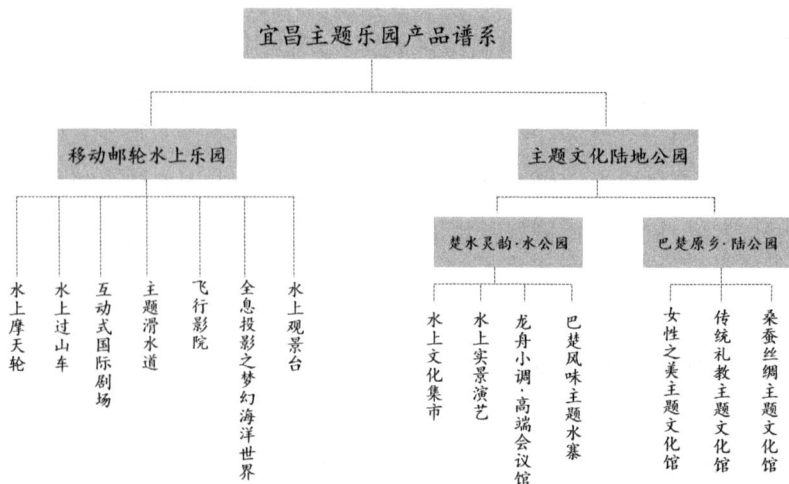

图 13-1　宜昌主题乐园产品谱系

▲▲ 六、宜昌主题乐园项目用地选址

总体按照"一廊一轴一船一园一渡口一港区六节点"的布局思路，其中"一廊"为长江山水画廊，连接"两坝一峡"的内河航线；"一轴"为连接曹家畈与码头和港区的主要道路——点军大道；"一船"为长江漂移乐园游轮；"一园"为曹家畈集散中心水陆两栖乐园，"一渡口"为卷桥河渡口，将其打造为综合性多功能码头——回清码头；"一港区"为工业旧区改造的旅游贸易自由港——奇梦工厂；"六节点"为区内三峡大坝、三峡人家、西陵峡风景区、葛洲坝船闸景区、三峡鸣翠谷风景区和车溪民俗风景区等六大景区。

▲▲ 七、宜昌主题乐园运营模式

（一）运营与管理模式建议

由湖北宜昌交运集团股份有限公司（以下简称宜昌交运）为主导，按照"旅游+主题社区+码头建设"的区域整体开发模式，计划引进专业的运营管理公司，联合成立专门的综合运营管理公司，对整个区域的土地、码头、文化等资源进行有效整合，对项目的开发、建设、运营等各个环节实行专业化的管理（见图13-2）。

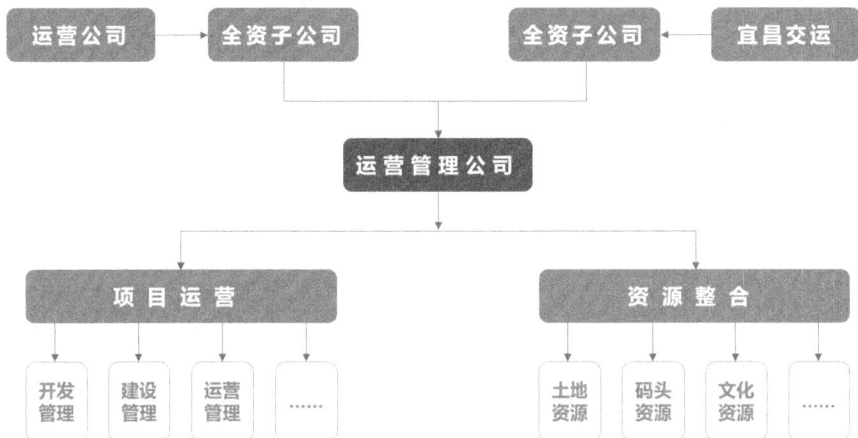

图 13-2　运营模式示意

（二）拟引进的品牌运营商

基于宜昌发展实际，立足本项目开发建设现状，在对国内主要主题乐园品牌运营商进行对比分析（见表13-2）后，认为深圳华侨城的"旅游+主题社区"的开发模式比较适合本项目，故拟引进深圳华侨城集团作为运营公司，在宜昌政府的指导下，共同开发、建设、运营宜昌生态文化旅游区。

表 13-2　国内主要主题乐园品牌运营商

运营商	产品及品牌	开发模式	优势或特色	实际案例（开业）
华侨城集团	欢乐谷、玛雅海滩、卡乐星球、锦绣中华、世界之窗、麦鲁小城、光明农场大观园	城市文旅新城＋主题乐园；一、二线城市重资产投资；三线城市轻资产品牌运营	擅长城市文旅综合体打造，主打以机动游乐为主的陆地公园和水上设施为主的水公园，有配套酒店、商业街、文旅小镇等全产业链	深圳（1998）、北京（2006）、上海（2009）、武汉（2012）、天津（2013）、重庆（2017）、成都（2018）、南昌（2019）、襄阳（2021）、黄石（2021）等
杭州宋城集团控股有限公司	宋城和千古情两大知名文化品牌	主题乐园＋旅游文化演艺	擅长旅游演艺，对配套用地要求不高	杭州宋城（1996）、三亚千古情（2013）、丽江千古情（2014）、九寨千古情（2014）、郑州千古情（2017）、桂林千古情（2018）、西安千古情（2020）、上海宋城（2021）
海昌海洋公园控股有限公司	极地海洋世界、渔人码头、加勒比海水世界	水公园	以海洋动物观赏、表演为核心，配套酒店、商业街等文旅产品开发	大连（2002）、青岛（2006）、重庆（2009）、烟台（2009）、成都（2010）、天津（2010）、武汉（2011）、上海（2017）
恐龙园文化旅游集团股份有限公司	中华恐龙馆、全国唯一4D过山龙、恐龙基因研究中心、古生态雨林复原区、全国最大恐龙主题水世界	以恐龙为主题的一站式旅游度假区	涵盖主题教育、主题游乐、主题环艺、主题演艺、主题商业，以及管理设施、服务设施、媒体设施在内的主题乐园"5+3"发展模式	常州（2000）、黄石华侨城卡乐星球·恐龙水世界（2021）；均为以恐龙园为主体的水陆乐园，不适宜同区域开发类似主题乐园
广东长隆集团有限公司	主题乐园群	旅游文化综合体	以野生动物游览观赏为核心吸引物的集主题乐园、豪华酒店、商务会展、高档餐饮和娱乐休闲于一体的一站式综合旅游度假区	广州（1997）、珠海（2014）、清远（2020）、南宁（2022）等；野生动物等不适宜到北方、中部等偏冷区域
深圳华强文化科技集团股份有限公司	方特欢乐世界、方特梦幻王国、方特水上乐园、方特东方神画、方特科幻乐园、方特探险王国	旅游＋文化＋科技	"创、产、研、销"的全产业链及众多的国家专利	芜湖（2008）、郑州（2012）等、荆州（2019）等20家；方圆100千米范围内一般不开2家区域主题乐园，会形成内部竞争

资料来源：根据网络相关资料整理。

🏔 八、尾声

宜昌市政府就宜昌主题乐园项目组织人员到深圳华侨城集团进行交流，"欢乐谷"品牌和宜昌市达成了初步合作的意向。依托主题乐园品牌运营商"欢乐谷""卡乐星球"等，社会资本以多种方式、多方渠道筹集资金，按照土地置换、委托运营等方法，以市场化的模式进行运作，进一步整合资源、完善功能、提升服务，将推动宜昌主题乐园高质量和可持续发展。

❓ 启发思考题

1. 根据主题乐园可行性建设测算模型，阐述成功创建一个主题乐园需要满足哪些条件。
2. 根据主题乐园的概念，对宜昌主题乐园的选址进行波特五力分析。
3. 对宜昌主题乐园进行市场竞合分析，阐明景区为什么要进行差异化创新。

关于宜昌主题乐园的更多资料，请扫描相关二维码了解。

🔲 拓展资料

第十四章

CHAPTER 14

杭州七彩未来社区：共享理念激活的运营模式创新 ①

摘要： 本案例主要讲述了七彩集团从一个普通开发企业到未来社区开创者这一转型过程中的运营模式创新。随着城市化的发展，土地资源越来越稀缺，很多开发企业面临着"被驱逐"或"被转型"的局面，七彩集团正是在历经了行业的跌宕起伏后，坚持新加坡邻里中心"共享理念"，逐步摆脱单一的"造房子"的思想桎梏，开启了"造生活"的商业模式。七彩集团融合商业运营和社区运营的综合优势，不仅成为未来社区场景标准的开创者，而且也使得自身产业得到了全面扩展和延伸。杭州七彩未来社区的运营模式，为政府治理和房地产行业转型提供了参考，也带来了全新的启示。

关键词： 共享；运营模式；未来社区；邻里中心

一、引言

2020年2月26日晚上8点，"浙江大学创新创业战'疫'讲座"微信课程第六讲顺利开讲，七彩集团董事长徐小卫受邀参与主题讲座——"疫情之后，浙江'未来社区'的服务创新思'变'之路"。这是徐小卫第一次以"社区运营"的身份应邀分享这个几乎被"流产"的项目——杭州七彩未来社区。这是一个非政府非公建项目，仅半年迎来了全国的近千个考察团，举办了上千场邻里活动，也让七彩集团从一个微不足道的开发企业变成备受社会各界关注的对象。

"什么是未来社区？为什么这个项目就是未来社区？""三合一土地性质是如何实现整合的？""公交站为何能存在于项目中？""未来社区服务社区和居民，企业作为开发和运营主体，那么多的公益设施和运营成本，如何实现盈利呢？"

自项目正式被列为浙江省首个未来社区试点项目之后，这些问题徐小卫及项目同事经常会被问及。而当大家还心存疑问的时候，七彩未来社区已经如火如荼地在运营了，

---

① 本案例由浙江大学管理学院宣夏娜、吕佳颖共同撰写，版权归浙江大学管理学院所有。浙江大学管理学院案例中心享有复制权、修改权、发表权、发行权、信息网络传播权、改编权、汇编权和翻译权。未经允许，本案例所有部分都不得以任何方式与手段擅自复制或传播。由于企业保密的要求，对本案例中的有关名称、数据等做了必要的掩饰性处理。本案例只供课堂讨论之用，并无意暗示或说明某种管理行为是否有效。

这一项目到底是如何实现的呢？

▲▲ 二、背景："住在杭州"埋下的种子

1999 年 11 月，《关于杭州市市区进一步深化住房制度改革的若干意见》发布实施，标志着杭州市区货币化分房政策的正式出台。时任《之江晨报》记者的徐小卫，联合新华社、《香港文汇报》共同策划组织了"住在杭州"活动。"住在杭州"成为杭州城市品牌，后来还增加了"学在杭州""游在杭州""创业在杭州"等系列品牌。徐小卫就是在那时候埋下了理想生活的种子，也有着深深的故乡情结。然而房地产行业高速发展后，疯狂的利益驱动已经很难实现"住在杭州"的理想，难免令人遗憾。也是在那个时期，徐小卫也成了开发者之一，并逐渐组建了七彩团队。

2007 年后，徐小卫因生活和工作经常往来新加坡，其团队也开始在新加坡深入学习交流。在这个资源极度有限的小国家，每一个城镇实现了空间的高度融合，组屋制度实现了"人人有其屋"的理想，与此同时，新加坡还为社区提供了高质量的教育和医疗配套等，理想生活的蓝图似乎并不那么遥远。

2013 年 11 月浙江—新加坡经济贸易理事会第九届会议在杭州举行，会议期间，新加坡总理公署部长、环境与水源部第二部长、外交部第二部长傅海燕鼓励徐小卫借鉴新加坡卫星镇模式，在浙江试点小城市中选择合适项目实现"中新合作新型城镇示范项目"，并要求新加坡国际企业发展局配合做好招商和服务工作。近年来，国家一直倡导新型城镇化建设，发展城市群—都市圈—卫星镇计划，强调产城融合，构建工作、生活、学习、娱乐、健康的生态系统。随着国家对房地产行业的调控越来越严，地产快周转红利时代逐渐消失。很多地产公司开始调整其战略方向，"互联网+"和共享经济快速兴起，深刻影响着人们的观念和生活。乘着"共享经济"的东风，很多企业发展方向由以前的房地产开发调整为社区运营和城市运营。在杭州出现了梦想小镇、艺尚小镇、良渚文化村……在这一大背景下，怀着 20 年前"住在杭州"埋下的种子，带着回归的初心，徐小卫携七彩团队再次回到了杭州。

▲▲ 三、回归：新加坡"邻里中心"的萌芽

在新加坡旅居期间，徐小卫对当地 TOD 邻里中心的模式进行过深入的了解。当代新加坡以经济繁荣、社会稳定、多元文化和谐共生而闻名于世，邻里中心的规划和建设任务均由政府承担，商业设施在政府的管控下被用于商业活动，通过对邻里中心、交通设施与住宅的整体规划，邻里中心成为居民住宅的延伸体系，增强了居民与社区商业之间的黏性。新加坡政府把原本由政府公共财政投入、单独划拨土地建设的社区图书馆、社区剧院等文化设施，改为融入社区商业综合体中，由市场主体来投资建设、但建成后

仍交由文化单位以公益性方式运营，取得了良好的效果。通过发挥市场主体的积极性，极大地提高了投资建设效率、节约了土地资源，还为老百姓提供了一站式的服务便利。但新加坡"邻里中心"的模式能否在中国推行，徐小卫心里并没有底。

中新两国国情不同，这样的共建模式要在国内实现不单是对企业的挑战，更是给政府提出了巨大的难题。此外，从原来的快周转开发模式，要转成自身运营，这不仅考验企业的资金运作实力，更考验企业的可持续运营能力。

作为回归后的第一个项目，徐小卫选择了与新加坡淡滨尼新镇极为相似的地方——萧山瓜沥镇，即同为机场附近的卫星镇，来作为项目的起点。2014年，经过多方努力，杭州七彩未来社区（A区）在浙江—新加坡经济贸易理事会第十一届会议上签约。与浏阳河婚庆园相比，杭州七彩未来社区不仅涉及综合体招商运营事项，还涉及土地混合性质，一开始便充满了各种挑战。徐小卫的目标是将新加坡TOD邻里中心模式在中国落地，使新加坡的模式和经验在中国更具实践性，这是一次史无前例的挑战。

▲▲ 四、契机

（一）难点突破：土地混合，实现共享"基因"

项目原土地为露天公交站和村集体所有的棚户区，总占地面积53亩左右（约3.53万平方米），总建筑面积达10.6万平方米，其中商住地块建筑面积总计7.98万平方米，商业地块约4.15万平方米（其中商业自持运营比例为50%），公交综合体地块建筑面积为3.19万平方米（其中6000平方米为公共交通枢纽）。要将不同属性的地块融合成一个项目，无论是当时的国土资源部门、住房和城乡建设部门还是其他部门，对于如此混合的土地属性的项目审批，几乎无先例可循。那一年徐小卫除了吃闭门羹，就是听到各种让他放弃的声音。但徐小卫从未想过放弃。若想真正实现转型、实现运营，控制土地和开发成本，达成邻里中心的共享混合方式是运营实现创新的第一步。

在不断地被否定、被拒绝后，徐小卫仍然坚持着最初的设想，持之以恒地去努力攻坚。功夫不负有心人，城中村村级留用地、交通文化设施划拨用地、国有出让土地，三合一的土地混合开发模式，最终获得了相关部门的认可，并创新开启了三合一土地混合开发模式。

为实现自主运营，用共享的逻辑定位空间功能，七彩集团埋下的种子，让它们生长在预期之处。1.0时期的共享方案，便是将新加坡邻里中心的核心落地在瓜沥镇，用"互联网+"思维构建万物互联、共享共融的"4-11"空间体系，打造了七大中心：社交娱乐、运动中心、交通出行中心、文化中心、全民学习中心、宴请生活中心、公共服务中心，实现15分钟生活圈城镇生活样本（见图14-1）。

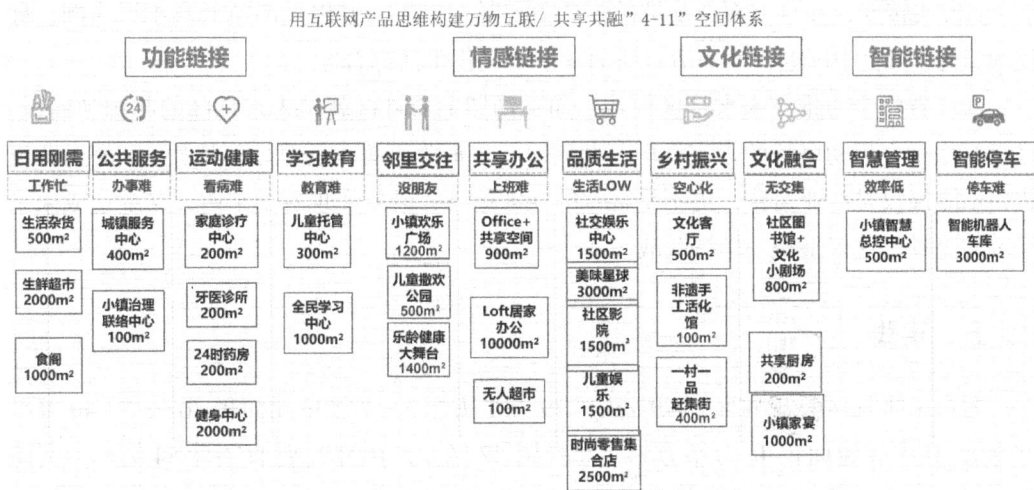

图 14-1　七彩社区 1.0 功能复合图示

2018 年 8 月 21 日，浙江省省长袁家军赴新加坡参加 2018 浙江—新加坡经贸理事会专题会议。在该次会议上，作为浙江—新加坡经济贸易理事会"可持续发展"专题组成员，徐小卫做了题为"未来小城的七彩实践"的主题汇报，并提出 5 点建议：在产城融合层面，对标新加坡，在大湾区规划若干个"未来小城"；在数字经济层面，对标新加坡"智慧国 2025"计划，建设可持续发展的未来社区样板；在文化创意层面，对标创意旅游，打造可游玩的欢乐之城；在政府驱动市场层面，设立混合所有制的"未来小城引导基金"；在顶级智库层面，设立"未来城市研究中心"。这些建议同时也获得了高度认可，但因为政策的冲突，这样的项目并未得到大范围的推广。

（二）共享理念激活：邻里中心升华"未来社区"

关于"未来社区"，浙江省提出人本化、数字化、生态化 3 个准则，同时又要求其必须在原有社区规划的基础之上突破创新，实现邻里场景、教育场景、健康场景、创业场景、建筑场景、交通场景、低碳场景、服务场景、治理场景等九大场景。社区和小区不同。社区由若干小区组成，小区是社区构成的单元。二者之间最大不同在于，小区是纯粹以居住功能为主的，而社区一定要包含为该社区内居民提供公共服务产品的功能。这些产品包括：社区医疗（健康场景）、社区教育（教育场景）、社区邻里中心（在步行范围之内就可满足生活所需）、公共交通系统（外界出行有非常便捷的公共交通体系）、社区居民自治组织等。"七彩小镇"的共享理念与未来社区不谋而合，2019 年 6 月，"七彩小镇"蝶变七彩社区，正式成为浙江省 24 个未来社区首批试点之一，也成为唯一一个位于乡镇的全省试点。

2019 年 8 月 22 日，在"央企名企走进'四大建设'·携手共建未来社区专题对接会"上，袁家军在大会发言中指出，在未来社区建设中要推进"从造房子向造社区、造生活"的模式转变，在这方面新加坡的模式值得学习借鉴，并以瓜沥镇七彩小镇为例，称该项目为"符合中国老百姓生活习惯的新城镇文化生活综合体"。

浙江省将全力推广未来社区模式，而瓜沥镇七彩社区就是未来社区的起源和样板，这是对徐小卫当初坚持的肯定，但与此同时，也面临着更大的难题：未来社区的运营模式，不能仅仅是商业运营，更不是官方的社区运营，既要实现资金平衡，又要达成未来社区的愿景，这似乎是一场持久战。

▲▲ 五、实践

七彩未来社区总规划面积79公顷（79万平方米），实施单元面积40公顷（40万平方米），其中新建面积48万平方米，总投资47亿元，10年总营收预计54亿元，实施单元以3年为一个建设周期（2019年9月—2022年9月），建成后直接受益居民9261人，引进数字创业和临空高端人才3806人。从一个53亩的项目裂变为1185亩（79万平方米）的社区，对于徐小卫和其团队来说，是一次飞跃。七彩1.0版本的成功并非结束，而是成为激活社区运营的一把"秘钥"，真正的社区运营似乎才开始，这时候徐小卫和其团队坚定了"长期价值主义"的选择。

（一）共享理念创新"三三理论"

经过一年多的运营实践，七彩集团从明确土地属性开始就与政府开展了"共建"未来的合作，在实际运营中更是实现了"共治"。徐小卫和其团队从可持续运营的结果导向出发，创新提出七彩"三三理论"：一是政府、企业和居民三方共同参与，才能保证多方共生共赢。二是在社区业态内容上需要规划三种相互复合的业态：公益性、微利性、营利性，才能保证政府公共服务和商业运营可持续。三是在社区系统设计上强调三重空间：地下综合管网层、中间立体连廊和公共服务设施层、虚拟数字孪生层，打造三位一体的未来社区多维互联空间，才能让数字技术真正服务于微观的民生服务（见图14-2）。

图14-2 七彩集团"三三理论"

（二）从商业运营跨越至社区运营

商业运营的核心是解决商场和商户直接的关系，以运营中心进行服务，并通过租金等条件实现盈利。第一次是招商将品牌落地，第二次是运营、企划和招商配合将顾客落地。商场在运营过程中有两个关键指标，一个是客流量，一个是销售坪效。

新加坡邻里中心也称社区中心，英文名称为 community center 或 community club，是由政府直属的人民协会（People Association）统一运营管理的社区服务机构。同时，也是社区内不同的社会阶层、族群交流协商的平台。

徐小卫带领团队开创的七彩模式的运营机制，介于商业运营和新加坡邻里中心机制之间。运营中心设置了商业组、政府联络组、文化活动组、公共服务组。最开始由商业组将商业配套部分招商落地，首批开业率达 70% 左右；进入运营期后，政府联络和文化活动成为商业部分重要的人气保障，租金收缴率达成 85% 以上，同时也比同区域周边的租金高 1~2 倍。从 2019 年 5 月—12 月底，已接待 300 万人次，承接上千个参观交流与会议活动，社区广场举办上百场邻里活动与表演，社区文化客厅开办超过 500 场邻里文化与公益课，彩虹跑和好声音海选的单次活动超过两万人次。实现了市场对项目的认知从商业体向社区公建项目的转变，成为居民家外的第二客厅，也即实现了未来社区要推进的"从造房子向造社区、造生活"的模式的转变，其人群的定位是社区的居民。

（三）从企业经营融入政企共建体系

在新加坡，邻里中心的规划和建设任务均由政府承担，商业设施在政府的管控下被用于商业活动；虽然前期很艰难地获得了三合一土地混合开发的许可，也定位为打造功能复合共享空间，但是最大的问题还在于如何将共享空间长期可持续地运营下去。例如，如何引入市政体系的公共服务，如何成为当地的文化教育中心，在空间交付后的半年时间里，这些内容仍然处于"被观望"的状态。这不仅让徐小卫，更让其团队有点失落。幸而这种僵局，因不同的空间功能共享集成为一个个激活"密钥"，让政企共建成为社区运营的突破点。

第一个激活"密钥"：交通出行中心，规划完成立体混合功能，打造"最美风雨公交"，由公交公司配置出行 2 辆公交车和公交系统工作人员若干；除了硬件外，徐小卫还策划安排公交站成为文化展示的窗口，融入了当地的人文风情和历史名人介绍。

第二个激活"密钥"：文化教育中心，在牺牲租售空间的前提下，设计建造完成公益图书馆和文化客厅功能，吸引了萧山区图书馆放置 2 万册书籍和自助还书柜若干台，并成为区里的城市书房项目。

第三个激活"密钥"：公共服务和智慧治理中心，在七彩社区完成基础硬件设施半年以后，由政府配置 24 小时自助柜机 8 台，"8 小时之外"人工服务员工，将"最多跑一次"改革与未来社区紧密结合，精准把握目前周边工作居民上班时间和行政服务中心作息时间重叠的办事痛点，提出"8 小时之外就近办"概念，用 24 小时自助办事区、便民服务区和智慧治理展示区的三合一功能很好地实现居民利用下班时间就近办事的"时间差"。目前可办事项包括创业创新、社保医保、市民卡、镇级事项综合服务、城管违章等 89 项；还有 8 台自助服务机，包括个体工商户年报机、社保自助查询机、房产自助查询机、交通违法自助交款机、4 台综合自助办事服务机等，可自助办理 172 项事项，真正将便民公共服务做到家门口。

徐小卫认为，企业经营往往要以营利为目标，而七彩社区探索政企共建的运营模式，实现的是一种长期价值交换，为后期成为未来社区奠定了基础。

（四）从消费引导到社区自治管理探索

商业得以长期维持，往往需要投入较多的经费对消费者的消费习惯、消费频次等做引导，并慢慢形成商业圈。新加坡邻里中心场所由政府规划开发并进行日常维护和修缮，但场所的使用、基层社区活动的开展则是高度自治的模式。

徐小卫及其团队通过研究商业的特性，将邻里中心的自治模式应用到整个运营系统中，开拓了社区商业模式运营新方式。在未来社区的治理上，探索基于大数据的"党建引领＋社区自治"和谐社区治理模式。坚持"政府导治、社区智治、居民自治"创新，依托社区综合治理数据平台，鼓励社区居民自愿参与，积极发展社区基金会、社区议事会等自治组织，形成共建、共治、共享的智慧治理体系。

在基层组织方面，挖掘活跃度高的人群。七彩达人库组成的各个社团，如武术社、茶艺社、话剧社、英语社、朗读社等十余个社团，各个社长即为达人（一技之长，例如非遗传承人、老师等）。周边居民、老师、工作人员等，根据自己的爱好，自愿加入这些社团，人数不断增加。这些社团成为活动的策划者、组织者，并提供部分公共服务，不仅有线下的日常活动，而且线上社群也同步开展各类活动。

在人员主体方面，以人为本，激发更多社会阶层、微观组织体尤其是基层民众参与社区的治理，构建瓜沥在地文化底板。除了物业和运营人员，志愿者、义工比例在逐渐扩大。七彩志愿者系统 2019 年 9 月成立以来已经有 270 人加入，日常服务图书馆、公共服务中心、老年健康馆等，并为大型的活动服务，配合警务、医务等工作。这些人员到场服务时间为半天到一整天，领取一餐午餐或下午茶（价值 20 元左右）的福利，大大降低了运营成本，同时也增强了各个人群在七彩社区的活跃度。

而在青年领袖方面，瓜沥党群服务中心和七彩社区党群服务中心支持读者自发成立的荔枝（沥知）社读书会，每月定期开展线下读书分享活动，读书会的分享人包括瓜沥镇党委和政府的领导、企业管理层、文化工作者、瓜沥的民间读书达人等社会各界人士，他们成为未来社区"谋划者"（见图 14-3）。

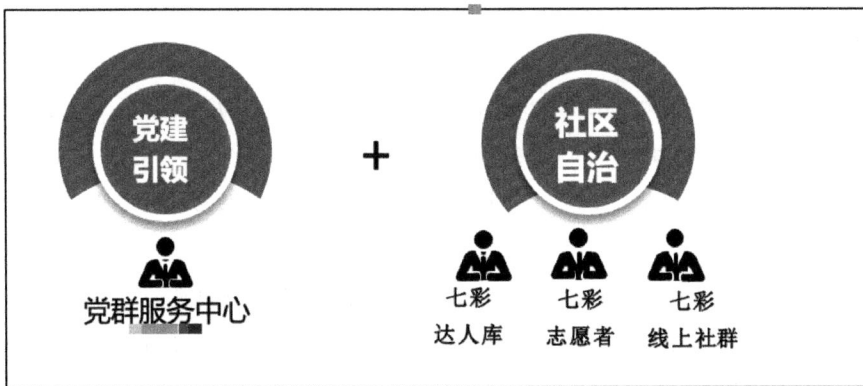

图 14-3 七彩社区组织模式

六、未来

徐小卫及其团队通过共享创新理念，与政府共治、与商业共商、与居民共建，在七彩社区 1.0 的运营中，对住宅和 50% 的商业板块进行销售，实现了现土地成本与建造开发的盈利，而在运营一年后商业板块实现了 95% 招商率，90% 租金回收已覆盖运营成本，自持商业通过打造部分共享空间成为最佳样板的同时也为招商不断引流。另外，在辐射周边越来越多的社区居民时，这样的运营模式使居民的参与度、黏性都得到了前所未有的提升，人们享受到了月月有大活动、周周有公益课、24 小时有公共服务、风雨无阻的公交站等福利……最终成功地激活了社区运营。

七彩社区 2.0 继续迭代升级，规划面积达 79 公顷（79 万平方米），这将是一个巨大的创新空间。七彩社区 2.0 以"国际社区标准 + 城乡融合特色"连片带动，立体联通系统贯穿全区，以七彩未来社区核心层、数字虚拟层、交通移动层、绿色建筑层、公共设施层、基础设施层、文化邻里、公共服务、社会治理、运营可持续为十大建设重点，旨在建设更有获得感和幸福感的未来"家"场景。

根据未来社区的工作目标，2021 年培育建设省级试点 100 个左右，2022 年开始全面复制推广。七彩未来社区是浙江省首个先行先试示范点，徐小卫的队伍也越来越庞大，吸引了政府、国有资本及其他相关领域的产业方。从 1.0 到 2.0，新的问题也不断产生：如何在未来引领其他未来社区建设？如何能可持续发展，成为一场社区运营的"马拉松"？回到初衷，徐小卫始终认为，城市因人而美丽，人因城市而精彩。造生活，并不是造梦，而是在营造一个触手可及的家。

？ 启发思考题

1. 在城市资源紧缺，房地产越来越受严控的时代背景下，企业由造房子向造社区、造生活转型，七彩未来社区在这个过程中是如何构建价值网络，抓住机遇的？

2. 从新加坡邻里中心到七彩小镇，再到七彩未来社区，核心的共同点在哪里？共享理念是如何应用在其中的？

3. 基于哪些层面，七彩未来社区区别于商业运营，并最终走出了特色的运营模式？

4. 社区运营并非面面俱到，也并非以营利为终极目的，随着越来越多的未来社区面世，七彩未来社区 2.0 该如何持续创新运营模式？

关于七彩未来社区的更多资料，请扫描相关二维码了解。

目 拓展资料

将 TOD 嵌入未来社区——瓜沥七彩小镇

CHAPTER 15

第十五章

案例使用说明示例

▲▲ 示例一　站在山巅呼唤爱：莽山五指峰景区无障碍发展之路

（一）教学目的与用途

本案例主要适用于旅游目的地管理、旅游服务创新等相关课程，涉及旅游企业战略定位、旅游企业社会责任等教学内容，教学对象为旅游管理和创新管理相关专业的本科生、硕士研究生和MBA。

本案例是一篇叙述中景信集团通过深入调研和详细的规划建设，建成全国乃至世界首个无障碍山岳型旅游景区——莽山五指峰景区的发展历程的教学案例。本案例的教学目的在于使学生能够结合我国当前的管理实践，特别是山岳型旅游景区的规划现状与运营痛点等现实问题，认识到旅游景区实践战略性社会责任的背景及过程，理解旅游景区如何将社会责任担当与旅游项目、产品与服务创新有机地融合起来，进而深入思考旅游企业如何才能将战略性社会责任行为全面融入旅游景区的开发规划与运营管理实践中，实现与扩大旅游项目的经济外部性，最终达到社会经济双重效益。

（二）启发思考题

（1）依据战略性企业社会责任理论，山岳型旅游景区开展何种社会责任行为最为合适？为什么？

（2）中景信集团打造的"莽山五指峰无障碍景区"，是不是一个战略性社会责任项目？在哪些方面得以体现？

（3）"无障碍服务"能够给莽山五指峰景区带来市场竞争力吗？为什么？

（4）如果你是莽山五指峰景区的常务总经理，你会在景区后续的运营过程中开展什么样的战略性企业社会责任行为？为什么？请具体阐述。

（三）分析思路

教师可以根据自己的教学目标、课程时长来灵活使用本案例，这里提供本案例的基本分析思路，仅供思考（见图 15-1）。

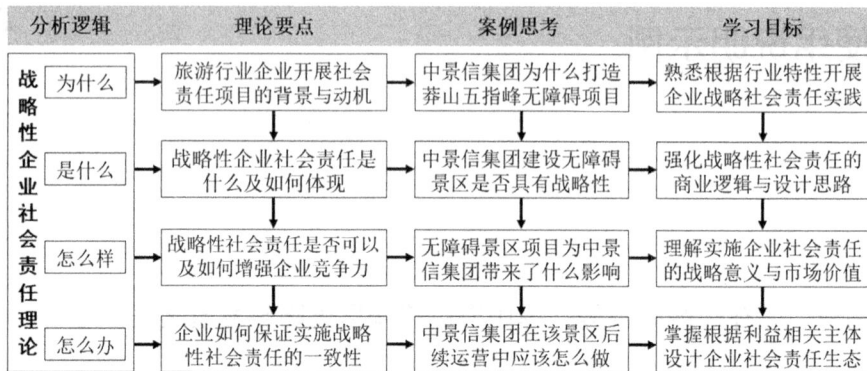

分析逻辑		理论要点	案例思考	学习目标
战略性企业社会责任理论	为什么	旅游行业企业开展社会责任项目的背景与动机	中景信集团为什么打造莽山五指峰无障碍项目	熟悉根据行业特性开展企业战略社会责任实践
	是什么	战略性企业社会责任是什么及如何体现	中景信集团建设无障碍景区是否具有战略性	强化战略性社会责任的商业逻辑与设计思路
	怎么样	战略性社会责任是否可以及如何增强企业竞争力	无障碍景区项目为中景信集团带来了什么影响	理解实施企业社会责任的战略意义与市场价值
	怎么办	企业如何保证实施战略性社会责任的一致性	中景信集团在该景区后续运营中应该怎么做	掌握根据利益相关主体设计企业社会责任生态

图 15-1　案例分析思路

1. 依据战略性企业社会责任理论，山岳型旅游景区开展何种社会责任行为最为合适？为什么？

首先，围绕"企业社会责任"和"战略性企业社会责任"这些基础理论知识点，让学生们讨论启发思考题 1。促使学生们回顾战略性企业社会责任的概念内涵与理论框架，进而将理论应用聚焦到山岳型旅游景区的情境，鼓励学生们从不同视角，总结归纳出旅游集团或企业所具备的战略能力与优势，并提出符合旅游发展情境的"景区社会责任项目"。值得注意的是，在讨论该问题之前，请不要发放案例材料，确保学生们能够充分打开思路进行思想碰撞。开放性讨论问题之后，再发放案例材料，有助于学生们带着问题阅读并思考案例材料，增加案例学习的效果。

2. 中景信集团打造的"莽山五指峰无障碍景区"，是不是一个战略性社会责任项目？在哪些方面得以体现？

继续紧紧围绕"战略性企业社会责任"理论知识体系，聚焦到旅游企业的战略实践，让学生们阅读本案例介绍材料后，思考并讨论启发思考题 2。教师要引导学生们从战略性企业社会责任理论框架体系内容出发，系统性思考中景信集团打造莽山五指峰无障碍景区背后的商业逻辑和社会机理。一方面，促使学生们加深对战略性企业社会责任理论的理解；另一方面，提供学生们将理论知识点与实践案例相结合的学习机会，增强其对该理论的应用判断与分析能力。

同时，教师在该启示思考题中要引导学生们考虑旅游企业的特殊性，分析中景信集团建设全国首个无障碍山岳型旅游景区的战略表现。本案例讨论的主题——战略性企业社会责任在现有研究中多关注生产"实物产品"的企业。不同于这类企业，旅游景区作为一种体验性、服务型经济的运营主体，具有明显的独特性质与特征。党的十九大报告指出，我国社会主要矛盾已经转化为人民日益增长的美好生活需要和不平衡不充分的发展之间的矛盾。40多年的旅游业的发展轨迹其实是一个行业样本，与人民需求的"渐变线"相一致，体现出我国社会主要矛盾的重大转变。当前，我国旅游业发展已经进入"全面融入国家战略"阶段，应对社会主要矛盾转型，旅游景区不仅要做好"品质"，更要努力做到让所有国民都能享受到休闲旅游带来的身心健康的利好。在我国，旅游本身就是一个融公共事业与服务产业于一体的商业集群。从这个角度上讲，无障碍景区是对"文旅产业"与"公益事业"这对孪生概念的完美阐释。旅游景区制定企业社会责任发展战略，开发对社会负责的旅游项目，是我国当下旅游发展超越单纯的经济目标，实现全民旅游权利的社会功能发展目标的必然要求。

近年来，党和政府极大关注无障碍环境建设，以保障残障人士、老年人及儿童等社会成员平等参与社会生活、开展社会活动、享有社会权利。残障人士在旅游景区，尤其是山岳型旅游景区会遇到多重障碍，主要包括：① 结构性供给不足造成的可达性障碍，比如很多景区尚未提供适残、适老、适幼等专用设施，如轮椅、推车等；② 社会人际资源不足导致的支持性障碍，在没有陪护的情况下，残障人士几乎不可能登上山峰；③ 习得性无助情况下积累的内生性障碍，即残障游客会因为害怕他人异样的眼光、成为他人的负担等而自我否定，抑制或打消出游的念头。提供无障碍设施服务是移除残障群体出游障碍的关键一步。只有当景区能够做到"设施去障碍"，残障人士能够自主地游览体验，才有可能真正实现全社会的旅游无障碍化。因此，中景信集团打造"无障碍山岳型旅游景区"的探索实践值得深入探讨。

3. "无障碍服务"能够给莽山五指峰景区带来市场竞争力吗？为什么？

探讨过启发思考题1和2之后，学生会对为什么开展战略性企业社会责任、什么是战略性企业社会责任两大基本问题形成较为深刻的了解与理解。紧着，围绕另一个关键问题——战略性企业社会责任有什么影响？让学生们思考并讨论启发思考题3。战略性企业社会责任已经上升成为一项管理战略，旨在提供差异化产品、提高企业市场形象与品牌声誉，进而增强企业竞争力。战略性企业社会责任具有中心性、专属性、先动性、自愿性、可见性等属性特征，能够为企业创造深远的竞争优势。对于将社会责任纳入发展战略的企业而言，社会责任行为不是企业的运营成本，而是孕育市场机会、助推产品创新的源泉，企业能够开发出符合市场期待的产品与服务，获得可观的经济效益。同时，企业积极履行社会责任的行为，能够有效提高企业声誉，建立市场美誉与品牌溢价，为企业积累无形资产。能够有效提高企业的经营绩效，让企业在"做好事"的同时"赚大钱"。

针对启发思考题3，答案是肯定的。作为我国首个无障碍山岳型旅游景区，莽山五指峰景区能够满足我国广大残障群体的山岳旅游愿望，让残障人士也能够平等地拥有欣赏祖国大好河山的权利，这也成为构建我国无障碍社会环境的重要尝试。在本轮讨论中，期望学生们能够从企业社会责任的战略维度与实施意义出发，分析该无障碍景区项目能够为中景信集团带来的市场价值。在启发思考题3中，授课教师要基于战略性企业社会责任的战略维度、利益主体等理论内容，进一步引导学生思考莽山五指峰景区可行的针对其他主体的社会责任行为，以及可能带来的影响。

4. 如果你是莽山五指峰景区的常务总经理，你会在景区后续的运营过程中开展什么样的战略性企业社会责任行为？为什么？请具体阐述

综合上述学习要点，鼓励学生们进一步拓宽思路，理论联系实际，对启发思考题4进行分析。本案例基于中景信集团打造莽山五指峰无障碍山岳型旅游景区的战略性社会责任项目，帮助学生理解旅游集团的社会责任战略，分析旅游景区作为一种特殊性质的产品与服务体现社会责任担当的表现形式，并且探讨旅游景区在担负社会责任的实践中遇到的重难点问题。

企业社会责任具有丰富的表现形式，是一个涉及企业、顾客、员工、社会环境等多个利益主体，包含经济、法律、伦理、慈善等多种责任维度的综合性、多元化的行为体系。首先，企业将社会责任纳入战略体系，将社会问题融入产品与服务中，赋予商品以社会价值，能够有效增加产品溢价，提升企业的品牌资产。其次，企业作为社会经济的基本单位，企业履行社会责任，注入市场力量，有助于社会问题得到更好更快的解决。再者，针对顾客而言，企业是在充分把握、预判社会问题的基础上，开发出的符合社会期待、满足市场需要的产品与服务。顾客在为产品与服务本身的功能属性买单的同时，会更加愿意为企业的情怀助力。顾客黏性、口碑效应、良好声誉等，会形成企业宝贵的无形资产，推动企业发展形成一个良性循环。最后，员工不仅是企业社会责任的"一线传播者"，也应该是企业社会责任的"一线受益者"。积极履行战略性企业社会责任有助于企业吸收优秀员工、激发员工的工作热情与使命感，提高企业的经营效率。

目前，莽山五指峰景区正式运营不久，在服务体系、营销策略等运营管理方面都还处于摸索阶段。当前，中景信集团的战略性社会责任行为主要针对"需求端"（游客），而忽视了企业内部（员工）、企业周边（当地社区）等关键利益相关者的诉求。通过对启发思考题4的讨论，期望学生们能够对不同利益相关主体进行梳理，鼓励并引导学生从战略性企业社会责任理论出发，从旅游集团经营管理者的视角，对"落实"社会责任战略、"兑现"社会责任行为的经济效益等问题进行深入思考，并且基于自身工作经验，分享可行对策与科学建议。

（四）关键要点

1. 关键视域

战略性企业社会责任包含的内容非常广泛，加之旅游景区涉及的管理体制、利益主体非常复杂，因此，一方面，要引导学生从不同角度对旅游企业集团的战略性企业社会责任实践进行系统和全面的分析；另一方面，要引导学生基于旅游行业特性、旅游景区特性，理解其与一般企业战略性社会责任行为的异同，分析旅游企业建设战略性社会责任项目的情境影响因素、设计实施过程及影响意义。

2. 关键知识点

战略性企业社会责任概念及其理论框架。

3. 能力提升点

综合分析与批判性思维能力，以及解决实际问题的能力。

（五）建议课堂计划

本案例可以用作学生的案例讨论课程材料。对该案例建议的教学方式是：课前独立阅读与思考，课上组织开展小组讨论并发言，课后以小组为单位提交分析报告文本。课堂时间建议控制在 90 分钟（2 节课）。此课堂计划仅供参考。

1. 课前计划

（1）提前预习

提前 1 周发放案例，提出启发思考题，请学员在课前完成阅读，并做出个人的初步思考。

（2）预先分组

按照"组内差异大、组间差异小"的原则，根据不同行业、职业职位、经验背景，将学生组成讨论小组，以保证每组成员的多样性、知识的互补性，强调头脑风暴，同时，增加各组之间讨论结果的可比较性。根据班级实际人数情况，划分为 5~6 个小组。课前提前告知学生，要求学生以小组为单位选择座位，同一组的成员坐在临近位置，方便课堂上展开讨论。

2. 课中计划

（1）预习检查

课堂伊始，建议教师随机提问 1~2 位学生，重温案例内容与问题，明确主题，检查学生的课前学习成果。（时间控制在 5 分钟左右。）

（2）分组讨论

组织学生对启发思考题进行讨论，鼓励学生基于各自专业背景与实践经验，带着批判性思维与解决问题的目的，从不同角度进行案例分析与问题解读，并且提醒学生根据相应的理论框架进行归纳总结，每组组内讨论并准备发言提纲。（时间控制在 30 分钟左右。）

（3）小组发言

小组代表轮流根据提纲依次发言，授课老师应及时板书，记录汇总各个小组发言的关键观点词、新颖观点词，留待后续教师总结陈词时作为依据，或在自由讨论过程中引申教学内容。每组汇报发言时间为 5 分钟。（时间控制在 30 分钟左右。）

（4）集体讨论

各个小组发言结束之后，展开个人自由讨论，鼓励学生分享听完不同小组的汇报发言之后对案例问题所产生的新的思考。（时间控制在 5~10 分钟。）

（5）教师总结

授课老师根据黑板上的板书信息，针对各个思考问题，梳理小组代表发言的关键观点和分析逻辑，并且按照相应的理论知识框架进行归纳总结，引导学生进一步思考。（时间控制在 15~20 分钟。）

3. 课后计划

（1）小组报告

请学生在小组讨论与汇报的基础上，结合课堂讨论、教师总结等新输入的信息进行进一步修改与完善，形成最终的小组分析报告文本。

（2）个人报告

要求学生在课后查阅企业社会责任、旅游项目开发、旅游创新管理等相关书籍与理论文献，结合启发思考题，根据自己的专业背景与实践经验，自选感兴趣的知识点，进行更加深入、全面的思考与分析，并撰写个人的案例学习心得。

🔺🔺 示例二　数智让乡村"慧"经营：杭州余杭区鸬鸟镇的数字化转型之路

（一）教学目的与用途

本案例可用作旅游管理、公共管理等专业课程中乡村旅游、数字化转型等知识模块的教学。本案例的适用对象为上述专业的本科生、硕士生、博士生和 MBA，同时也适合具有相关工作经验的在职人员学习。

本案例介绍了鸬鸟镇作为生态旅游型乡村在面临全域旅游经营困境时，如何明确数字化转型的战略，并在探索中初步搭建智慧旅游平台，又通过打通数据壁垒、加强智能应用等举措不断升级，最终打造出数智鸬鸟乡村治理平台，实现了从传统生态旅游乡村到智慧旅游乡村再到数字乡村的转型。本案例以乡村旅游数字化为出发点，让学生首先掌握乡村旅游数字化转型的概念和必要性，然后通过鸬鸟镇从智慧旅游到数字乡村的探索升级，明确为什么在乡村地区，旅游经营和乡村治理是两个密不可分的议题、如何将乡村旅游数字化辐射到乡村全域的运营中，并在此基础上，思考数字乡村的实现路径和关键要点。

（二）启发思考题

（1）鸬鸟镇为什么要进行数字化转型？

（2）为什么"在鸬鸟"没能取得理想效果？相比之下，"数智鸬鸟"做了哪些提升？

（3）根据"数智鸬鸟"的经验，试分析：数字化是如何助力乡村旅游的？

（4）"数智鸬鸟"在全域治理方面的应用，对你有什么启示？

（三）分析思路

教师可以根据自己的教学目标来灵活使用本案例，这里提供案例分析的基本思路，仅供参考。

本案例的 4 个启发思考题按照"转型原因—转型过程—转型成效"的逻辑展开。启发思考题 1，从分析鸬鸟数字化转型的原因出发，思考生态旅游型乡村面临的痛点和机遇。启发思考题 2，对比"在鸬鸟"智慧旅游平台和"数智鸬鸟"乡村治理平台之间的差异，并从内在数据思维的角度来剖析产生这些差异的原因，从而明确数字化转型的关键概念和实现路径。启发思考题 3，从乡村旅游的角度来思考"数智鸬鸟"的积极成效，明确数字化如何赋能乡村旅游。启发思考题 4，总结归纳"数智鸬鸟"在鸬鸟镇全域治理方面的应用成效和未来展望，了解数字乡村的基本概念，并对数字化如何赋能乡村治理展开思考。总体分析思路如图 15-2 所示。

分析思路	对应问题	分析内容	关键知识点
转型原因	启发思考题1	➤ 鸬鸟镇数字化转型的原因 ➤ 生态旅游型乡村面临的痛点和机遇	数字化转型的提出背景和必要性
转型过程	启发思考题2	➤ "在鸬鸟"和"数智鸬鸟"间的差异 ➤ "数智鸬鸟"的打造过程和思维逻辑	数字化转型的概念和实现路径
转型成效	启发思考题3	➤ "数智鸬鸟"所取得的积极成效 ➤ 数字化助力乡村旅游的作用机制	数字化转型的应用成果和内在的作用机理
	启发思考题4	➤ "数智鸬鸟"在乡村治理方面的应用 ➤ 数字化如何推动乡村治理模式的转变	

图 15-2　案例分析思路

1. 鸬鸟镇为什么要进行数字化转型？

从案例开头部分的描述中可知，推动鸬鸟镇进行数字化转型的直接原因在于：全域旅游的发展对鸬鸟镇的运营能力提出了更高的要求，已经逐渐超出鸬鸟镇的承载能力范围，导致鸬鸟镇在服务质量、监管效率、资源调控等各个方面都遇到了一定的困难，必须对当下的运营模式进行升级。鸬鸟遇到的问题，本质上可以理解为"不断扩大的管理要素与传统的管理模式之间的矛盾"，而这种矛盾可以通过"数字赋能"来解决。因此，意识到"数字赋能"的重要性和必要性之后，鸬鸟镇决定走上数字化转型之路。

在讨论启发思考题1时，教师要引导学生通过鸬鸟镇数字化转型这一现象，进一步深入思考和探索其背后隐藏的本质，即传统的生态旅游型乡村面临着怎样的痛点？数字化又能为其带来怎样的发展机遇？

首先，相较于传统旅游景区，乡村地区存在着旅游空间范围广大、旅游资源类型多样且分布零散等特点，给旅游业的开发和运营工作带来了困难。通过加强乡村旅游信息化建设，借助数字化软硬件设施，来实现旅游数据的自动获取与监测、实时整合呈现、深度分析及智能应用，把原本烦琐、庞大的工作量转移给更"聪明"的数字技术和数字设备，能够有效降低乡村旅游的经营成本和经营难度，为乡村旅游的高效管理和优质服务提供支持。

其次，生态旅游型乡村的旅游活动多依托于本地生活空间展开，与乡村地区的"三生"（生产、生活、生态）问题相挂钩，因此，乡村旅游往往与乡村治理密不可分，旅游运营往往离不开与交通、治安、卫生等其他机构部门的协作联动。推动乡村数字化转型，有助于打通不同行业、不同部门和不同地区之间的数据壁垒，实现数据信息的跨平台联动，让大数据更好地为乡村旅游赋能。

最后，从当下社会大背景来看，虽然"数字中国"战略已经在城市地区取得了显著工作成果，但乡村地区一直是数字化尚未落实的"最后一公里"。推进乡村数字化转型，将数字技术应用于乡村产业经营、基层治理、生活服务和生态环境等方方面面，是城乡一体化发展和乡村振兴战略的重要环节。

2. 为什么"在鸬鸟"没能取得理想效果？相比之下，"数智鸬鸟"做了哪些提升？

在启发思考题2中，首先通过剖析为什么"在鸬鸟"智慧旅游平台没能有效解决鸬鸟镇的旅游经营困境，帮助学生厘清数字化转型过程中容易出现的误区或弯路，进而明确"数字化转型并非硬件的简单堆砌"。然后，梳理"数智鸬鸟"的打造过程及各阶段中的关键决策点，明确"数智鸬鸟"在软硬件体系和功能应用等方面分别得到了哪些提升。此处的分析重点在于，教师需要在此基础上，进一步引导学生"透过现象看本质"地展开思考，即透过最终所呈现出的提升成果，思考"数智鸬鸟"内在思维逻辑上的转变和提升，真正掌握数字化转型所需要的"数据思维"。通过以上分析，帮助学生从鸬鸟镇的转型过程中，找到"什么是数字化转型"及"如何实现数字化转型"这两个问题的答案。

打造"在鸬鸟"智慧旅游平台过程中，鸬鸟镇主要做了以下4项工作：对当地Wi-Fi进行升级扩容，实现景区Wi-Fi全覆盖；推出"在鸬鸟"智慧旅游APP，提供手机端一站式的信息查询服务和旅游预订服务；借助数字电视端进行旅游信息和旅游资源的推荐介绍；增设监控设施，完善监管安保系统。

然而，"在鸬鸟"没能给鸬鸟带来实质性的蜕变和升级，原因在于，"在鸬鸟"是以硬件设施为主的智慧旅游平台，虽然通过配备这些硬件设施，确实能够在一定程度上提高游客旅游体验、提升区域管理效率，但最为关键的智能软件体系支撑没有同步跟上。例如，首先，"在鸬鸟"虽然为游客提供了手机端吃住行一站式服务，但背后的游客数据却没有得到有效的整合与沉淀；第二，"在鸬鸟"虽然给景区增设了更多的监控系统，但所有的监管响应工作依然需要靠一群管理人员围坐在屏幕前来完成；第三，"在鸬鸟"虽然通过手机、电视等界面来对景区进行宣传，但却未能进行差异化营销，所有游客收到的都是同样的内容。总而言之，"在鸬鸟"时期，数字化建设主要围绕硬件设施展开，并没有将数字化思维融入软件体系中，因此还是处于用传统手段来进行服务和管理的阶段。

那么，"数智鸬鸟"又是如何进行提升的？通过案例内容可以发现，"数智鸬鸟"的打造也并非一蹴而就，而是历经了一系列的重要决策点，在不断的学习和探索中完成的。

（1）2016年，随着互联网黄金时代到来、"智慧旅游"成为国家政策和行业发展的新风向，鸬鸟镇决定走数字化转型道路，并通过打造"在鸬鸟"智慧旅游平台迈出了转型的第一步。

（2）2018年，旅游业高质量发展的趋势，对鸬鸟镇提出了精细化运营的新要求。因此，鸬鸟镇的数字化转型，不但需要通过对数据进行采集和管理，实现"数据辅助"，更需要进一步对数据进行挖掘、沉淀和分析，实现"数据赋能"。

（3）2019年末，在新基建、未来乡村、数字治理等概念和相关案例的启发下，鸬鸟镇意识到数字化在乡村地区有无限的应用可能，并初步明确了下一步的工作方向，即数字化转型不能仅仅局限于旅游业本身，而是要放眼全域，与乡村治理结合起来。

（4）2020年初，新冠疫情时期的健康码、云办公等模式，帮助鸬鸟镇发现了"数据壁垒"这个关键问题，找到了将旅游业与其他行业、其他部门联动的方法，同时也重新塑造了旅游大数据的概念——随着信息时代的到来，旅游大数据并不再局限于景区内部的基础数据，还包括景区外部的云端数据与公共数据（见表15-1）。因此，鸬鸟镇决定调整战略，不只要实现乡村旅游的数字化转型，更要实现整个乡村的数字化转型，并以打造数字乡村作为战略目标。

表 15-1 旅游大数据的分类

分类	景区数据	云端数据	公共数据
相关数据类型	停车系统、摄像头、检售票、广播、救援、业态消费、Wi-Fi 探针、营销、车辆车牌、休息点……	搜索引擎、OTA、舆情UGC、旅游网站、自媒体、手机 APP……	银联消费、聚合支付、治安监控、交通监控、高速流量、健康绿码、周边景区数据、公安数据、城管数据、人口数据、其他政府数据……

注：OTA（over-the-air technology），即通过移动通信的空中接口实现对移动终端设备及 SIM 卡数据进行远程管理的技术。UGC（user generated content），即用户原创内容。

（5）2020 年中，通过学习杭州城市大脑的经验，鸬鸟镇决定从智能感知、数据共享、智慧应用 3 个方面齐入手，明确了具体的提升计划，打造了由数智乡村、数智旅游、数智治理三大模块构成的"数智鸬鸟"乡村治理平台。

相比于聚焦旅游产业、注重硬件提升的"在鸬鸟"平台，在打造"数智鸬鸟"乡村治理平台时，鸬鸟镇一方面扩大了其应用范围，即将数字化转型的目标范围从聚焦旅游运营扩大至服务全域治理；另一方面，也是最关键的一方面，则是"数智鸬鸟"背后数据思维的升级。数据思维包括 5 个层级（见图 15-3）：收集来自景区内外的基础数据，如游客来源、统计报表等；集成汇总游客行动轨迹、时间轨迹、消费轨迹等有序信息；基于对过往数据信息的分析来进行知识提取；对数据集和知识库进行智能应用，生成游客图谱等智能报表；实现基于人机智慧的大数据服务，如为游客提供智能推荐、为管理者提供决策建议等。

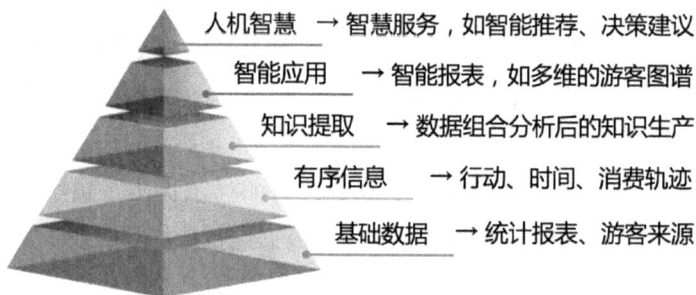

图 15-3　数据思维金字塔

在分析这部分内容时，教师可以先向学生介绍"数据思维金字塔"的概念，让学生对照此框架展开思考分析，也可以先请同学自由发言，并通过提示、点评的方式，引导学生在讨论过程中一步步自主构建出"数据思维金字塔"模型。对比"在鸬鸟"与"数智鸬鸟"，很明显，"在鸬鸟"还只是停留在数据思维金字塔的最底层，仍然是以智慧硬件为主，并在此基础上形成大数据体系的基础数据与部分有序信息。建设"数智鸬鸟"的过程，正是鸬鸟镇从数据思维金字塔的底端跳出"旅游思维"禁锢，打破数据壁垒，将景区之外的云端数据和公共数据一并囊括、将智慧旅游与乡村治理相结合（从基础数据到有序信息再到知识提取）；然后，通过完善软硬件体系，提高智能感知能力、数据共享能力和智能应用能力，实现从硬件智慧向人机智慧的升级，最终完成全域旅游从"人治"到"智治"的突破（从智能应用到人机智慧）。

3. 根据"数智鸬鸟"的经验，试分析：数字化是如何助力乡村旅游的？

启发思考题 2 能够让学生对数字化转型的概念和思维逻辑有一定的掌握，进而通过启发思考题 3，进一步了解数字化转型所带来的积极作用及其背后的作用机理。

近几年，随着信息技术和相关知识的发展，有关"数字化转型"这一概念的探讨也愈发火热。在 2012 年，随着旅游信息化建设和智慧城市建设的兴起，就有学者提出了智慧旅游的 CAA 框架体系，为分析数字信息技术赋能旅游产业提供了理论框架。智慧旅游的 CAA 框架体系包括智慧旅游的能力（capabilities）、智慧旅游的属性（attributes）及智慧旅游的应用（applications）3 个层面。其中，能力是指智慧旅游所具有的先进信息技术能力，属性是指智慧旅游的应用性质是公益性的还是营利性的，应用是指智慧旅游所面向的各方利益主体及为其提供的具体功能。在本案例的分析中，启发思考题 3 聚焦乡村旅游产业，侧重于分析"数智鸬鸟"的营利属性；启发思考题 4 则侧重"数智鸬鸟"面向乡村治理的公益属性。

回到启发思考题 3 的问题，对于数字化如何助力乡村旅游这一问题，可从高效性、增值性、生态性 3 个方面来思考。

（1）高效性。在鸬鸟镇的案例中，数字化的应用主体包括政府、企业和游客三方，因此，可以从面向政府的高效管理、面向企业的高效营商和面向游客的高效服务，来分析"数智鸬鸟"为乡村旅游带来的效率提升。例如，对于游客来说，"数智鸬鸟"可以让游客享受更便利、更快捷的旅游信息服务，包括游前的信息查询、游程规划、旅游预订，游中的智能导览、一键服务，游后的意见反馈等。

（2）增值性。增值性是指数字化如何通过降低成本和提升价值，来重构鸬鸟镇乡村旅游价值创造模式。在讨论这部分内容的过程中，教师可以通过向学生抛出问题的方式，来引导学生思考数字化转型的增值性。具体而言，可以围绕"游客如何降低交易成本""商家如何降低经营成本""政府如何降低管理成本"等问题的探讨，来理解"数智鸬鸟"带来的成本降低；围绕"依托数字平台，打通线上线下，拓展服务场景和消费场景""挖掘数据价值，提供精准营销和个性化服务，产生长尾效应"等问题的探讨，来理解"数智鸬鸟"所带来的价值提升。

（3）生态性。数字化打通了时空距离，推动了技术、产品、资本的流通和配置，推动了"数字生态"的构建。虽然相比于高效性和增值性来说，"数智鸬鸟"目前在生态性方面的效果还并不明显，但开放式、网络化的组织生态是各行各业数字化转型的趋势。因此，在这部分的讨论中，教师可以引导学生从"业务边界模糊化""组织结构平台化""创新方式开放化"等方面，来思考"数智鸬鸟"未来还能如何通过继续提升，为鸬鸟镇的乡村旅游带来更多价值。

4. "数智鸬鸟"在全域治理方面的应用，对你有什么启示？

启发思考题 4 希望通过对"数智鸬鸟"在鸬鸟镇全域治理方面的应用进行归纳总结，进一步拓宽学生的思维视野，让学生对数字治理、数字乡村等重要概念有更多的了解和思考。

鸬鸟镇的转型过程，实际上是治理理念转变带动治理结构转变，最终实现治理能力转变的过程。在治理理念上，鸬鸟镇借助物联网、移动通信等信息技术，实现了管理要素的数字化，这只是第一步。更重要的问题是，"数智鸬鸟"如何帮助鸬鸟镇实现管理模式的数字化。这个问题可以具体展开为：对内，"数智鸬鸟"如何把原本分散的部门碎片拼成一个整体，从而加强治理机构不同部门、层级之间的内部联系？对外，"数智鸬鸟"又是如何把零散的基层触点连接成网络，从而加强治理机构和基层民众间的联系？

治理理念的转变，推动了鸬鸟镇治理结构的转变，带动鸬鸟镇克服传统治理模式所面临的碎片化、区隔化和分散化瓶颈制约，建立起整体性治理结构。整体性治理，包含来自纵向、横向和深向 3 个方面的整合。第一，纵向治理层级的整合。它泛指自上而下的各层级政府或不同区域的地方政府，依托网络技术链接及数字保护协议来协商解决跨域议题。这种空间共治构成了整体性治理的"高"。第二，横向治理功能的整合。即将政府组织体系内各个部门及具有同类功能的治理主体，都拉到系统分析的"桌面"，并对数字化服务进行再集成。这一过程被视为整体性治理的"宽"。第三，深向治理部门的整合。即将政府、市场和社会等多元主体公共服务资源聚合在一起，促进治理形态集约化，推动公私合作治理，形成整体性治理的"长"。在启发思考题 4 的分析过程中，教师可以向学生介绍整体性治理这一概念，并参考整体性治理的建设框架，来梳理"数智鸬鸟"分别在纵向、横向上做了哪些改变，继而通过深向的功能延伸，渗透到乡村地区的方方面面，最终实现治理能力的转变和提升。

中共中央办公厅、国务院办公厅印发的《数字乡村发展战略纲要》指出，数字乡村是数字中国建设的重要方面，要加快信息化发展，整体带动和提升农业农村现代化发展。在具体做法上，要进一步解放和发展数字化生产力，注重构建以知识更新、技术创新、数据驱动为一体的乡村经济发展政策体系，注重建立层级更高、结构更优、可持续性更好的乡村现代化经济体系，注重建立灵敏高效的现代乡村社会治理体系，开启城乡融合发展和现代化建设新局面。正如案例尾声中所言，"数智鸬鸟"目前的功能主要集中在乡村旅游和乡村治理方面，在未来，如何将数字化转型落实到农业、民生、文化等方方面面，鸬鸟镇还有很长的路要走。因此，在案例讨论的过程中，教师可鼓励学生拓展思维，从数字乡村的建设出发，为"数智鸬鸟"接下来的提升方案出谋划策，从而帮助学生更好地掌握数字乡村这一概念内涵。

（四）关键要点

1. 关键视域

通过学习本案例，了解生态旅游型乡村具有哪些特征、面临哪些挑战、涉及哪些要素和主体，理解乡村旅游和乡村治理之间的关联性，明确鸬鸟镇为何及如何从传统生态旅游型乡村，升级至智慧旅游乡村，后又继续向数字乡村升级。

2. 关键知识点

通过学习本案例，掌握数字化转型的重要概念，包括数字化转型是什么、包含哪些要素、背后的数据思维逻辑是什么，并了解数字化转型在乡村地区的现实意义和实践路径。

3. 能力提升点

在对本案例深入分析和理解的基础上，对其他数字化转型升级案例能够进行独立思考，做出判断与分析。

（五）建议课堂计划

本案例建议作为专门的案例研讨课来进行学习，以下是按照时间进度提供的课堂计划建议。整个课堂时间建议控制在 90 分钟（两节课）。此课堂计划仅供参考。

1. 课前计划

（1）提前预习

提前 2 周向学生发放案例，提出启发思考题。学生应在课前完成对案例的阅读、对问题的初步思考及对相关知识的查阅。

（2）预先分组

提前组建课程小组（4~6 人为宜，具体人数可根据班级规模调整）。如果条件允许，教师可考虑组织学生在课前前往鸬鸟镇的"数智鸬鸟"驾驶舱进行参观学习，加深学生的了解和感受。

2. 课中计划

（1）自由讨论

在正式进行案例教学前，教师可以先请学生围绕"数字化转型是什么？""像鸬鸟镇这样的乡村，应该怎样进行数字化转型？"两个问题发表自己的看法，以帮助学生打开思路，并带着具体的问题来进行接下来的案例学习。（时间控制在 10 分钟左右。）

（2）课程简介

自由讨论后，进入案例学习阶段。教师首先进行简要的课程引导，包括介绍案例内容、明确研讨主题、提出思考问题等。整个课堂以"教师引导+小组讨论+代表发言+点评总结"的形式展开，教师逐一提出下列问题，各小组针对该问题展开讨论，并派代表对本组的讨论结果进行展示。每个讨论环节结束后，教师应对各小组发言进行点评，并对思考题进行总结归纳。（时间控制在 5 分钟左右。）

（3）转型原因

引导学生思考并讨论：鸬鸟镇是一座怎样的乡镇？发展现状如何？为什么会选择数字化转型这一战略？乡村旅游面临着哪些痛点和机遇？数字化能为乡村旅游带来什么？

（时间控制在 15 分钟左右。）

（4）转型过程

引导学生思考并讨论："在鸬鸟"和"数智鸬鸟"分别包括哪些内容？为什么"在鸬鸟"未能取得理想效果？"数智鸬鸟"经历了怎样的建设阶段？相比于"在鸬鸟"，"数智鸬鸟"在功能应用方面做了哪些提升？其中的思维逻辑又是怎样的？在这些问题的基础上，教师可以进一步请学生根据鸬鸟镇的经验，重新思考最初提出的"数字化转型是什么？""像鸬鸟镇这样的乡村地区，应该怎样进行数字化转型？"这两个问题，并给出自己的看法。（时间控制在 20 分钟左右。）

（5）转型成效

引导学生思考并讨论：①"数智鸬鸟"在旅游方面的服务主体包括哪些？"数智鸬鸟"为鸬鸟镇的乡村旅游带来了哪些改变？这些改变又是通过怎样的路径得以实现的？（时间控制在 15 分钟左右）②"数智鸬鸟"是怎样帮助鸬鸟镇进行乡村治理的？数字化转型后，鸬鸟镇在治理理念、治理模式和治理能力上发生了哪些转变？你认为未来的数字乡村应该是怎样的？鸬鸟镇接下来还可以从哪些方面来对"数智鸬鸟"进行提升？（时间控制在 15 分钟左右。）

（6）课程总结

讨论结束后，教师对本次案例教学课程进行总结，包括：案例内容的梳理、相关的重要概念和理论、各思考题的分析逻辑、本堂课的教学目的等。（时间控制在 10 分钟左右。）

3. 课后计划

每位学生应提交案例学习心得一篇，以进一步巩固教学成果。学习心得的主题建议不做过多限制，给予学生拓展思维、举一反三的空间，例如，对鸬鸟镇数字化转型的总结、启示和建议，关于数字化转型在其他乡村地区落地的思考，景区数字化和乡村旅游数字化的差异，等等。

🔺🔺 示例三　让文化"活"起来：台儿庄古城文旅融合的特色之路

（一）教学目的与用途

本案例是关于台儿庄文旅融合的旅游规划案例，体现了目的地层面旅游规划中的战略布局、规划思路和创新设计。本案例详细分析了台儿庄古城作为文旅融合典型目的地的旅游规划和设计思路，从理论上解释了选择在台儿庄进行大规模的古城重建的原因，也梳理了文化活化及非物质文化遗产如何与旅游结合的思路。本案例的教育目的在于，使学生结合台儿庄古城的文旅融合实践，再次面对相同类型的旅游目的地或文旅融合项目时，能够按照一定的理论与逻辑，对目的地的旅游规划与设计进行探讨与分析。同时，借助该案例使学生对文旅融合有更深刻的认识。

本案例适用于旅游管理专业本科生、研究生教学中的包括旅游目的地管理、旅游规划、文化遗产管理在内的相关课程；同时也适用于MBA教学中旅游与创新管理等课程。

（二）启发思考题

（1）本案例中台儿庄采取了哪些措施让古城逐步"文化活起来"？这体现了遗产活化的哪些思路？

（2）台儿庄古城在非物质文化遗产的旅游规划上采用了哪些创新设计？

（3）通过对台儿庄古城案例的学习，你对"文旅融合"有什么新认识？

（三）分析思路

教师可以根据自己的教学目标、课程设计来灵活使用本案例。这里提供本案例的基本分析思路，仅供参考（见图15-4）。

分析思路	启发思考题	学习目标	关键要点
发展路径	1. 本案例中台儿庄采取了哪些措施让古城逐步"文化活起来"？这体现了遗产活化的哪些思路？ 2. 台儿庄古城在非物质文化遗产的旅游规划上采用了哪些创新设计？	掌握文旅融合目的地的旅游规划和设计思路	遗产活化的3种基本范式，非物质文化遗产的概念和特性
拓展思考	3. 通过对台儿庄古城案例的学习，你对"文旅融合"有什么新认识？	理解文旅融合的工作思路，能够在此基础上做出独立思考与发展判断	"宜融则融，能融尽融，以文促旅，以旅彰文"的工作思路

图 15-4　案例分析思路

1. 本案例中台儿庄采取了哪些措施让古城逐步"文化活起来"？这体现了遗产活化的哪些思路？

对该问题的解答分为两小问。第一问由于案例正文中已梳理得比较清楚，简单概括即可。第二问则是从理论的角度，引导学生通过台儿庄采取的古城"文化活起来"措施，探寻遗产活化和旅游规划的思路。

（1）措施

台儿庄古城采取的"文化活起来"措施如下（见表15-2）。

表 15-2　台儿庄古城采取的"文化活起来"措施

序号	目标	具体措施
1	重修旅游古城，复活文化	"留古、复古、扬古、用古"的原则 "运河文化、大战文化、鲁南民俗文化"的主题
2	搭建旅游平台，激活文化	行业博物馆主题、遗址公园、沉浸式体验馆
3	创新旅游项目，做活文化	大型实景剧《乾隆巡游台儿庄》、鼓乐剧《台儿庄大捷》
4	设计旅游线路，盘活文化	"大战文化之旅""古岸寻踪之旅""运河文化之旅""江北水乡之旅""宗教文化之旅"

（2）思路

根据吴必虎和王梦婷（2018）的总结，学者们将活化呈现的模式划分为 3 种基本范式：第一是方式客观主义的活化模式（静态博物馆），比如说长城、故宫、颐和园，拥有较好的客观主义原真性，不需要进行更多的"加工"，保护工作相对重要。第二种方式是建构主义（实景再现）模式，更适合历史场景的活化；它通过建构主义原真性（constructivism authenticity）实现某种视觉形式的呈现，提高文化遗产传播的效率和广度，如西安大明宫国家遗址公园采用的框架展示方式，以及隋唐洛阳城定鼎门遗址保护罩再现方式等。第三种方式是述行主义（舞台化表现）模式，开封以北宋汴梁历史文化为基础建设的清明上河园内的各种演出，杭州在南宋都城文脉基础上开发宋城千古情等，都是舞台化的述行呈现方式。

对于台儿庄古城的案例，第一，符合方式客观主义的活化模式（静态博物馆）的有弹孔墙及主题遗址公园等，它们作为历史遗迹具有较好的客观主义原真性，所以台儿庄古城的利用方式以保护为主，同时配以雕塑展示、日记陈列、技术体验等方式，拓展叙事空间，无须额外重新设计建造，只需深度挖掘弹孔墙本身的文化价值和旅游潜力即可。第二，符合建构主义（实景再现）模式的有古城建筑、生产生活遗迹、沉浸式体验馆等，通过依古重建的方式再现了当年台儿庄的文化兴盛、商业繁荣的盛景，既源于历史、忠于历史，又超越历史，让古城在原有面貌、形态、规制等历史的基因上重现，使古城的形和神全面复活，对游客而言在视觉效果上是非常震撼的，能够使游客对文化遗产有更深刻的感知。第三，符合述行主义（舞台化表现）模式的有大型实景剧《乾隆巡游台儿庄》、鼓乐剧《台儿庄大捷》、小型旅游演艺如船型街戏台的拉魂腔表演、谢裕大茶行的山东快书、台儿庄驿站的鲁南皮影等。这些场景及演艺的设置具有艺术化加工的成分，比如鼓乐剧《台儿庄大捷》整合了大战文化主题和鲁南传统民俗表现形式，以擂鼓等表演的方式展现了台儿庄大战场景，这是来源于现实又高于现实的。舞台化表现模式在调动游客气氛，激发游客情感方面具有非常显著的作用。

同时，吴必虎和王梦婷（2018）也提出活化的基本路径可以从尊重场地特征和文脉延续、考虑遗产空间的保护与利用、提炼特定的文化主题以区别于竞争者、提供更多样的游憩性和参与性活动 4 个方面来考虑。

对于台儿庄古城的案例，活化的这 4 个基本路径可以体现在以下方面。第一，尊重场地特征和文脉延续主要体现在台儿庄古城在设计之初就牢牢把握住了主题，在"古城"的"古"上做好了文章。活化文化就是要借助旅游载体让千年沉淀的历史重新以具象的形式展现出来，但在活化的过程中既不能凭空捏造，也不能恣意泛滥，要忠于原貌，主题突出。台儿庄古城坚持了留古、复古、扬古、用古的原则，考察翔实、准备充分、设计合理、规划明确，这才使古城的形和神全面复活，突出了运河文化、大战文化、鲁南民俗文化 3 个文化主题，将运河文化、大战文化、地方文化融合为一体。第二，考虑遗产空间的保护与利用主要体现在搭建了诸如博物馆、展馆、遗址公园、体验馆等一系列平台。对将要消失的地方文化，台儿庄古城构建活态文化空间，创建了多个行业博物馆，如中华珠算博物馆、台儿庄邮政博物馆（中国邮政博物馆分馆）、中国运河招幌博物馆、运河酒文化馆等。对原本就保存完好，具有极大文化价值和旅游潜力的弹孔墙，则在保存原有断壁残垣，再现当年战争场景的基础上，配以展示、陈列、体验等方式，激活文化内涵。对一些体验性较强的非物质文化遗产，则兴建沉浸式体验馆，如军事体验馆、鲁班锁·中国传统建筑文化技艺体验馆、胡家大院扎染木版年画体验馆等，尽可能地激活静止的生活场景和固态的文化吸引物。第三，提炼特定的文化主题以区别于竞争者主要体现在台儿庄古城对旅游线路的规划设计方面。旅游线路集中体现了特定的文化主题，比如台儿庄古城的五大主题旅游线路，分别是大战文化之旅、古岸寻踪之旅、运河文化之旅、江北水乡之旅、宗教文化之旅。这些旅游线路对游客而言可满足游客系统化、完整化的旅游观光需求；而对台儿庄古城而言，线路设计充分考虑了旅游景点结构、旅游节奏控制、游客时间约束和空间行为等要素，完美地把同一主题景观整合起来，凸显特定的文化主题，宣传营销也因而具有着力点和记忆点。第四，提供更多样的游憩性和参与性活动主要体现在演艺项目、体验项目的设置等方面。台儿庄古城精心设计开发了一系列包含鲁南民俗传统的项目，既包括大型实景剧、鼓乐剧，也包括依托于茶馆、码头的小型演艺活动，借助柳琴戏、运河大鼓、皮影戏等特色形式做活文化。参与类体验项目主要是沉浸式体验馆的设置，让游客在观光的同时还能够进行深度的体验，无论对游客的旅游体验还是提升人均消费，均有一定的作用。

2. 台儿庄古城在非物质文化遗产的旅游规划上采用了哪些创新设计？

对该问题的解答需要先厘清非物质文化遗产的概念和特性。从名称上也可以看出，"非物质文化遗产"与"物质文化遗产"相对，二者合称"文化遗产"。根据《中华人民共和国非物质文化遗产法》规定，非物质文化遗产是指各族人民世代相传并视为其文化遗产组成部分的各种传统文化表现形式，以及与传统文化表现形式相关的实物和场所，包括传统口头文学及作为其载体的语言；传统美术、书法、音乐、舞蹈、戏剧、曲艺和杂技；传统技艺、医药和历法；传统礼仪、节庆等民俗；传统体育和游艺；其他非物质文化遗产。

通过以上内容可以看出非物质文化遗产最大的特性：它不脱离民族特殊的生活生产方式，是民族个性、民族审美习惯的"活"的显现。而现代化的浪潮下许多非物质文化遗产失去了农耕时代的"原生环境"，如果只是以单纯的展示、陈列等方式将其"真空保护"，结果只会离现代人的生活越来越远（李江敏和李薇，2018）。由此很多人认为，非物质文化遗产无须保护，时代不需要的东西终将为时代所淘汰，不必在历史的车轮前抢救故纸。这种观点是非常错误的。非物质文化遗产不仅"好看"——拥有艺术上的审美价值，而且"有用"——它凝聚着民族的思维模式、审美习惯、生活智慧等，这些在现代社会仍有价值，值得深入挖掘。

党和政府高度重视非物质文化遗产保护工作。我国非物质文化遗产保护工作取得显著成绩。

非物质文化遗产是中华优秀传统文化的重要组成部分，是中华文明绵延传承的生动见证，是联结民族情感、维系国家统一的重要基础。保护好、传承好、利用好非物质文化遗产，对于延续历史文脉、坚定文化自信、推动文明交流互鉴、建设社会主义文化强国具有重要意义。由此，我们可以根据非物质文化遗产的特性和重要意义，进一步思考：如何才能将非物质文化遗产活化？答案是将非物质文化遗产与旅游进行融合。从旅游的角度看，非物质文化遗产具有审美价值，并且由于生产生活方式的不同，这样的审美具有新奇的体验，符合旅游"异地性"的特征。从非物质文化遗产的角度来看，旅游拉近了其与当代人、当代生活的距离，也创造了巨大的创新空间。因此非物质文化遗产与旅游是天然耦合的。

结合台儿庄古城的实践具体分析非物质文化遗产在旅游规划中的创新设计。

（1）形式创新。比如船型街戏台的拉魂腔表演、谢裕大茶行的山东快书、台儿庄驿站的鲁南皮影等，依托于古城内的建筑、设施就近表演，既彰显鲁南特色民俗，又有流于自然之感，让游客在游览、品茶、歇脚的过程中体验到开放式的演出。这与苏州网师园"游园今梦"的去舞台化戏剧表演有异曲同工之妙。

（2）题材创新。比如鼓乐剧《台儿庄大捷》，采用鲁南传统民俗的表现形式，但内容主题是大战文化。在深度挖掘地方文化之后以非物质文化遗产的形式表演出来，巧妙地融入旅游，可称得上是"旧瓶装新酒"。

（3）体验创新。比如军事体验馆、鲁班锁·中国传统建筑文化技艺体验馆、胡家大院扎染木版年画体验馆等专门体验馆的兴建，再现了当时的生活场景，打破了非物质文化遗产保护的"真空环境"，尽可能地激活静止的生活场景和固态的文化吸引物，拉近了游客与非物质文化遗产的距离，让游客在沉浸式的体验中获得对非物质文化遗产更深的感知。

（4）科技创新。比如VR、AR技术、数字媒体技术、3D虚拟技术、灯光交互装置等的应用，一是让游客有身临其境之感，能够深度理解台儿庄古城蕴含的文化魅力；二是这些科技手段本身也是较为新颖的产品，能够给游客带来新奇的、有趣的、非日常化的体验。

以上各种创新方式综合起来便形成了复合型的旅游体验。

3. 通过对台儿庄古城案例的学习，你对"文旅融合"有什么新认识？

2018 年 12 月 10 日，文旅部党组书记、部长雒树刚在出席 2018 旅游集团发展论坛发表的主旨讲话中提出"宜融则融，能融尽融，以文促旅，以旅彰文"的工作思路。

首先，"宜融则融，能融尽融"是前提。该前提实际上说明了文化与旅游两行业融合的可能性与完全融合的不可能性。正如武汉大学的傅才武教授所说："文化和旅游融合并不是要消除两大行业赖以确立的行业领域边界，抹平文化和旅游部门的行业属性。事实上，文化行业和旅游行业各有自身所依赖的技术类型、管理规范和政策逻辑，因此，也存在明确的行业边界。如果不承认文化和旅游的行业性质差异，所谓文化和旅游融合的命题就不能成立。因此，文化和旅游的融合，是承认差异、尊重行业主体特质基础上的'有限融合'。文化与旅游的融合，既不能理解为'文化+旅游'的简单连接，也不能理解为文化和旅游行业的'全体合并'"。

其次，关于"以文促旅"。在有丰富的文化资源时，可以立足于本地特色文化，因地制宜发展旅游，文化资源本身可以转化为旅游资源。但并不是所有的文化内容都适宜进入旅游，比如一些风俗习惯、丧葬祭祀、封建迷信、低俗暴力等内容并不适合作为旅游开发的项目向游客开放，更不能以此为噱头吸引游客。同时也要看到，文化资源只是旅游资源中的一种，旅游类型是多样的，没有文化资源的地方也可以发展单纯的娱乐休闲类旅游等。对是否适合进行旅游开发及开发程度的评估需要依照旅游资源、区位条件、经济背景等多方面进行评估。比如北京在旅游资源、区位条件、经济背景上都占有优势，所以可以全面进行旅游开发；而深圳非常缺乏旅游资源，但区位条件、经济背景都非常好，则可以通过人工建设高游客量、高人均消费、低重游率的主题乐园发展旅游。旅游发展的模式是多样的，文化可以为旅游助力，但文化并不是旅游的全部。

最后，关于"以旅彰文"。旅游是文化活化的一种极佳方式，旅游规划与设计中能够重现文化产生之初的生产生活方式，打造沉浸式的体验场景，提供文化的创新创意空间。但同时也要看到，旅游只是一种短暂的文化体验，真正的文化养成需要长时间的浸润与熏陶，更经常发生在常住地而不是旅游地。因此从文化发展的角度来看，文化更大的努力方向其实是关注本地居民的文化需要，进入常住居民的休闲生活，这才是人文素养提升和文化养成的主战场。因为文化最重要的意义和价值不是经济，而是感化和认同。因此必须看到通过旅游发展文化的局限性，这也是文化与旅游只能有限融合的原因。

（四）关键要点

1. 关键视域

分析并理解台儿庄古城作为文旅融合目的地的旅游规划和设计思路，包括从理论上解释原地重建的重要意义，明确文化活化及非物质文化遗产与旅游结合的正确思路与创新设计。在此基础上，对其他文旅融合目的地或文旅融合项目能够独立展开讨论和思考，提出相应的建设思路或者建议。

2. 关键知识点

理解文旅融合"宜融则融，能融尽融，以文促旅，以旅彰文"的工作思路。

3. 能力提升点

在对本案例深入分析和理解的基础上，对其他文旅融合的产业能够进行独立思考，做出发展判断。

（五）建议课堂计划

本案例可以用作学生的案例讨论课程材料。该案例讨论课程建议按照课前预习、课中讨论、课后总结的顺序进行教学安排，分小组开展教学活动。课堂时间建议控制在90分钟（2节课）。

1. 课前计划

（1）提前预习

提前一周发放案例并给出启发思考题，请学生在课前完成案例阅读，并尝试对启发思考题做出个人回答。

（2）预先分组

根据班级总体人数及学生水平情况，将学生划分为4~5个小组，并提前对教室布局进行安排，上课时按照小组就座，以方便展开课堂讨论。

2. 课中计划

（1）案例介绍

在课堂开始之初，教师鼓励与同学们分享对案例的预习和思考，之后顺势对案例内容进行更多补充，同时明确本次案例讨论课程的主题与主要教学目的。（时间控制在5分钟左右。）

（2）分组讨论

各小组分别选择一个启发思考题进行小组讨论，鼓励同学们结合案例实际与旅游相关理论进行归纳总结。教师此时走到讲台下聆听不同小组的讨论，并且对同学们做出鼓励和观点的补充。同时小组准备发言稿和提纲，预备进行下一阶段的课堂展示。（时间控制在 10 分钟左右。）

（3）课堂展示

各小组按照启发思考题的顺序轮流派代表到讲台上进行课堂展示，必要时通过板书等手段辅助标注。任课教师此时应注意同学们的新颖想法和疏漏之处，为下一步的补充讲解做准备，每组汇报发言时间为 5 分钟时间。（时间控制在 30 分钟左右。）

（4）补充讲解

任课教师总结各小组代表的发言，鼓励其中创新思考的部分，修正错误之处，补充疏漏之处，引入理论对启发思考题进行分析。（时间控制在 10 分钟左右。）

（5）启发思考

任课教师鼓励同学们依据本次案例分析内容举出其他类似的旅游规划案例，分享规划和设计的思路。该部分保留 5 分钟左右的个人思考时间和 10 分钟左右的个人发言时间，选择 2~3 名同学进行发言。最后任课教师依据同学们的发言内容，对该堂案例分析课内容进行总结，简单回顾该案例分析中的理论依据和规划思路，布置本堂案例分析课的课下作业。（时间控制在 35 分钟左右。）

3. 课后计划

（1）小组报告

请学生以小组为单位，依据课堂上所讲内容及小组的思考讨论完善本小组对启发思考题的回答，并形成最终的分析报告。

（2）个人报告

该个人作业是对案例分析课程最后一部分启发思考题的延续。请学生在课下寻找与台儿庄古城类似的其他旅游目的地作为案例，依据课堂讲授内容对该目的地的规划设计思路进行分析，并形成书面作业。

▲▲ 示例四　长江港口城市的涅槃重生：宜昌主题乐园打造水陆联动的度假坊

（一）教学目的与用途

本案例主要适用于旅游目的地管理、旅游服务创新等相关课程中有关旅游企业战略定位、旅游企业社会责任等内容的教学，面对对象为旅游管理和创新管理相关专业的本科生、硕士研究生和 MBA。

本案例是一篇叙述宜昌主题乐园旅游规划建设的教学案例。本案例的教学目的在于使学生能够结合我国当前的景区开发运营管理现状，特别是主题乐园规划现状与运营痛点等实际问题，以及旅游景区开发的背景及过程，探讨旅游景区如何持续运营，在同质产品中脱颖而出。然后进一步深入思考旅游企业在景区开发中应选择什么样的开发模式、运营模式及运营品牌才能将当地独有的旅游文化特色融入旅游景区的开发规划与运营管理实践中。

（二）启发思考题

（1）根据主题乐园可行性建设测算模型，阐述成功创建一个主题乐园需要满足哪些条件。

（2）根据主题乐园的概念，对宜昌主题乐园的选址进行波特五力分析。

（3）对宜昌主题乐园进行市场竞合分析，阐明景区为什么要进行差异化创新。

（三）分析思路

教师可以根据自己的教学目标、课程时长来灵活使用本案例，这里提供本案例的基本分析思路，仅供思考（见图15-5）。

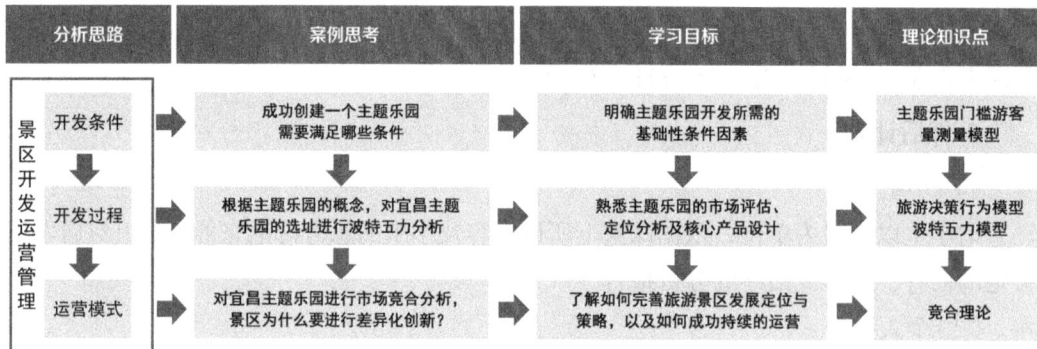

图 15-5 案例分析思路

1. 根据主题乐园可行性建设测算模型，阐述成功创建一个主题乐园需要满足哪些条件？

将宜昌市建造主题乐园案例分为3个课时，依次进行案例介绍、学生研讨并提出问题，将案例延伸进行模拟分析。根据中山大学保继刚教授提出的测量主题乐园门槛游客量模型，让学生们讨论启发思考题1，鼓励学生们先通过开放性讨论问题再观看案例材料，最后按不同视角分类总结归纳出主题乐园的成功创建需要的基础性条件因素。

2. 根据主题乐园的概念，对宜昌主题乐园的选址进行波特五力分析。

围绕旅游决策的理论知识体系，聚焦到旅游目的地的选址上，让学生们阅读本案例介绍材料后，思考并讨论启发思考题2。引导学生们从旅游决策行为模型的理论框架体系内容出发，系统性思考宜昌进行主题乐园项目的选址与开发背后存在的各种利害关系。一方面，促使学生们加深对旅游决策行为理论的理解；另一方面，提供学生们将理论知识点与实践案例相结合的学习机会，增强其对该理论的应用判断与分析能力。

同时，教师在该启示思考题中要引导学生们考虑旅游企业的特殊性，分析宜昌主题乐园的选址面临的同行业内现有竞争者的竞争能力、潜在竞争者进入的能力、替代品的替代能力、供应商的讨价还价能力与购买者的议价能力。本案例讨论的主题——长江经济带港口城市的产业升级转型、宜昌主题乐园的定位分析、选址与用地规模及核心产品的设计。作为长江经济带的重要节点城市，宜昌面临港口城市转型和高质量发展的难题，如产业转型升级任务艰巨、产业发展空间受限等，因此，宜昌亟须通过产业新区或"飞地经济"拓展城区产业空间。同时，优化港口空间、产业空间、城市空间，让城市功能更完善、产业更高端、文化更多元、环境更生态。重点打造以自贸区为平台的内陆对外开放先行示范区和以综保区为平台的中西部保税产业集聚地，建设更高水平开放型经济新体制。基于长江旅游、主题乐园的生态文化旅游区，用国际化的视野和理念实现城市有机更新，打造中国内陆国际旅游港的示范区，树立中国港口城市转型、港产城融合的新典范。主题乐园是为旅游者消遣、娱乐而设计和经营的游乐场所。20 世纪 80 年代以来我国的主题乐园总体数量开始以每 3 年上一个台阶的速度呈梯级增长态势。但是由于主题乐园大多属于高投入项目，固定资产占总成本的比率高、经营杠杆率高、难以转产经营，经常面临着高风险和激烈的市场竞争。目前我国成功运营的主题乐园基本上集中于珠江三角洲、长江三角洲和环渤海地区。它们是我国旅游热点地区，城市密集、城市化水平高、人口规模大、社会经济发达、拥有大客源市场，因此宜昌市对引进主题乐园项目拥有地理与市场的优势。

3. 对宜昌主题乐园进行市场竞合分析，阐明景区为什么要进行差异化创新。

在探讨了主题乐园选址建造条件及成功运营因素的竞合分析之后，引导学生思考另一个关键问题——景区为什么要进行差异化创新？进行景区差异化创新已经上升为企业的一项管理战略，旨在提供差异化产品、提高企业市场形象与品牌声誉，进而增强企业竞争力。旅游企业为了在激烈的市场竞争中脱颖而出，必须逐步完善自身实力，树立有别于其他旅游城市的魅力形象，通过与其他品牌的组合带动其他旅游产品，同时全面做好营销推广工作，尤其重视节假日的旅游影响，形成良好的口碑效应，为企业创造深远的竞争优势。企业的差异化创新有利于企业孕育出新的市场机会、助推产品创新的源泉，在创新中开发出符合市场期待的产品与服务，获得可观的经济效益。

景区之间的竞争与合作是旅游开发中的重要环节，各类旅游资源相似或互补、空间联系便利是景区之间竞争与合作的基础。通过竞合分析完善景区旅游发展的定位与策略，提升其竞争力。地缘关系、区域联系、旅游者行为、旅游地属性等为景区主要竞合对象。在讨论中期望学生们能够从景区之间的战略维度与实施意义出发，分析主题乐园的建设为宜昌市所带来的市场价值。

（四）关键要点

1. 关键视域

主题乐园发展历史悠久，需要引导学生理解其发展内涵及分析在现如今激烈的市场竞争中，民族品牌崛起的重要性与紧迫性，以及在引入创建一个新的主题乐园中如何进行正确的市场评估与产品定位以此来选取适合的品牌进行战略性合作。

2. 关键知识点

旅游创新、主题乐园选址、旅游产品运营条件。

3. 能力提升点

综合分析与批判性思维能力，以及解决实际问题的能力。

（五）建议课堂计划

本案例可以用作学生的案例讨论课程材料。对该案例建议的教学方式是：课前独立阅读与思考、课上组织开展小组讨论并发言、课后以小组为单位提交分析报告文本。课堂时间建议控制在 90 分钟（2 节课）。

1. 课前计划

（1）提前预习

提前 1 周发放案例，提出启发思考题，请学员在课前完成阅读，并做出个人的初步思考。

（2）预先分组

按照"组内差异大、组间差异小"的原则，根据不同行业、职业职位、经验背景，将学生组成讨论小组，以保证每组成员的多样性、知识的互补性、强调头脑风暴，同时，增加各组之间讨论结果的可比较性。根据班级实际人数情况，划分为 5~6 个小组。课前提前告知学生，要求学生以小组为单位选择座位，同一组的成员坐在临近位置，方便课堂上开展讨论。

2. 课中计划

（1）预习检查

课堂伊始，建议教师随机提问 1~2 位学生，重温案例内容与问题，明确主题，检查学生的课前学习成果。（时间控制在 5 分钟左右。）

（2）分组讨论

组织学生进行启发思考题讨论，鼓励学生基于各自专业背景与实践经验，带着批判性思维与解决问题的目的，从不同角度进行案例分析与问题解读，并且提醒学生根据相应的理论框架进行归纳总结，每组组内讨论并准备发言提纲。（时间控制在 30 分钟左右。）

（3）小组发言

小组代表轮流根据提纲依次发言，授课老师应及时板书，记录汇总各个小组发言的关键观点词、新颖观点词，留待教师总结陈词时用作依据，以及自由讨论过程引申教学内容，每组汇报发言时间为 5 分钟。（时间控制在 30 分钟左右。）

（4）集体讨论

各个小组发言结束之后，展开个人自由讨论，鼓励学生分享听完不同小组的汇报发言之后对案例问题所产生的新的思考。（时间控制在 5~10 分钟。）

5.教师总结

授课老师根据黑板上的板书信息，针对各个思考问题，梳理小组代表发言的关键观点、分析逻辑，并且按照相应的理论知识框架进行归纳总结，引导学生进一步思考。（时间控制在 15~20 分钟。）

3. 课后计划

（1）小组报告

请学生在小组讨论与汇报的基础上，结合课堂讨论、教师总结等新输入的信息进行进一步修改与完善，形成最终的小组分析报告文本。

（2）个人报告

要求学生在课后查阅企业社会责任、旅游项目开发、旅游创新管理等相关书籍与理论文献，结合启发思考题，根据自己的专业背景与实践经验，自选感兴趣的知识点，进行更加深入、全面的思考与分析，并撰写个人的案例学习心得。

第十六章

CHAPTER 16

案例分析主要理论依据

▲▲ 一、品牌营销

美国市场营销协会（American Marketing Association，AMA）将品牌的概念定义为："一个名称、术语、标志、符号或设计，或者是它们的结合体，以识别某个销售商或某一群销售商的产品或服务，使其与它们的竞争者的产品或服务区别开来。"

品牌营销是指企业通过塑造特定的企业形象及品牌形象，创造品牌价值，提高品牌竞争力，从而影响、培养和满足特定消费需求的市场营销活动。

常见的品牌营销理论包括以下内容。

第一，USP（unique selling proposition，独特销售主张）理论。它是指每一种产品都应该发展一个自己的独特的销售主张或主题，并通过强有力的说明将这个特点传递给受众。在使用USP理论的过程中，需要遵循3个要点：第一，强调产品具体的特殊功效和利益——必须包含特定的商品效用，即每个广告都要对消费者提出一个说辞，给予消费者一个明确的利益承诺；第二，这种商品效用具有独特性和唯一性——这一项主张，必须是其他同类竞争产品不具有或没有宣传过的说辞；第三，有强劲的销售力——能够与消费者的需求直接相连，能够吸引消费者进行购买。

第二，品牌形象论（brand image）。品牌形象论认为，一个产品的品牌形象不仅涉及产品本身，还包括消费者购买这个产品所收获的物质利益和心理利益。在很多情况下，声誉与形象比任何明确的产品特点更重要，因此，广告活动应该以树立和保持品牌形象这种长期投资为基础。随着同类产品差异性的减小和品牌之间同质性的增大，决定竞争胜负的关键因素不再由产品的效用直接决定，而是集中在产品背后的品牌形象和声誉上。品牌形象的形成是一项系统工程，涉及产品、营销、服务各方面的工作。进行品牌形象研究，需要在解析不同消费者的品牌印象的基础上，勾勒出某一品牌的特有气质，从而为品牌资产的管理者提供决策依据。

第三，定位论（positioning）。任何一个品牌（商品、服务、企业或个人），都必须在目标受众的心智中，占据一个特定的位置，为他们提供有别于竞争者的利益，并维持好自己的经营焦点。消费者有五大思考模式，即消费者只能接收有限的信息；消费者喜欢简单，讨厌复杂；消费者缺乏安全感；消费者对品牌的印象不会轻易改变；消费者的想法容易失去焦点。掌握这些消费者心理特点，能够使经营者更好地确定产品在潜在消费者心中的定位。这样的定位一旦建立，无论何时何地，只要消费者产生了相关的需求，就会自动联想到这种品牌及品牌背后的产品，达到"先入为主"的效果。

第四，IMC（integrated marketing communications，整合营销传播）理论。其核心思想在于将与企业进行市场营销有关的一切传播活动一元化。整合营销传播认为，消费者在产品或服务方面与品牌或公司接触的一切来源均是潜在的传播渠道，如广告、直销、公关、包装、商品展示、人员沟通、店面促销等。这种营销模式能够在消费者和品牌之间建立起更多的"联络点"或"接触点"，提供具有良好清晰度、连贯性的信息，使传播影响力最大化。

▲▲ 二、产业链

（一）概念

产业链是产业经济学中的一个概念，是指在现实经济活动中的各个产业部门之间基于一定的技术经济关联，客观形成的环环相扣、首尾相接的链条式产业关联关系。最早由亚当·斯密在《国富论》中提到工业生产的链条，后乔·贝恩提出的产业组织理论为产业链理论的发展奠定了基础。产业链分为狭义产业链和广义产业链。狭义产业链是指从原材料一直到终端产品制造的各生产部门的完整链条，主要面向具体生产制造环节；广义产业链则是在面向生产的狭义产业链基础上尽可能地向上下游拓展延伸（见图16-1）。

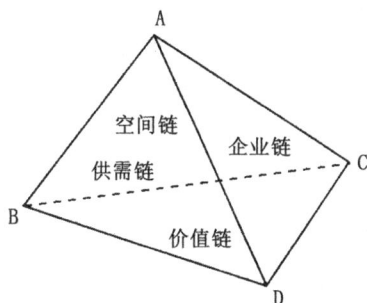

图 16-1　产业链示意

产业链表述了产业的关联程度，其包含的内容非常广泛。

（1）供需链：供需链是产业链研究的基础，它关注的焦点是产业链上"节点"和"节点"的关系，它包括供应链、需求链和技术链。

（2）价值链："链和链"的链接就是价值链维，它是引领产业链形成和发展变化的重要关系链。价值链的变化首先体现在供需链上，进而引起企业链和空间链的演变。

（3）企业链：指企业和企业、企业和消费者、企业和政府及三者之间的链接。

（4）空间链：空间链按地域大小可分为全球链、国家链和地区链。

基于不同地区、不同要素客观存在的差异，产业链的表现也各不相同。

（二）产业链延伸

产业链会伴随着经济技术进步而不断地运动和变化，这种运动和变化会导致产业链由低级形态向高级形态转变，由不协调到协调转变，由低效率到高效率转变，产业链延伸是其中的一种重要的表现形式。

产业链延伸是指在一条已经存在的产业链向上下游拓展延伸，提高迂回程度。包括3种情形。

（1）向上游延伸：追加技术、劳动及资本，得到更大的自身价值。

（2）向下游延伸：拓展市场，增加产品的销售时间和空间。

（3）增加中间环节：在加工环节，用以技术研发，为附加价值增加更多的空间。

由于产业链是基于产业关联而形成的特殊经济系统，因此产业链延伸优化是使产业链的结构更加合理有效、产业环节之间联系更加紧密协调，进而使得产业链的运行效率和价值实现不断提高的转变过程。

（三）旅游产业链延伸

旅游产业链是指为了获得经济、社会与生态效益，以旅游业中的优势企业为链核，生产旅游产品的相关产业部门之间在相应的价值创造职能的指向下所形成的动态链接，是建立在旅游产业内部分工、旅游产品供求关系及旅游体验消费增值基础上，共同向旅游者提供旅游产品时形成的相互协作关系。随着旅游细分市场的不断深化及旅游产业的专业化分工逐步细化，旅游系统网络节点不断增加，节点之间的交易程度不断提高，旅游产业链逐渐形成。旅游产业链的逐步延伸又要求旅游产业进一步扩大专业化分工，从而进一步提高市场交易程度，推动更加高级的旅游产业链的形成。

旅游产业链延伸主要分为3种表现形式。

（1）区域内延伸与区域间延伸。区域内延伸是指旅游产业链的时空尺度局限在某一限定的区域范围之内。区域间延伸是指旅游产业链的跨区组成。

（2）内涵式延伸与外延式延伸。内涵式延伸是指在旅游产品生产消费过程中处于核心环节的节点之间结构功能的优化完善。外延式延伸是指将与旅游产业相关联的行业部门通过区域旅游竞合方式纳入旅游产业的运行过程中。

（3）纵向延伸与横向延伸。纵向延伸是指旅游产业向上游延伸到旅游资源的规划开发与产品概念设计环节，向下游延伸到旅游产品的营销与市场反馈环节。横向延伸是指经营同类型旅游企业之间收购、兼并或者联合经营，从而使旅游经营业务范围不断横向扩展，以便扩大经营规模，降低经营成本及增强区域旅游竞争力。

▲▲ 三、商业模式

商业模式可以从经营框架和价值逻辑两方面来理解。从经营框架的观点出发，商业模式是企业各项基本业务要素组合形成的有机结构体，理解商业模式的关键在于明确业务要素的内容、结构与联系，因此，商业模式的创新在于交易内容、交易结构、交易治理的创新；而价值逻辑的观点则将商业模式视为企业开展价值创造与获取活动的路线方案，因此，商业模式的创新在于价值定位、价值创造、价值获取的创新。

亚历山大·奥斯特瓦德和伊夫·皮尼厄在《商业模式新生代》一书中提出商业模式画布理论，包括客户细分、价值主张、渠道通路、客户关系、收入来源、核心资源、关键业务、重要合作和成本结构 9 个要素。这些要素基本涵盖了商业运作中的客户源、主要业务、经营渠道、营收分析等方面，类似于画家的画布，预设了 9 个空格，可以在每个空格上填写相关模块，用于对商业模式进行描述、分析、设计和创新（见图 16-2）。

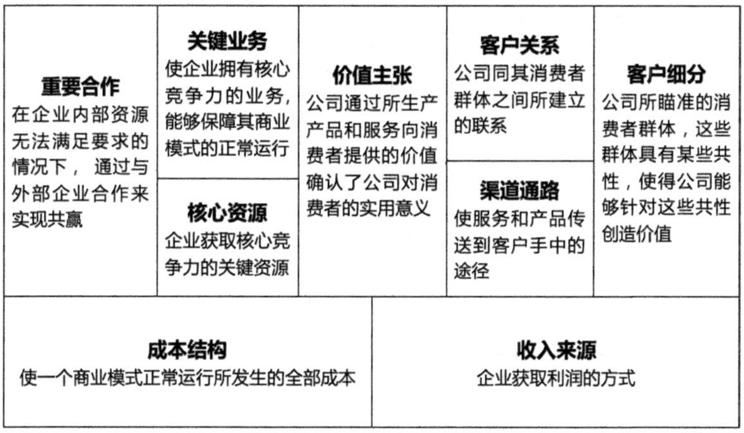

图 16-2　商业模式画布

▲▲ 四、企业社会责任

20 世纪中旬开始，企业社会责任（corporate social responsibility，CSR）成为学术界关注的重要问题之一。1953 年，霍德华·R.鲍恩在发行的《商人的社会责任》一书中系统性地定义了社会责任这一概念，指出企业家有义务按照社会的目标和价值观，依据社会公众的期待来制定企业政策、进行商业决策。该概念在内涵上存在一些分歧，主要集中在企业社会责任是否应该以结果为导向、是否应该以自愿为原则、是否应该以利他为条件、是否应该以经济为代价等方面。学者们各抒己见，莫衷一是，而从现代企业社会责任实践情况来看，对这些问题的回答似乎都是否定的。企业社会责任分类如表 16-1 所示。

表 16-1　企业社会责任分类

分类标准	类别维度	解释
动机	反应型	为了减少企业经营活动已经产生或可能会产生的负面影响，提高企业声誉而采取的行为
	战略型	兼顾企业利益与社会贡献的自发性、自主性、自愿性行为
对象 （利益相关者）	股东	企业经理人的首要职责是保障股东的资产安全，实现股东利益最大化。企业有责任向股东提供真实的投资与经营方面的信息
	顾客	企业利润最大化最终依赖消费者购买产品实现。企业要向消费者提供安全可靠的产品，尊重消费者的知情权与自由选择权，维护消费者权益
	员工	除了建立在契约精神上的经济关系，企业与员工之间还存在法律关系与道德关系。企业要对员工承担基本的经济责任，如按时按量发放工资、奖金等，还应当承担相应的社会责任，如提供安全健康的工作环境、提供平等的就业升职机会、保证休息休假的权利等
	社区	建立和谐的社区关系对企业的生存与发展具有重要意义。企业为社区建设所做的努力会变成无形资产助力企业运营的可持续性，如支持当地社区文化教育事业、参与当地社区公益活动
	环境	企业与环境的关系如同鱼水。作为利用环境的主体，企业在保护环境中肩负着不可推卸的责任。企业要以绿色价值观为指导，强化环保意识，反对破坏自然攫取短期经济效益的做法
	商业伙伴	包括供应商、零售商等。企业要遵守契约精神与规范秩序，不破坏市场经济的良性运行
对象类别	技术型	针对主要利益相关者（股东、顾客、员工）的责任行为
	制度型	针对次要利益相关者（社区、环境、商业伙伴）的责任行为
层次	认知	企业组织共同形成、分享的价值观，对企业社会责任理念的达成的内部共识
	语言	企业组织的宣传、沟通用语，指企业报道的社会责任行为
	行为	企业切实采取的承担社会责任的措施与作为

随着国民经济和社会文明的发展，企业社会责任的内涵与实践不断演变。20世纪末以来，越来越多的学者认为无论是"被迫参与"还是"主动担责"，企业社会责任都已经上升为诸多企业的一项管理战略，从一种"规范性"行为逐渐发展成企业战略管理的"工具性"活动。战略性企业社会责任（strategic corporate social responsibility，SCSR）的概念应运而生。SCSR的思想可以追溯到管理大师彼得·德鲁克1984年发表的《把社会问题转化为商业机会——企业社会责任的新意义》一文，他认为"企业应该把社会责任问题转化为商业机会、经济利益、生产能力、待遇丰厚的工作岗位及社会财富"。SCSR

将企业战略管理与企业社会责任问题结合起来，打破了传统企业社会责任对企业经济目标与社会责任此消彼长的争论，为"企业如何做到赚钱与为善两不误"（doing well and doing good）这一经典难题提供了解决思路。

企业社会责任能否提升及如何提升企业经济效益是战略管理学者关注的重点。L.博克和J.M.劳格斯顿（1996）提出，要做到有效地将社会责任和竞争战略联系起来，首先需要识别战略性企业社会责任的关键维度，包括中心性（centrality）、专属性（specificity）、先动性（proactivity）、自愿性（voluntarism）和可见性（visibility）。战略性企业社会责任与一般企业社会责任的差异如表16-2所示。

表16-2　一般企业社会责任与战略性企业社会责任的差异

维度		一般企业社会责任	战略性企业社会责任
核心理念		企业利润与社会责任是一个此消彼长的、需要取舍的零和博弈过程	企业能够在承载与承担社会责任的同时实现企业利润最大化，获得"双赢"
关键维度比较	中心性	做好事只是为了满足政府监管、社会舆论需要	将社会议题纳入企业发展使命与愿景目标
	专属性	短期来看会增加企业成本，但长期而言由于社会营商环境的改善，可能是有利的	能够带来经济收益与社会价值，为企业创造深远的市场竞争优势
	先动性	较为被动地应对社会危机，维护企业声誉	预测社会发展趋势与可能的社会危机问题，寻求市场机会
	自愿性	在法律与市场规范的基础上，积极参与社会行动	在企业发展战略下，自主开展社会责任行动决策
	可见性	社会责任行为多属企业产品之外，二者相关但截然分开	各利益相关者都能意识、识别企业产品体现的社会责任价值

🔺🔺 五、数字化转型

移动互联网、物联网、云计算、区块链等新兴技术的发展推动了政府治理模式、企业经营模式和人民生活方式的变革，生产生活活动中产生的大量数据和信息逐渐成为发展的核心资产，数字经济时代已经正式到来。

数字化转型（digital transformation）是建立在数字化转换（digitization）、数字化升级（digitalization）基础上，又进一步触及公司核心业务，以新建一种商业模式为目标的高层次转型。数字化转型超越了信息的数字化（数字化转换）或工作流程的数字化（数字化升级），着力于实现"业务的数字化"，营造新型数字化环境下的新模式和新核心竞争力（见图16-3）。

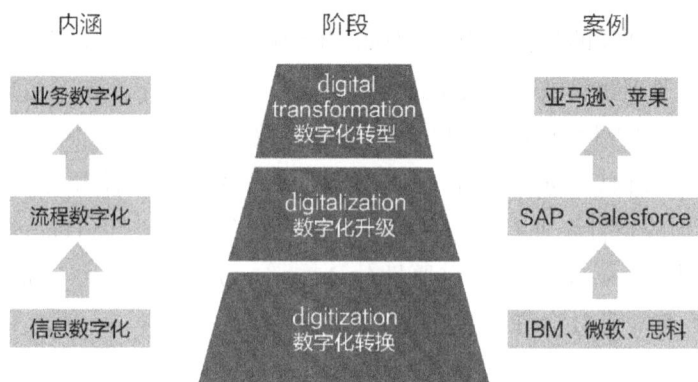

图 16-3　数字化转型的发展

数字化转型正在冲击和颠覆已有的技术路径、组织模式和国家战略，引起了学术界和实践界的广泛关注。目前学者们从不同视角对数字化转型的概念和定义进行了阐述（见表 16-3）。

表 16-3　现有研究对数字化转型的定义

侧重点	代表研究	对数字化转型的定义
技术支撑	奥马尔·瓦尔迪兹·德莱昂（2016）；杰夫·格雷、伯恩哈德·拉姆普（2017）	将移动社交媒体和智能嵌入式设备等新的数字化技术引入商业和社会环境中，这些技术能够实时地处理数据，智能地获取信息，最终为利益相关者提供改进产品的知识
	乔治·韦斯特曼等（2011）；斯瑞尼瓦斯·雷迪、维尔纳·赖纳茨（2017）	利用计算机和互联网技术进行更高效的经济价值创造过程，从根本上提高企业的绩效或扩大影响范围
	李亮等（2018）；斯蒂芬·安德里奥尔（2017）	数字化转型是信息技术变革促成的转型，能对一个正常运作的系统造成计划性的数字冲击
组织变革	J.卡里米，Z.沃尔特（2015）；安娜·辛格、托马斯·赫斯（2017）	公司使用新的数字化技术以实现重大业务改进和组织变革，创建新的商业模式，重新思考投资策略，进而参与到更广泛的生态系统中，并与客户、供应商和合作伙伴等的互动中学习保持竞争力
	陈剑、黄朔、刘运辉（2020）；李柏洲和尹士（2020）	数字化是改变了商业模式和管理方式的根本性转变，重塑了价值增长方式
	肖旭和戚聿东（2019）；肖静华（2020）	通过新一代数字技术对业务进行升级，使得数字技术与实体经济深度融合，从而提升生产效率，进行管理创新

资料来源：曾德麟、蔡家玮、欧阳桃花. 数字化转型研究：整合框架与未来展望 [J]. 外国经济与管理，2021,43（5）:63-76.

在数据驱动发展的新时代下，数字化转型成为各行各业顺应时代潮流的必然要求。数字化转型是一种多层次的变革，让个人在技能上、组织在管理方式上、产业在商业模式与价值链上都发生了深刻的变革。

数字化转型以数字化技术、数字化产品和数字化平台等基础设施作为支撑点。

（1）数字化技术：已有研究将数字化技术定义为信息、计算、通信和连接技术的组合，如社交媒体、移动设备和云计算。数字化转型过程离不开数字化技术的运用。

（2）数字化产品：数字化产品是指可以通过像互联网这样的数字网络进行传输的产品。新的数字化产品是推动整个行业数字化转型的重要创新。

（3）数字化平台：数字化平台由一系列开发互补性产品、技术或服务的公司组成，是使外部生产者与消费者进行价值创造交互的数字资源组合体。

六、智慧旅游

我国旅游信息化建设大体分为3个阶段。第一阶段是专业化阶段，这个阶段景区和旅游主管部门实现了基础数据和专题数据的统一管理，从单一的功能应用转变为专题的综合应用；第二阶段是建设数字旅游和数字景区的阶段，在这个阶段建立起一定的数据共享机制、服务机制及区域性的空间信息基础设施，实现了数据和业务的共通和共享；第三个阶段是智慧旅游的阶段，通过将新一代信息技术充分运用到旅游产业链的各个环节，实现人与人的通信、人与物的通信及物与物的通信，从而实现更加精细、动态的管理，实现旅游全过程的智慧状态。

我国学者张凌云提出了智慧旅游的CAA框架体系，包括智慧旅游的能力（capabilities）、智慧旅游的属性（attributes）及智慧旅游的应用（applications）3个层面（见图16-4）。基于CAA框架体系，可以进一步定义智慧旅游的核心能力与应用模型。

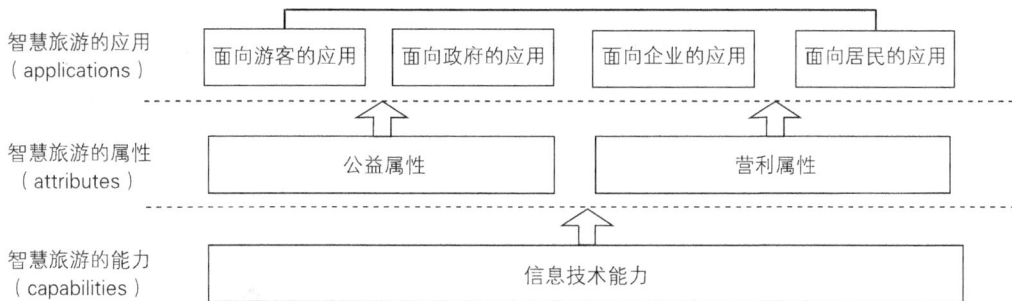

图16-4 智慧旅游的 CAA 框架体系

智慧旅游作为信息技术带来的一种革新，其概念与内涵离不开信息技术。物联网技术、移动通信技术、云计算技术及人工智能技术是智慧旅游的关键技术、核心能力。依托这些信息技术，可以将旅游过程中的物理基础设施、信息基础设施、社会基础设施和商业基础设施连接起来，成为新一代的智慧化基础设施，使旅游业涉及的不同部门和系统之间实现信息共享和协同作业，更合理地利用资源，做出最好的旅游活动和管理决策，及时预测和应对突发事件和灾害。智慧旅游的四大应用对象为：以政府为代表的旅游公共管理与服务部门、旅游者、旅游企业及目的地居民。因此，针对不同的利益主体，会提供不同的价值。这些价值供给体现在智慧旅游的信息应用层面（见图 16-5）。

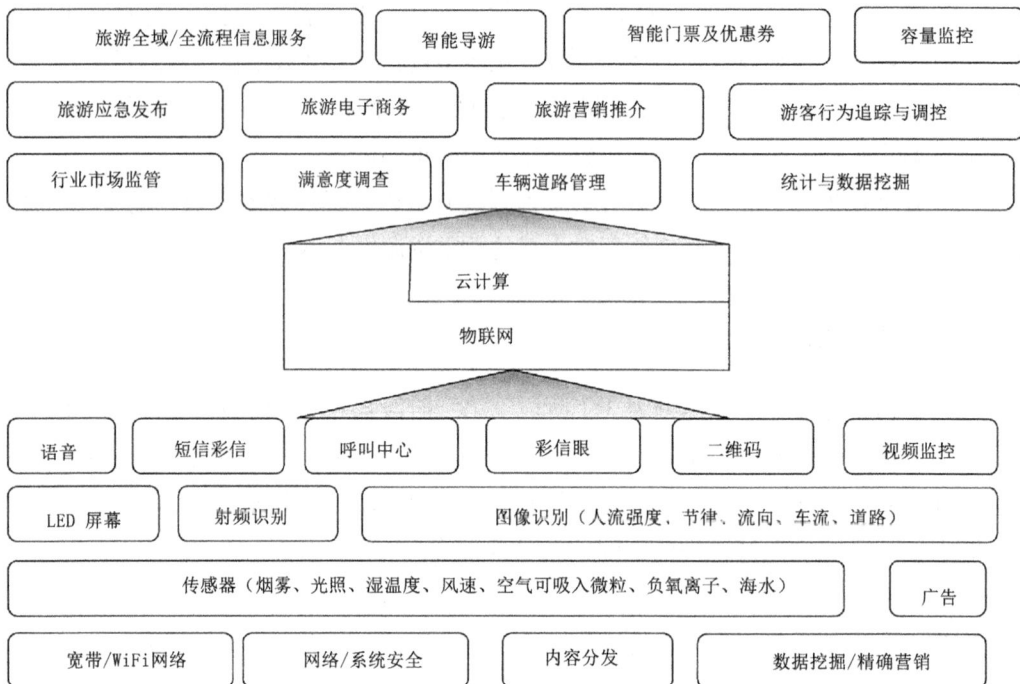

旅游全域/全流程信息服务	智能导游	智能门票及优惠券	容量监控
旅游应急发布	旅游电子商务	旅游营销推介	游客行为追踪与调控
行业市场监管	满意度调查	车辆道路管理	统计与数据挖掘

云计算

物联网

语音	短信彩信	呼叫中心	彩信眼	二维码	视频监控
LED 屏幕	射频识别	图像识别（人流强度、节律、流向、车流、道路）			
传感器（烟雾、光照、湿温度、风速、空气可吸入微粒、负氧离子、海水）					广告
宽带/WiFi网络	网络/系统安全	内容分发	数据挖掘/精确营销		

图 16-5　智慧旅游应用模型

▲▲▲ 七、产业融合

产业融合是指不同产业或同一产业不同行业相互渗透、相互交叉，最终融合为一体，逐步形成新产业的动态发展过程。产业融合可分为产业渗透、产业交叉和产业重组3 类（见图 16-6）。

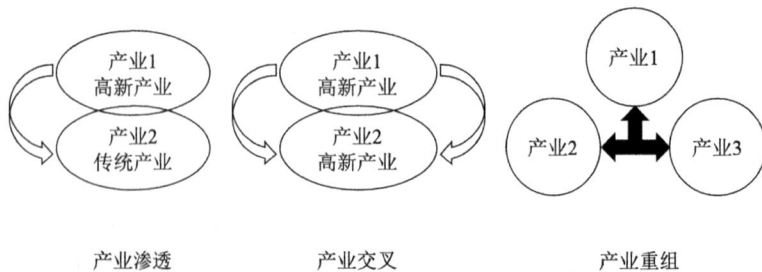

图 16-6　产业融合的 3 种类型

（1）产业渗透：指发生于高科技产业和传统产业在边界处的产业融合。高新技术及其相关产业向其他产业渗透、融合，并形成新的产业，如电子网络技术向传统商业、运输业渗透而产生的电子商务与物流业等新型产业。

（2）产业交叉：指通过产业间功能的互补和延伸实现产业融合。这类融合通过赋予原有产业新的附加功能和更强的竞争力，形成融合型的产业新体系，更多地表现为服务业向第一产业和第二产业的延伸和渗透，如工业旅游、农业旅游等。

（3）产业重组：主要发生于具有紧密联系的产业或同一产业内部不同行业之间。通过重组型融合而产生的产品或服务往往是不同于原有产品或服务的新型产品或服务，如第一产业内部的种植业、养殖业等子产业之间以生物技术融合为基础，形成生态农业等新型产业形态。

八、事件营销

事件营销是近年来国内外十分流行的一种公关传播与市场推广手段，集新闻效应、广告效应、公共关系、形象传播、客户关系于一体，并为新产品推介、品牌展示创造机会，以此建立品牌识别度并进行品牌定位，形成一种快速提升品牌知名度与美誉度的营销手段。

事件营销是指企业通过策划、组织和利用具有名人效应、新闻价值及社会影响的人物或事件，引起媒体、社会团体和消费者的兴趣与关注，以求提高企业或产品的知名度、美誉度，树立良好品牌形象，并最终促成产品或服务的销售目的的手段和方式。

只有从消费者关心的事情入手，事件营销才能打动消费者，实现营销目标。事件营销有"借势"和"造势"两大切入点，在具体运作中，有6类策略（见表16-4）。

表16-4　事件营销6类策略

借势		
所谓借势，是指企业及时地抓住广受关注的社会新闻、事件及人物的明星效应等，结合企业或产品在传播上欲达到之目的而展开的一系列相关活动	明星策略	当购买者不再把价格、质量当做购买顾虑时，利用明星的知名度去增加产品的附加值，可以借此培养消费者对该产品的感情，强化联想，从而赢得消费者对产品的追捧
	体育策略	借助赞助、冠名等手段，通过所赞助的体育活动来推广自己的品牌
	新闻策略	利用社会上有价值、影响面广的新闻，不失时宜地将其与自己的品牌联系在一起，来达到借力发力的传播效果
造势		
所谓造势，是指企业通过策划、组织和制造具有新闻价值的事件，吸引媒体、社会团体和消费者的兴趣与关注	舆论策略	企业通过与相关媒体合作，发表大量介绍和宣传企业的产品或服务的软性文章，以理性的手段传播自己
	活动策略	企业为推广自己的产品而组织策划的一系列宣传活动，吸引消费者和媒体的眼球达到传播自己的目的
	概念策略	企业为自己产品或服务所创造的一种"新理念""新潮流"

⛰ 九、服务创新

广义的服务创新包含一切与服务相关或针对服务的创新行为，是指各类组织（部门）不断为用户提供无形的服务、有形的产品或两者的结合物，以创造更大的价值和效用，增强顾客满意度和忠诚度。

克莉丝汀安·希普等区分了3种类型的服务创新。

（1）服务（产品）创新：指服务产品本身的创新，通常以生产新服务或显著改善的服务的形式呈现。

（2）流程创新：指某一特定服务的生产过程使用新的或改进的方法。

（3）组织创新：指不限于单个服务生产过程的创新，而是包括更大的组织结构或组织流程的显著改进。

罗伯·比尔德贝克提出了服务创新的四维度模型，包括新服务概念、新顾客界面、新服务传递系统、技术4个方面（见图16-7）。

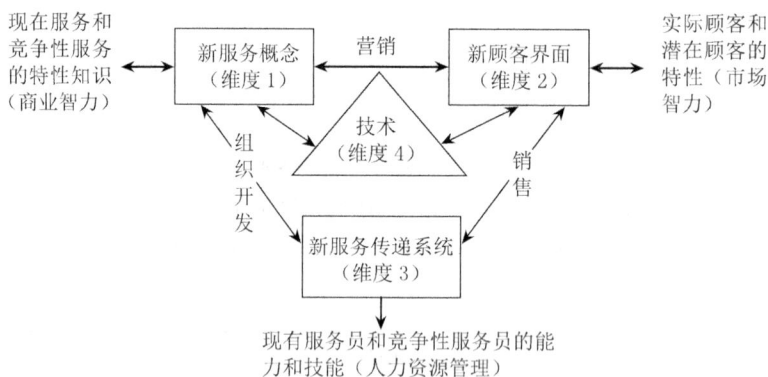

图16-7　服务创新四维度模型

⛰ 十、顾客体验

体验营销之父伯恩德·H.施密特将体验定义为消费者的一个内在感受，是个体对外在刺激的内在反应。他综合考虑了体验的提供者（企业）和体验的实践者（顾客）这两方主体的特征，将个人体验与企业的营销相结合，提出了体验式营销，并从经济学和心理学两个方面将顾客体验划分为感官上的体验（感官）、情感上的体验（情感）、创造性认知体验（思考）、身体体验和整个生活方式体验（行动），以及和某个群体或文化相关联的社会身份体验（关联）等5个模块。

（1）感官：通过诉诸视觉、听觉、触觉、味觉和嗅觉创造顾客的感官体验。

（2）情感：通过诉诸内心的情绪和情感创造顾客的情感体验。

（3）思考：通过诉诸智力为顾客创造认知和解决方案的思考体验。

（4）行动：通过向顾客展示不同的做事方式、生活方式及互动方式来强化顾客身体体验。

（5）关联：通过诉诸个体对自我改进、他人认可及社会认同等心理需要创造顾客的关联体验。

十一、文旅融合

国家文化部和国家旅游局 2009 年联合发布的《关于促进文化与旅游结合发展的指导意见》是首个直接提出加强文化和旅游融合的文件，其中明确指出要加强"文化和旅游相互融合"，并将文旅融合的实施路径总结为"文化旅游活动（节庆）品牌""旅游演艺产品""非遗产品化""文化旅游工艺品"等形式，其实质是传统文化面向旅游者的再生产与再创造。

在文旅融合的理论内涵方面，我国学者张朝枝和朱敏敏（2020）认为，文旅融合包含文化从旅游资源到产品、从产品到产业 3 个层次。这 3 个层次关系纵向先后发生，横向同时并存，相互作用而影响文化和旅游产业发展（见图 16-8）。

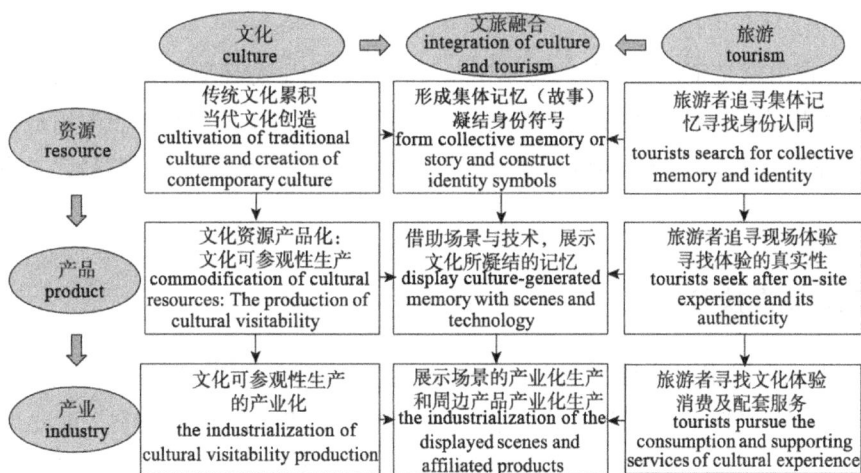

图 16-8 文化和旅游关系内涵的 3 个层次

党中央、国务院高度重视文旅融合，并出台了一系列相关的政策文件和具体举措，不断促进文旅融合加速发展。2018 年 3 月，国家文化和旅游部正式组建，为文游融合发展奠定了组织和体制基础，标志着文化和旅游迈入了深度融合发展的新台阶。2021年 6 月，文化和旅游部发布《"十四五"文化和旅游发展规划》，提出坚持以文塑旅、以旅彰文，推动文化和旅游深度融合、创新发展，不断巩固优势叠加、双生共赢的良好局面，将推进文化和旅游融合发展作为重点任务之一。

十二、"两山"理念

2005 年，时任浙江省委书记习近平在浙江省湖州市安吉县进行调研时，首次提出了"绿水青山就是金山银山"的科学论断，即"两山"理念[①]。绿水青山喻指人类持久永续发展所必须依靠的优质生态环境，它是自然本身蕴含的生态价值、生态效益；金山银山则喻指人类社会以物质生产为基础的一切社会物质生活条件，它是人类开发利用自然资源过程中产生的经济价值、经济效益[②]。

绿水青山和金山银山，是对生态环境保护和经济发展的形象化表达，这两者绝不是对立的，而是辩证统一的。习近平强调："我们既要绿水青山，也要金山银山。宁要绿水青山，不要金山银山，而且绿水青山就是金山银山。"[③]这深刻揭示了保护生态环境就是保护生产力、改善生态环境就是发展生产力的道理，清晰指明了实现发展和保护协同共生的新路径。经济发展不是对资源和生态环境的竭泽而渔，生态环境保护也不应是舍弃经济发展的缘木求鱼，而是要坚持在发展中保护、在保护中发展。发展是硬道理，但绝不能不考虑或者很少考虑环境的承载能力，绝不能一味索取资源。我们种的"常青树"就是"摇钱树"，良好生态本身蕴含着无穷的经济价值，能够源源不断创造综合效益，实现经济社会可持续发展[④]。

"绿水青山就是金山银山"理念阐明了经济发展和生态环境保护的关系，是习近平生态文明思想的标志性观点和代表性论断，是习近平生态文明思想的重要组成部分，为实现生态环境高水平保护和经济高质量发展，提供了理论依据和实践路径，具有鲜明的时代意义[⑤]。

十三、精准扶贫

党的十八大以来，习近平总书记反复强调脱贫攻坚工作中"精准"二字的重要性。2013 年 11 月，习近平总书记在湖南湘西考察时首次提出"精准扶贫"重要理念，表示"扶贫要实事求是、因地制宜。要精准扶贫，切忌喊口号，也不要定好高骛远的目标"[⑥]。

精准扶贫，就是要对扶贫对象实行精细化管理，对扶贫资源实行精确化配置，对扶

---

① "美丽乡村"的安吉样板 [EB/OL]. （2019-07-18）[2022-06-09]. https://www.12371.cn/2019/07/18/ARTI1563421167794479.shtml.

② 杨峻岭. 深刻理解"两山"理念的科学蕴含 [N]. 光明日报，2019-10-10（05）.

③ 习近平总书记论生态文明建设 [N]. 人民日报，2017-08-04（01）.

④ 如何理解绿水青山就是金山银山的理念？[EB/OL]. （2021-09-10）[2022-06-09]. https://www.12371.cn/2021/09/10/ARTI1631228635251840.shtml.

⑤ 黄润秋. 坚持"绿水青山就是金山银山"理念 促进经济社会发展全面绿色转型 [EB/OL]. （2021-01-15）[2022-06-09]. http://www.gov.cn/xinwen/2021/01/15/content_5580195.htm.

⑥ 习近平：坚决打赢脱贫攻坚战 [EB/OL]. (2017-11-03)[2022-03-21]. http://cpc.people.com.cn/xuexi/n1/2017/1103/c385474-29626301.html.

贫对象实行精准化扶持，确保扶贫资源真正用在扶贫对象身上、真正用在贫困地区[①]。2015 年，在中央扶贫开发工作会议上，习近平总书记提出实现脱贫攻坚目标的总体要求，实行扶贫对象精准、项目安排精准、资金使用精准、措施到户精准、因村派人精准、脱贫成效精准"六个精准"，发出打赢脱贫攻坚战的总攻令。2017 年，在党的十九大报告中，习近平总书记把精准脱贫作为三大攻坚战之一进行全面部署，锚定全面建成小康社会目标，聚力攻克深度贫困堡垒，决战决胜脱贫攻坚。

精准扶贫是新时期党和国家扶贫工作的精髓和亮点，是中国打赢脱贫攻坚战的制胜法宝，是中国减贫理论和实践的重大创新。2021 年 2 月 25 日，习近平总书记在全国脱贫攻坚总结表彰大会上庄严宣告，经过全党全国各族人民共同努力，我国脱贫攻坚战取得了全面胜利[②]。精准扶贫方略，不仅确保了脱贫攻坚取得全面胜利，而且有力提升了国家治理体系和治理能力现代化水平，丰富和发展了新时代中国共产党执政理念和治国方略，为解决贫困治理等一系列世界难题提供了中国智慧和中国方案。

十四、乡村振兴

2017 年 10 月，党的十九大报告首次提出乡村振兴战略，强调农业农村农民问题是关系国计民生的根本性问题，必须始终把解决好"三农"问题作为全党工作重中之重，按照产业兴旺、生态宜居、乡风文明、治理有效、生活富裕的总要求，建立健全城乡融合发展体制机制和政策体系，加快推进农业农村现代化[③]。2018 年 9 月，中共中央、国务院发布《乡村振兴战略规划（2018—2022 年）》，对实施乡村振兴战略作出阶段性谋划和具体部署，指导各地区各部门分类有序推进乡村振兴[④]。

乡村振兴是包括产业振兴、人才振兴、文化振兴、生态振兴、组织振兴的全面振兴，产业兴旺、生态宜居、乡风文明、治理有效、生活富裕的总要求，反映了乡村振兴战略的丰富内涵。产业兴旺，是解决农村一切问题的前提，从"生产发展"到"产业兴旺"，反映了农业农村经济适应市场需求变化、加快优化升级、促进产业融合的新要求。生态宜居，是乡村振兴的内在要求，从"村容整洁"到"生态宜居"反映了农村生态文明建设质的提升，体现了广大农民群众对建设美丽家园的追求。乡风文明，是乡村振兴的紧迫任务，重点是弘扬社会主义核心价值观，保护和传承农村优秀传统文化，加强农村公共文化建设，开展移风易俗，改善农民精神风貌，提高乡村社会文明程度。治理有效，是乡村振兴的重要保障，从"管理民主"到"治理有效"，是要推进乡村治理能力和

① 习近平总书记首次提出"精准扶贫"理念 [EB/OL].（2021-11-03）[2022-06-09]. https://politics.gmw.cn/2021-11/03/content_35284865.htm.
② 精准扶贫是打赢脱贫攻坚战的制胜法宝 [N]. 人民日报，2021-11-03（01）.
③ 习近平. 决胜全面建成小康社会　夺取新时代中国特色社会主义伟大胜利：在中国共产党第十九次全国代表大会上的报告 [EB/OL].（2017-10-27）[2022-06-09]. https://www.12371.cn/2017/10/27/ARTI1509103656574313.shtml.
④ 中共中央国务院印发《乡村振兴战略规划（2018—2022 年）》[EB/OL].（2018-09-27）[2022-06-09]. https://www.12371.cn/2018/09/27/ARTI1538000221034483.shtml.

治理水平现代化，让农村既充满活力又和谐有序。生活富裕，是乡村振兴的主要目的，从"生活宽裕"到"生活富裕"，反映了广大农民群众日益增长的美好生活需要①。乡村振兴战略内涵逻辑关系如图 16-9 所示。

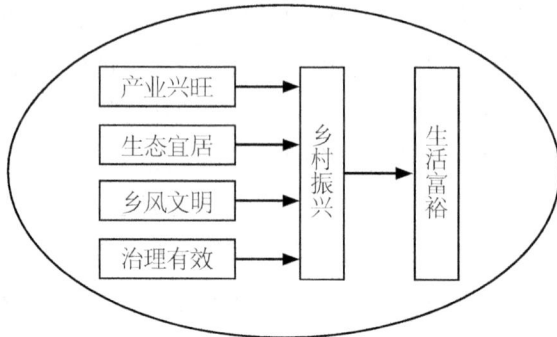

图 16-9　乡村振兴战略内涵逻辑关系

---

① 乡村振兴这篇大文章，如何谋篇布局？[EB/OL].(2019-09-02)[2022-02-28].https://m.gmw.cn/baijia/2019-06/02/32887098.html.

参考文献

Andriole, S. J. Five Myths about Digital Transformation[J]. *MIT Sloan Management Review*, 2017, 58(3): 20–22.

Bain, J. S. *Industrial Organization*[M]. New York: John Wiley, 1959.

Burke, L., Logsdon, J. M. How Corporate Social Responsibility Pays Off[J]. *Long Range Planning*, 1996, 29(4): 495–502.

Carroll, A. Corporate Social Responsibility: Evolution of a Definitional Construction[J]. *Business and Society*, 1999, 38(3): 268–295.

Curran, C. S., Bröring, S., Leker J. Anticipating Converging Industries Using Publicly Available Data[J]. *Technological Forecasting and Social Change*, 2010, 77(3): 385–395.

Drucker, P. F. The New Meaning of Corporate Social Responsibility[J]. *California Management Review*, 1984, 40(2): 8–17.

Dunleavy, P., Margetts H., Bastow S. New Public Management Is Dead: Long Live Digital-Era Governance[J]. *Journal of Public Administration Research and Theory*, 2006, 16(3): 467–494.

Gray, J., Rumpe, B. Models for The Digital Transformation[J]. *Software & Systems Modeling*, 2017, 16(2): 307–308.

Hipp, C., Tether, B. S., Miles, I. The Incidence and Effects of Innovation in Services: Evidence from Germany[J]. *International Journal of Innovation Management*, 2000, 4(4): 417–453.

Jensen, M. C. Value Maximization, Stakeholder Theory, and the Corporate Objective Function[J]. *Business Ethics Quarterly*, 2002, 12(2): 235–256.

Karimi, J., Walter, Z. The Role of Dynamic Capabilities in Responding to Digital Disruption: A Factor-Based Study of the Newspaper Industry[J]. *Journal of Management Information Systems*，2015, 32(1): 39–81.

Kim, H.R., Lee, M., Lee, H. T., Kim, N.M. Corporate Social Responsibility and Employee: Company Identification[J]. *Journal of Business Ethics*, 2010, 95(4): 557–569.

Li, L., Su, F., Zhang, W., et al. Digital Transformation by SME Entrepreneurs: A Capability Perspective[J]. *Information Systems Journal*，2018, 28(6): 1129–1157.

Osterwalder, A., Pigneur, Y. Business Model Generation: *A Handbook for Visionaries, Game Changers, and Challengers*[M]. Hoboken: Wiley, 2010.

Porter, M. E., Kramer, M. R. Strategy and Society: The Link between Competitive Advantage and Corporate Social Responsibility [J]. *Harvard Business Review*, 2006, 84(12): 78–92.

Reddy, S. K., Reinartz, W. Digital Transformation and Value Creation: Sea Change Ahead[J]. *GfK Marketing Intelligence Review*，2017, 9(1): 10–17.

Schmitt, B.H. *Experiential Marketing: How to Get Customers to Sense, Feel, Think, Act, and Relate to Your Company and Brands*[M]. New York: The Free Press, 1999.

Sick, N., Preschitschek, N., Leker, J., et al. A New Framework to Assess Industry Convergence in High Technology Environments[J]. *Technovation*, 2019 (84–85): 48–58.

Singh, A., Hess, T. How Chief Digital Officers Promote the Digital Transformation of Their Companies[J]. *MIS Quarterly Executive*, 2017, 16(1): 1–17.

Skarmeas, D., Leonidou, C. N. When Consumers Doubt, Watch Out! The Role of CSR Skepticism[J]. *Journal of Business Research*, 2013, 66(10): 1831–1838.

Timmers, P. Business Models for Electronic Markets[J]. *Electronic Markets*, 1998 (9): 3–8.

Valdez–de–Leon, O. A Digital Maturity Model for Telecommunications Service Providers[J]. *Technology Innovation Management Review*，2016, 6(8): 19–32.

Westerman, G., Calméjane, C., Bonnet, D., et al. Digital Transformation: A Roadmap for Billion–dollar Organizations[J]. *MIT Center for Digital Business and Capgemini Consulting*，2011(1): 1–68.

毕剑. 旅游演艺：概念辨析、类别梳理与关系模型 [J]. 邵阳学院学报, 2019(1): 62–64.

伯德·H. 施密特. 体验营销：如何增强公司及品牌的亲和力 [M]. 刘银娜, 高靖, 梁丽娟, 译. 北京：清华大学出版社，2004.

陈冬梅, 王俐珍, 陈安霓. 数字化与战略管理理论：回顾、挑战与展望[J]. 管理世界, 2020, 36(5): 20, 220–236.

陈剑, 黄朔, 刘运辉. 从赋能到使能：数字化环境下的企业运营管理[J]. 管理世界, 2020, 36(2): 117–128, 222.

陈劲, 杨文池, 于飞. 数字化转型中的生态协同创新战略：基于华为企业业务集团(EBG)中国区的战略研讨[J]. 清华管理评论, 2019(6): 22–26.

陈跃, 佘高波. 事件塑造旅游目的地品牌个性的机理：基于"张家界现象"的案例研究[J]. 吉首大学学报(社会科学版), 2015, 36(2): 72–80.

成文, 王迎军, 高嘉勇, 张敬伟. 商业模式理论演化述评[J]. 管理学报, 2014, 11(3), 462–468.

城市近郊型特色小镇：浔龙河生态艺术小镇 [EB/OL]. [2020-07-31]. http://www.xunlonghe.net/.

城乡一体化与乡村振兴如何协同发展 [EB/OL]. (2018-11-09)[2020-07-31]. http://www.rmlt. com.cn/2018/1109/532660.shtml.

戴斌. 共同推动夜间旅游健康可持续发展 [N]. 中国旅游报, 2019-03-26(03).

戴斌. 无障碍旅游：共享的权利和共同的责任 [EB/OL]. [2021-10-16]. https://www.sohu.com/a/ www.sohu.com/a/315318923_124717.

豆均林. 事件营销的类型及运作策略 [J]. 经济与社会发展, 2004 (10): 42-45.

董莹.18 年间创新前行 横店演艺秀迈入 4.0 时代 [EB/OL]. (2019-05-07)[2021-10-16]. https:// baijiahao.baidu.com/s?id=1632843220473076151&wfr=spider&for=pc.

范周. 文旅融合的理论与实践 [J]. 人民论坛•学术前沿, 2019 (11): 43-49.

方堃, 李帆, 金铭. 基于整体性治理的数字乡村公共服务体系研究 [J]. 电子政务, 2019(11): 72-81.

冯锦凯. 中外游乐业 [M]. 北京: 中国旅游出版社, 2003.

冯献, 李瑾, 崔凯. 乡村治理数字化：现状、需求与对策研究 [J]. 电子政务, 2020 (6): 73-85.

符晓瑞. 张家界旅游目的地整合营销传播初探 [D]. 成都: 西南交通大学, 2013.

付二晴. 基于产品创新视角的老化品牌激活研究 [J]. 商业经济研究, 2017 (8): 33-35.

傅静之. 智慧大脑植入绿水青山 "数智鸬鸟" 亮相杭州智博会 [EB/OL]. [2020-11-23]. https:// zj.zjol.com.cn/news.html?id=1545662&ismobilephone=2.

高鉴国. 西方国家社区中心的功能定位与运营模式：现代性视角的考察[J]. 社会科学, 2019(6): 74-86.

高琴琴. 张家界天门山旅游品牌传播策略研究 [D]. 湘潭: 湘潭大学, 2013.

葛云晴, 王荣成. 田园综合体导向下的乡村空间重构研究：以无锡阳山镇拾房村为例[J]. 资源开发 与市场, 2019, 35(3): 430-433, 444.

葛云晴, 王荣成. 田园综合体导向下的乡村空间重构研究 [D]. 长春: 东北师范大学, 2019.

跟随时光的脚步, 回望呀诺达十年之路 [EB/OL]. [2021-10-16]. https://www.163.com/dy/ article/D9GJ6GBG0518D2EI.html.

郭景萍. 现代消费文化对我国生活方式的影响及其调适 [J]. 湖南商学院学报, 2001(5): 16-18.

郭伟, 薛耀文. 不同对接条件下的旅游线路设计研究：以临汾市为例[J]. 山西师范大学学报(自然 科学版), 2019(2): 50-51.

海南旅游的老兵聂世军：发挥军人优良作风 打造优质景区服务 [EB/OL]. [2021-10-16]. https:// www.sohu.com/a/415568969_815633.

海南呀诺达雨林文化旅游区官方网站 [EB/OL]. [2021-10-16]. http://www.yanoda.com/.

韩笑. "台儿庄古城模式"：枣庄运河文化带建设的探索与实践[J]. 枣庄学院学报, 2020(4): 24-30.

杭侃. 文化遗产资源旅游活化与中国文化复兴 [J]. 旅游学刊, 2018(9): 5-6.

何佳讯,秦翕嫣,杨清云,等.创新还是怀旧？ 长期品牌管理"悖论"与老品牌市场细分取向:一项来自中国三城市的实证研究 [J].管理世界,2007(11): 96–107，149.

何景明.边远贫困地区民族村寨旅游发展的省思:以贵州西江千户苗寨为中心的考察 [J].旅游学刊,2010,25(2): 59–65.

何景明,杨洋.旅游情境下民族村寨管理制度与经济绩效的比较研究:来自贵州郎德上寨和西江千户苗寨的案例 [J].贵州大学学报 (社会科学版),2012, 30(4): 82–89.

何仁伟.城乡融合与乡村振兴:理论探讨、机理阐释与实现路径 [J].地理研究, 2018, 37(11): 2127–2140.

横店影视城将把演艺秀打造成旅游之魂 [EB/OL]. [2021–10–16]. https://www.sohu.com/a/www.sohu.com/a/245821781_682434.

胡汉辉,邢华.产业融合理论以及对我国发展信息产业的启示 [J].中国工业经济, 2003(2): 23–29.

湖北宜昌,不止一个三峡！ [EB/OL]. [2021–10–14]. https://www.sohu.com/a/www.sohu.com/a/467004401_121119272.

黄芳.我国工业旅游发展探析 [J].人文地理,2004(01): 86–91.

黄炜,孟霏,朱志敏,等.旅游演艺产业内生发展动力的实证研究:以张家界为例 [J].旅游学刊, 2018, 33(6): 87–98.

贾兴平,刘益.外部环境、内部资源与企业社会责任 [J].南开管理评论, 2014, 17(6): 13–18,52.

精准扶贫是打赢脱贫攻坚战的制胜法宝 [N]. 人民日报, 2021–11–03(01).

景鉴研究:如何解决山岳景区发展创新之痛 [EB/OL]. [2021–10–16]. http://www.360doc.com/content/17/1202/09/50310238_709156136.shtml.

黎志.无障碍景区打造初探 [EB/OL]. [2021–10–16]. https://www.meadin.com/yj/221956.html.

李柏洲,尹士.数字化转型背景下ICT企业生态伙伴选择研究:基于前景理论和场理论 [J].管理评论, 2020, 32(5): 165–179.

李聪.共享经济带给社区运营的若干思考 [J].住宅与房地产, 2018(4): 30–32.

李东,邢振超.四种营销传播理论的比较:从USP论、品牌形象论、定位论到IMC理论 [J].学术交流, 2006(11): 91‒94.

李江敏,李薇.非物质文化遗产的旅游活化之道 [J].旅游学刊, 2018, 33(9): 11–12.

李立.现代旅游业与现代主题公园建设 [J].西北大学学报 (哲学社会科学版), 1997(2): 23–27.

李天翼,麻勇斌,苍铭.西江模式:西江千户苗寨景区十年发展报告 [M].北京:社会科学文献出版社，2018.

李心芹,李仕明,兰永.产业链结构类型研究 [J].电子科技大学学报(社科版), 2004(4): 60–63.

李鑫.主题游乐园分区景观研究 [D].天津:天津大学, 2005.

李瑶.新基建,是什么？ [EB/OL]. (2020–04–26)[2020–11–17]. http://www.xinhuanet.com/2020–04/26/c_1125908061.htm.

李颖. 农村土地利用效率的提升研究 [J]. 城市住宅, 2019, 26(8): 205–206.

林德荣, 郭晓琳. 让遗产回归生活: 新时代文化遗产旅游活化之路 [J]. 旅游学刊, 2018, 33(9): 1–3.

蔺雷, 吴贵生. 服务创新的四维度模型 [J]. 数量经济技术经济研究, 2004(3): 28–33.

刘松鹃, 杨忠伟. "田园综合体" 模式下苏南休闲旅游型乡村转型发展研究 [D]. 苏州: 苏州科技大学, 2018.

刘彦随. 中国乡村振兴规划的基础理论与方法论 [J]. 地理学报, 2020, 75(6): 1120–1133.

刘颖然. 企业社会责任与财务绩效关系的实证研究 [J]. 经营与管理, 2020(6): 52–61.

刘远, 周祖城. 员工感知的企业社会责任、情感承诺与组织公民行为的关系: 承诺型人力资源实践的跨层调节作用 [J]. 管理评论, 2015, 27(10): 118–127.

刘治彦, 季俊宇, 商波, 等. 智慧旅游发展现状和趋势 [J]. 企业经济, 2019, 38(10): 68–73.

龙花楼. 论土地整治与乡村空间重构 [J]. 地理学报, 2013, 68(8): 1019–1028.

卢晶. 旅游产业链的构建与整合优化创新研究: 基于品牌延伸与结构分析的新视角 [J]. 中国商贸, 2011(20): 132–133.

卢泰宏, 高辉. 品牌老化与品牌激活研究述评 [J]. 外国经济与管理, 2007(2): 17–23.

陆建义. 向新加坡学习: 小国家大智慧 [M]. 北京: 新华出版社, 2009.

麻学锋, 张世兵, 龙茂兴. 旅游产业融合路径分析 [J]. 经济地理, 2010, 30(4): 678–681.

马健. 产业融合论 [M]. 南京: 南京大学出版社, 2006.

马龙龙. 企业社会责任对消费者购买意愿的影响机制研究 [J]. 管理世界, 2011(5): 120–126.

孟祥丰. 基于利益相关者理论的田园综合体协调机制研究: 以无锡阳山田园东方为例 [J]. 中国农业资源与区划, 2020, 41(5): 294–300.

孟小峰, 慈祥. 大数据管理: 概念、技术与挑战 [J]. 计算机研究与发展, 2013, 50(1): 146–169.

浅谈西江千户苗寨景区旅游脱贫新成效 [EB/OL]. [2021–11–16]. https://baijiahao.baidu.com/s?id=1635290681752326512&wfr=spider&for=pc.

邱立波. 如何借助事件营销提升企业品牌形象 [J]. 新闻界, 2010(1): 176–177.

深刻理解 "两山" 理念的科学蕴含 [EB/OL]. (2019–10–10)[2021–11–15]. http://theory.people.com.cn/n1/2019/1010/c40531–31390833.html.

深入理解乡村振兴战略的总要求 [EB/OL]. (2018–02–05)[2020–07–13]. http://theory.people.com.cn/n1/2018/0205/c40531–29805015.html.

沈承礼. 用旅游扶贫模式迎接西江千户苗寨 5A 景区的创建 [EB/OL]. [2021–10–16]. https://www.sohu.com/a/www.sohu.com/a/226397842_189327.

数字文化创意产业的新业态和新模式 [EB/OL]. (2019–10–18)[2020–08–06]. http://www.360doc.com/content/19/1018/11/61530088_867590359.shtml.

苏毅清, 游玉婷, 王志刚. 农村一二三产业融合发展: 理论探讨、现状分析与对策建议 [J]. 中国软科学, 2016(8): 17–28.

覃峭,张林,李丹枫.利用品牌延伸整合旅游产业链的模式研究[J].人文地理, 2009, 24(1): 98-101.

谭博裕. 新加坡"邻里中心"社区商业模式对中国的启示[J]. 技术与市场, 2011(8): 256-257.

汤海孺.开放式街区:城市公共空间共享的未来方向[J].杭州(我们), 2016(9): 9-11.

唐洪广. "智慧旅游"与信息化[N]. 中国旅游报, 2012-04-20(11).

陶力, 赵益超.基于类型特征的国家考古遗址公园旅游发展路径研究[J].云南民族大学学报(哲学社会科学版), 2020(3): 75-76.

天门山: 张家界的新传奇[EB/OL]. (2016-04-20)[2021-10-16]. http://www.zjj.gov.cn/c29/20160420/i39193.html.

天门山旅游官网[EB/OL]. [2021-10-12]. https://www.tianmenshan.com.cn.

台儿庄古城官网[EB/OL]. [2021-10-14]. http://www.tezgc.com/.

田虹, 袁海霞.企业社会责任匹配性何时对消费者品牌态度更重要:影响消费者归因的边界条件研究[J].南开管理评论, 2013, 16(3): 101-108.

田桓至.张家界天门山景区开发历程与经营模式研究[J].现代营销(学苑版), 2017(6): 273 - 275.

王大悟.主题乐园长盛不衰十大要素论析:以美国迪士尼世界为案例的实证研究[J].旅游学刊, 2007(2): 33-37.

王红宝, 杨建朝, 李美羽.乡村振兴战略背景下田园综合体核心利益相关者共生机制研究[J]. 农业经济, 2019(10): 24 - 26.

王家宝.服务创新:关系嵌入的视角[M].上海:上海交通大学出版社, 2014.

王庆生,张丹.中美城市主题公园营销模式初探:以美国迪士尼乐园和深圳华侨城为例[J].中州大学学报, 2009, 26(5): 13-17.

王欣.主题公园在武汉旅游业中作用探微:兼议武汉长江乐园的开发[J].经济地理, 2000(3): 109-112.

魏纪林, 李明星, 刘介明, 等. 企业品牌创新知识产权协同战略探析[J]. 知识产权, 2011(9): 74-78.

吴必虎,王梦婷.遗产活化、原址价值与呈现方式[J].旅游学刊, 2018, 33(9): 3-5.

吴金明, 柳中辉,刘红峰.蝶变·浔龙河:中国城市近郊型乡村振兴的"星"路历程[M].长沙:湖南人民出版社, 2008.

吴金明, 邵昶.产业链形成机制研究:"4,4,4"模型[J].中国工业经济, 2006(4): 36-43.

"无障碍旅游"大势下,山岳型景区的奔突[EB/OL]. [2021-10-16]. https://www.pinchain.com/article/227117.

席建超, 王首琨, 张瑞英.旅游乡村聚落"生产—生活—生态"空间重构与优化:河北野三坡旅游区苟各庄村的案例实证[J].自然资源学报, 2016, 31(3): 425-435.

肖成菊.从天门山旅游的火爆探析新闻宣传的策略[J].中国地市报人, 2018, 381(11): 62-64.

肖静华.企业跨体系数字化转型与管理适应性变革[J].改革, 2020(4): 37-49.

肖旭, 戚聿东.产业数字化转型的价值维度与理论逻辑[J].改革, 2019(8): 61-70.

薛菲, 刘少瑜.共享空间与宜居生活: 新加坡实践经验[J].景观设计学, 2017, 5(3): 8-17.

薛玉梅.从社会学和旅游管理体制双角度解析旅游中的社区参与: 以贵州西江千户苗寨为例[J].贵州社会科学, 2009, 234(6): 59-62.

呀诺达雨林: 建设求极致 服务树标杆[EB/OL]. [2021-10-16]. https://www.hainan.gov.cn/hainan/zxzxs/201811/a1a4a707f736430cb84edfe30414606e.shtml.

闫岩, 雷国平, 谢英楠.基于AHP和熵权法的土地利用生态效益研究[J].水土保持研究, 2014, 21(6): 134-139.

杨桓.空间融合: 城乡一体化的新视角[J].社会主义研究, 2014(1): 120-125.

杨俊, 薛鸿博, 牛梦茜.基于双重属性的商业模式构念化与研究框架建议[J].外国经济与管理, 2018, 40(4): 96-109.

杨皖苏, 杨善林.中国情境下企业社会责任与财务绩效关系的实证研究: 基于大、中小型上市公司的对比分析[J].中国管理科学, 2016, 24(1): 143-150.

姚成二.新田园主义践行者张诚[J].决策, 2017(7): 27-29.

姚国章."智慧旅游"的建设框架探析[J].南京邮电大学学报(社会科学版), 2012, 14(2): 13-16, 73.

叶铁伟.智慧旅游: 旅游业的第二次革命(上)[N].中国旅游报, 2011-05-25(11).

夜间旅游市场数据报告(2019)[R].中国旅游研究院.

夜周庄走进姑苏八点半 业态及产品已全新升级[EB/OL]. [2020-08-07]. https://baijiahao.baidu.com/s?id=1672093551830460575&wfr=spider&for=pc.

由横店影视城起草! 我国首个主题公园演艺服务规范正式实施[EB/OL]. [2021-10-16]. https://baijiahao.baidu.com/s?id=1631149440319774422&wfr=spider&for=pc.

原珂.中国特大城市社区类型及其特征探究[J].学习论坛, 2019(2): 71-76.

岳超, 荆延德.中国夜间旅游研究综述[J].旅游论坛, 2013, 6(4): 71-76.

曾德麟, 蔡家玮, 欧阳桃花.数字化转型研究: 整合框架与未来展望[J].外国经济与管理, 2021, 43(5): 63-76.

翟云, 蒋敏娟, 王伟玲.中国数字化转型的理论阐释与运行机制[J].电子政务, 2021(2): 67-84.

张朝枝, 邓曾, 游旺.基于旅游体验视角的旅游产业价值链分析[J].旅游学刊, 2010, 25(6): 19-25.

张朝枝, 朱敏敏.文化和旅游融合: 多层次关系内涵、挑战与践行路径[J].旅游学刊, 2020, 35(3): 62-71.

张家界天门山: 创新营销铸就传奇[EB/OL]. (2019-06-10)[2021-10-16]. https://zjj.rednet.cn/content/2019/06/10/5582069.html.

张建伟, 图登克珠.乡村振兴战略的理论、内涵与路径研究[J].农业经济, 2020(7): 22-24.

张敬伟，王迎军. 基于价值三角形逻辑的商业模式概念模型研究 [J]. 外国经济与管理, 2010, 32(6): 1-8.

张凌云，黎巎，刘敏. 智慧旅游的基本概念与理论体系 [J]. 旅游学刊, 2012, 27(5): 66-73.

张娜，陈冲，白云腾，等. 乡村振兴：结构化困境与破解路径：无锡"田园东方"的启示 [J]. 金陵科技学院学报(社会科学版), 2019, 33(2): 58-61.

张伟，吴必虎. 利益主体(Stakeholder)理论在区域旅游规划中的应用：以四川省乐山市为例 [J]. 旅游学刊, 2002(4): 63-68.

张雪. 拿什么点亮夜间经济 [J]. 中国中小企业, 2020(1): 40-43.

张正，杭艳红，张昕. 哈尔滨市土地利用效益评价研究 [D]. 哈尔滨: 东北农业大学, 2019.

张志勇，司春霞. 中国城乡一体化理论的探讨与思考 [J]. 重庆广播电视大学学报, 2017, 29(2): 47-51.

张众. 乡村旅游相关利益主体角色、定位及合作模式 [J]. 农业经济, 2014(6): 88-89.

赵军. 论品牌定位的形成机制 [J]. 河北学刊, 2004(3): 202-204.

赵磊，夏鑫，全华. 基于旅游产业链延伸视角的县域旅游地演化研究 [J]. 经济地理, 2011, 31(5): 874-880.

赵彦修. 我国游艺机和游乐设施的现状及发展思考 [J]. 中国锅炉压力容器安全, 2000, 16(5): 5-6.

赵迎芳. 论文旅融合背景下的博物馆旅游创新发展 [J]. 东岳论丛, 2021(5): 16-17.

赵宇迪，杨俊新，刘祥恒. 哈尔滨夜间旅游开发探讨 [J]. 合作经济与科技, 2020(7): 33-35.

郑大庆，张赞，于俊府. 产业链整合理论探讨 [J]. 科技进步与对策, 2011, 28(2): 64-68.

郑维，董观志. 主题公园营销模式与技术 [M]. 北京: 中国旅游出版社, 2005.

中共中央办公厅国务院办公厅印发《关于进一步加强非物质文化遗产保护工作的意见》[EB/OL]. (2021-08-12)[2021-11-15]. http://www.gov.cn/xinwen/2021-08/12/content_5630974.htm.

中外学者对话"西江千户苗寨的过去、现在和未来" [EB/OL]. [2021-10-16]. https://www.sohu.com/a/www.sohu.com/a/229639573_228612.

周敏. 新型城乡关系下田园综合体价值内涵与运行机制 [J]. 规划师, 2018, 34(8): 5-11.

周庄旅游官方网站[EB/OL]. [2020-08-07]. http://chinazhouzhuang.com/.